**外国语言·文化·传播系列丛书**

丛书总主编　胡正荣　李佐文

编委会成员（按拼音排序）
　　陈明珠　洪　丽　胡正荣　黄美华　李　众
　　李佐文　梁　岩　阮宇冰　舒笑梅　吴敏苏

本书编委会（按拼音排序）
　　陈　煜　凡保轩　付　卓　高静然　郭彬彬
　　蒋佳惠　颜巧容　杨　柳　朱益姝

# 非通用语特色专业
# 招生、培养与就业（欧洲语系篇）

[主编] 凡保轩

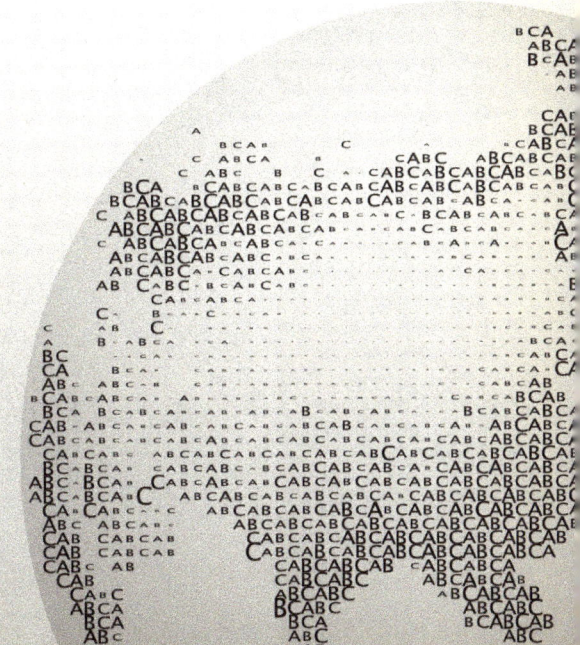

中国传媒大学出版社

## 上编　欧洲语非通用语专业建设

**第一章　葡萄牙语专业建设** ················· 3
　第一节　葡萄牙语的历史和现状 ················· 3
　第二节　中国传媒大学的葡萄牙语专业 ················· 9
　第三节　人才培养 ················· 14
　第四节　课堂教学改革与教学成果 ················· 24
　第五节　招生与就业 ················· 31

**第二章　意大利语专业建设** ················· 38
　第一节　意大利语的历史和现状 ················· 38
　第二节　中国传媒大学的意大利语专业 ················· 48
　第三节　人才培养 ················· 52
　第四节　课堂教学改革与教学成果 ················· 62
　第五节　招生与就业 ················· 66

**第三章　荷兰语专业建设** ················· 71
　第一节　荷兰语的历史和现状 ················· 71
　第二节　中国传媒大学的荷兰语专业 ················· 78

第三节　人才培养 …………………………………………… 81
第四节　课堂教学改革与教学成果 ………………………… 91
第五节　招生与就业 ………………………………………… 97

**第四章　匈牙利语专业建设** ………………………………… 101
第一节　匈牙利语的历史和现状 …………………………… 101
第二节　中国传媒大学的匈牙利语专业 …………………… 108
第三节　人才培养 …………………………………………… 112
第四节　课堂教学改革与教学成果 ………………………… 122
第五节　招生与就业 ………………………………………… 125

# 下编　对象国高等教育巡礼

**第五章　巴西高等教育** ……………………………………… 131
第一节　巴西高等教育与留学政策 ………………………… 131
第二节　巴西著名高校简介 ………………………………… 134
第三节　中国传媒大学葡语专业学生留学报告集锦 ……… 137

**第六章　意大利高等教育** …………………………………… 148
第一节　意大利高等教育与留学政策 ……………………… 148
第二节　2001级意大利语专业学生留学报告集锦 ………… 152
第三节　2010级意大利语专业学生留学报告集锦 ………… 180

**第七章　荷兰高等教育** ……………………………………… 186
第一节　荷兰高等教育与留学政策 ………………………… 186
第二节　荷兰著名高校简介 ………………………………… 196
第三节　中国传媒大学荷兰语专业学生留学报告集锦 …… 205

**第八章　匈牙利高等教育** …………………………………… 224
第一节　匈牙利高等教育与留学政策 ……………………… 224
第二节　匈牙利著名高校简介 ……………………………… 231
第三节　中国传媒大学匈牙利语专业学生留学报告集锦 … 234

上编
# 欧洲语非通用语专业建设

# 第一章　葡萄牙语专业建设

## 第一节　葡萄牙语的历史和现状

### 一、葡萄牙语概况

葡萄牙语属于印欧语系罗曼语族。通常人们以为，它的使用范围主要在葡萄牙，但事实上，全世界约有 1.8 亿人以葡萄牙语为母语。葡萄牙语被认为是世界第五大语言，同时也是继英语和西班牙语之后，全球使用区域最广的欧洲语言。在五大洲中，除大洋洲外，都有以葡萄牙语为官方语言或者通用语言的国家和地区：欧洲的葡萄牙，南美洲的巴西，非洲的安哥拉、莫桑比克、几内亚比绍、佛得角、圣多美和普林西比以及赤道几内亚，亚洲的东帝汶，印度的果阿、达曼和第乌，以及中国的澳门。

由于历史原因，葡萄牙语在不同的国家及地区与当地语言及文化不断融合发展，使得各地葡萄牙语产生了某些差异，比如巴西葡语和葡萄牙葡语在发音、词汇及语法上都有一些差别，成为葡萄牙语的不同变体。

为了减少差异，使交流更加顺畅，特别是使葡语国家出版物的文字得到统一，促进葡语各国的文化交流，在巴西和葡萄牙两国的倡议下，制定了葡萄牙语正字法统一书写规则，新一版的正字法于 2009 年 1 月 1 日正式施行。

虽然各国分属不同大洲，但葡语及葡语文化使葡语国家间联系紧密，为增进相互交往，还成立了葡语国家共同体(Comunidade dos Países de Língua Portuguesa，CPLP)。随着葡语国家的发展壮大，葡语越来越受到国际社会的重视,如今,它不仅是遍布五大洲八个葡语国家和地区的官方语言,而且还是欧盟、南方共同市场及非盟等国际组织的工作语言。

近年来,中国与葡语国家的经贸关系发展迅速。2012年,中国与八个葡语国家间的贸易总额达1284.97亿美元,同比上升9.6%。中国许多企业走向世界的同时,都将目光瞄准了巴西及非洲葡语国家市场。目前,中国已成为巴西及安哥拉最大的贸易伙伴。随着中国与葡语国家关系的持续升温,2003年,中国政府发起成立了"中国－葡语国家经贸合作论坛"。中葡论坛在澳门设有常设秘书处,每隔两年举行论坛部长级会议,以澳门为平台,推动中国与葡语国家的经贸合作。经贸的发展则带动了中国与葡语国家间科技、文化等领域的交流与合作。在这种时代背景下,我国的葡语人才需求激增。葡萄牙语已成为国内需求与教育增长最快的小语种之一,发展前景广阔。

**二、葡萄牙语的演变与传播**

葡萄牙语起源于公元前3世纪,最早出现于伊比利亚半岛北部的加利西亚地区。随着罗马帝国入侵伊比利亚半岛,士兵、传教士及罗马移民将民间拉丁语,即拉丁语口语带入当地,作为征服者的语言被推广,并因其形式简单而被当地人所接受,逐渐和当地土著语言融合。随着罗马帝国在5世纪的崩溃及蛮族的入侵,该地区的语言在语音和词汇上再次发生变化,逐渐形成一种新方言。到公元9世纪,开始出现用葡萄牙语书写的政府文档。通常,公元9世纪末到12世纪被视作葡萄牙语发展演变的原始时期。

从12世纪末到16世纪中期,葡萄牙语开始成为一门语法课程和教学课程,这一时期被称为古葡语时期。1143年,葡萄牙成为独立国家。1290年,国王堂·迪尼斯一世在里斯本创办了第一所葡萄牙语大学(Estudo Geral),并下令一切官方文件都必须用葡萄牙语书写。此后葡萄牙语在文学、法律等领域被广泛使用。到了14世纪,随着大量文学作品的创作,葡萄牙语成为一门成熟的语言。通常,公元12世纪末到14世纪中叶又被视为古葡语时期的第一阶段,因为在这一历史时期,葡萄牙语真正成为了葡萄牙的民族语言。

公元14世纪及15世纪,葡萄牙进入航海时代,在地理大发现的历史背景下,葡萄牙语散播到了亚洲、非洲及美洲的许多地方。到了16世纪,葡萄牙语在亚洲和非洲的许多地区成为了一种通用语言。这是葡萄牙语使用范围迅速扩张的时期,在这一过程中,葡萄牙语吸收了美洲、非洲及其亚洲殖民地的众多词汇,在语音、词法和句法各个方面都产生了发展和变化,现代葡语的基本结构已经形成。因此,14世纪中叶到16世纪中叶被称为古葡语时期的第二阶段。

16世纪至今被称作现代葡萄牙语时期。伴随着文艺复兴,大量古典拉丁语源和希腊语源的词汇涌入,加大了葡萄牙语的复杂性。16世纪,葡萄牙历史上最重要的诗人——卡蒙斯创作了大型史诗《卢济塔尼亚人之歌》,达到了葡语文学创作的新高度。因此,葡萄牙语也被称作"卡蒙斯的语言"。

### 三、葡萄牙语与今日世界

正如前文介绍的,今天葡萄牙语主要通用于四大洲的九个国家和地区。在对外传播的过程中,由于与当地语言长期接触,葡萄牙语形成了不同的语言变体。中国著名葡萄牙语专家王锁瑛、鲁晏宾(1996:448)认为,葡萄牙语目前有三个分支:欧洲葡萄牙语(即葡萄牙葡语,简称"葡葡")、美洲葡萄牙语(即巴西葡语,简称"巴葡")和非洲葡萄牙语(简称"非葡")。也有的学者认为,葡语主要分为欧洲葡语及巴西葡语,因为非洲葡语及亚洲葡语非常接近欧洲葡语。不过我们觉得不同区域的葡语还是各有特色的。下面我们将分别介绍葡语在欧洲、美洲、非洲和亚洲的使用情况。

(一)葡萄牙语在欧洲的使用情况

欧洲是葡萄牙语的发源地。葡萄牙大陆各省、马德拉群岛自治区、亚速尔群岛自治区以及欧洲各国葡萄牙移民是葡语的主要使用者。根据欧盟的相关立法,葡萄牙语是欧盟的官方语言之一,是欧洲议会的工作语言。西班牙也有部分省市教授葡萄牙语,如西班牙中西部的埃斯特雷马杜拉自治区。葡萄牙设立了葡萄牙语官方推广教育机构——卡蒙斯学院,在欧洲各国及世界上许多国家设立葡萄牙语教学点,教授葡萄牙语,传播葡萄牙文化。

## (二)葡萄牙语在美洲的使用情况

巴西是南美洲唯一以葡萄牙语为官方语言的国家。巴西葡语是16世纪以后发展起来的,是随着葡萄牙的海外殖民活动植根到美洲土地上的。在长期的独立发展过程中,它和所谓的"标准葡萄牙语"即"葡葡"在词汇、发音和句法等方面都有了一些区别。"巴葡"和"葡葡"之间正如英语中的"英英"和"美英"的关系。

1500年,葡萄牙船队到达巴西东部海岸,当地的土著语言是图皮语(Tupi)。之后,葡语由传教士推广开来,并逐渐取得强势地位。1757年,葡萄牙国王更是直接下令禁止图皮语的使用。此后,随着更多葡萄牙移民的到来,以及传教活动的盛行,这门外来语言进一步巩固了自己的地位。1759年,葡萄牙语成为巴西的官方语言。当然,在这一过程中,葡语吸收了许多当地部落语言的词汇,比如植物、动物以及地名的词汇,如abacaxi(菠萝)、mandioca(木薯)、piranha(食人鱼),等等。

16世纪中叶,随着巴西种植园的兴起和矿藏的开采,葡萄牙人开始从非洲大量贩运黑奴到巴西,巴西葡萄牙语因此又吸收了一些非洲语言的词汇。

18世纪"巴葡"与"葡葡"开始出现明显的分化趋势,因为当时,葡葡的发音受到了较多法语的影响,而巴葡则未被影响,保留了殖民初期的口音。不过,在1808年至1821年期间,巴葡和葡葡再次趋于一致,因为当时法国拿破仑的军队入侵了葡萄牙,葡萄牙皇室被迫流亡巴西,使得巴西葡语再次"葡葡化"。

1822年,巴西独立后,许多欧洲移民到巴西中部及南部定居,这使得巴西某些地区的口音及词汇又受到了移民语言的影响。

19世纪以后,由于巴西与葡萄牙两国科技变革发展的步调不一致,一些科技语汇进入巴葡和葡葡的形式也不一样,比如,火车在"葡葡"中为"comboio",而在"巴葡"中为"trem",公交车在"葡葡"中为"autocarro",在巴葡中为"ônibus"。而后,随着巴西民族意识的觉醒,在20世纪初,许多文学创作更加重视巴西葡语的特殊性,使用更有巴西特色的语言,葡语这两个主要分支的差异也更趋明显。

不过,尽管"巴葡"和"葡葡"在句法、发音和词汇上有一些差异,但毕竟二者有着共同的根基。随着巴西的文化逆输出,特别是巴西电视剧在葡萄牙的播出,巴西葡语越来越显示出它的影响力。使用"巴葡"和"葡葡"的人在相互沟通中并不会出现大的障碍。甚至连欧盟的葡语传译人员都有巴西人。

(三)葡萄牙语在非洲的使用情况

非洲国家中以葡萄牙语为官方语言的有安哥拉、佛得角、几内亚比绍、莫桑比克、圣多美和普林西比五国,简称"非洲葡语国家"。上述国家总面积约为 209 万平方公里,总人口 3600 多万。其中大国是安哥拉、莫桑比克,圣多美和普林西比则是最小的葡语国家,面积约 1000 平方公里,人口 14 万人。

在这些非洲葡语国家中,作为官方语言,葡萄牙语是应用于行政体系、教育、媒体等公共场合的正式语言,而在日常生活中,除葡语外,普遍使用的交际语言还有部落语言以及源于葡语的克里奥尔语。

安哥拉和莫桑比克可以说是非洲葡语国家中保留了最纯正葡语的国家,虽然两国都有许多本土语言,但是它们对葡语的影响微乎其微,主要是一些黑人本土语言的词汇被吸纳进了葡语。

(四)葡萄牙语在亚洲的使用情况

葡语在亚洲的传播范围不大,以葡萄牙语为官方语言的国家和地区是东帝汶和澳门。

东帝汶全名东帝汶民主共和国,是亚洲唯一的葡语国家。除葡语外,当地语言德顿语亦为官方语言,此外还有英语、印尼语作为通用语言在当地使用。

东帝汶曾被葡萄牙统治四百年,葡语曾经是其唯一的官方语言。1974 年印尼占领东帝汶,印尼语成为官方语言并被强行推广。在印尼占领期间,公共场合、学校及媒体上都禁止使用葡语。比如,上世纪 80 年代非常著名的巴西电视剧《女奴》在东帝汶播出时就是以印尼语配音播出的。目前,据不完全统计,只有 15%—25%的东帝汶人会说葡语,而且说葡语的人大部分年龄都在 40 岁以上。不过,这些人多是政治、经济、文化界的精英人才,他们大多有海外学习经历,或在印尼统治期间流亡他国。2002 年,东帝汶通过全民公投恢复独立,重新确认了葡萄牙语的官方语言地位。随后,葡萄牙及巴西等葡语国家也推出了系列扶助项目,帮助东帝汶恢复葡萄牙语教育。

在中国的澳门，葡萄牙语与汉语并列为该地区的官方语言。根据澳门统计暨普查局2006年的统计数据，葡萄牙语使用者约为澳门居住人口的0.6%。尽管葡语在总人口中使用比例不高，然而根据澳门市政厅2007年的统计数据，澳门公务员中却有43%的人使用葡语作为日常工作用语。葡萄牙语也仍然是澳门政府部门、法院、立法会、大学等机构的工作语言，在澳门政治、社会生活中扮演重要角色。

除了东帝汶和中国澳门之外，葡萄牙前殖民地——印度的果阿、第乌等地也曾使用葡语。今天，在印度的果阿，葡萄牙语的使用人口已经非常少，并通常被认为是"祖父辈的语言"，因为学校已不再教授葡萄牙语，而且葡萄牙语在当地也不是官方语言。不过，尽管该地区渐渐没有了葡萄牙语的痕迹，但葡萄牙文化却渗透到当地人的日常生活中，比如，某些建筑的装饰风格依然保留着葡国风韵，某些餐厅经营葡国餐，等等。

除以上介绍的葡语在各洲的使用情况外，葡萄牙语还是多个国际组织及机构的官方语言。1986年，葡萄牙加入欧盟，葡萄牙语也正式成为欧盟官方语言之一。1996年，葡萄牙语国家共同体成立，旨在推动葡语各国经济文化各领域的交流与合作。葡语国家共同体成立后，于1999年成立了葡萄牙语国际研究院（Instituto Internacional da Língua Portuguesa，简称 IILP），目标在于推动和保护葡语的发展，使其作为文化、教育、信息及科技的载体，发挥更大的作用。

近年来，中国大陆地区葡萄牙语的需求领域日渐广泛。葡萄牙语的毕业生主要在外事、经贸、新闻出版、教育、科研、军事、国家安全等领域发挥重要作用。

上世纪80年代，葡萄牙语人才的市场需求一度低迷，因此招生规模也很小，上海外国语大学在整个80年代也就招收了两个班20名学生。随着1999年澳门回归，以及进入新千年中国及葡语国家关系的迅速升温，葡语人才的需求出现井喷态势。首先，由于对外交往的需要，各大部委（如外交部、商务部等）都有引进新一代葡语人才的需要。这从中国传媒大学2003级葡语毕业生中有7名同学进入外交部即可说明这点。其次，出于我国对外宣传，构建新时代中国形象的需要，中央电视台、中国国际广播电台、新华社、中国新闻社等媒体也需要葡语人才。仅中国传媒大学2006级葡萄牙语一个班就有6名同学进入央视工作，其中已有同学成为优秀的出镜记者。另外，随着中国与葡语国家经贸合作的进一步加强,不少国内企业勇于走出国门,开拓葡语国家市场,这使得葡语人才十分稀缺。不少企业甚至组织员工到高校进行葡语培训,以适应工作需要。由于中资企业一度大量涌入非洲葡语国家市场,特别是安哥拉及莫桑比克,使得葡语翻译一度成为炙手可热的人才。各大高校纷纷开设葡语专业,不少毕业生投身教学、科研领域,成为高校葡语教师。在国内各大外语院校,如天津外国语大学、大连外国语大学、解放军外国语大学、西安外国语大学等,皆有中国传媒大学葡语专业毕业生的身影。当然,经历这种人才需求的井喷之后,随着各大高校葡语专业及各类葡语培训机构的相继开设,使得葡语人才缺口有所缓解,人才需求在2012年以后有所降温。

## 第二节 中国传媒大学的葡萄牙语专业

### 一、历史与现状

中国传媒大学葡萄牙语专业于1960年开设(时为北京广播学院),为全国首创,至今已有50余年历史,有着深厚的基础。专业的发展大致可分为三个阶段:

第一个阶段(1960—1965年):开创时期。1960年,中国传媒大学葡萄牙语专业开始招收第一届四年制本科生,共18人,毕业后主要分配在外交、新闻、经贸等部门的国家机关工作。1964年和1965年共招收三个班,学生毕业后在各自的岗位上发挥了重要作用,为发展中国与葡语国家的友谊和合作作出了积极贡献。

第二个阶段(1966—1999年):停滞时期。由于受特殊历史环境的影响,葡萄牙语专业中止招生,发展处于停滞状态。

第三个阶段(2000年至今):发展与壮大时期。2000年葡萄牙语专业恢复招生,首届招生人数多达33人,并于2002年经教育部备案(教高司函[2002]17号)正式恢复。

随着中国传媒大学被教育部正式批准为非通用语本科人才培养基地,以及市场对葡语人才需求量的与日俱增,葡语专业显现出蓬勃的生机和活力,2000 年至今,中国传媒大学共招收 11 个班,225 名学生。

葡萄牙语专业的发展,遵循中国传媒大学非通用语专业的总体定位,已初步形成自己的特色,即葡语专业建设与中国传媒大学新闻学、传播学、英语语言文学、国际关系学等优势学科的复合。学校在保证专业葡语、英语教学的基础上,努力优化培养方案,高效利用教学资源,增加非外语专业选修课程,同时充分利用对象国合作大学的优势学科,使学生在一年的国外留学中尽可能多掌握一门专业技能,如新闻业务、英语翻译等。这种复合教学模式,使学生能够广泛掌握相关知识,为毕业后走上外交及传媒相关工作岗位打下坚实的基础。

## 二、师资队伍

在师资队伍方面,葡萄牙语专业现有青年教师 3 名(2 名讲师,1 名助教)、外籍专家 1 名。

葡萄牙语专业的 3 名青年教师分别是颜巧容、张方方和高静然。

颜巧容,女,毕业于北京广播学院(现中国传媒大学)葡萄牙语专业,2008 年获巴西南大河州联邦大学应用语言学硕士学位,2011 年 9 月起在澳门大学社会科学与人文学院葡文系攻读博士学位。2009 年 3 月,经过巴西教育部培训及认证,成为中国内地首批葡萄牙语水平测试员,现任巴西葡语水平测试中国考点负责人。主要教授"葡萄牙语翻译"、"葡萄牙语视听说"、"葡萄牙语精读"、"葡萄牙语报刊阅读"等课程。2008 年及 2011 年,她曾两次参加在圣保罗及澳门举行的"世界葡萄牙语研究大会"。此外,她还多次参加其他国内外有关语言教学的学术会议。2010 年起连续三年参加欧盟翻译总司及澳门理工学院举办的会议传译培训。发表译作、论文十余篇。主要研究方向为教学法、语言测试、翻译及跨文化互动。

张方方,女,2004 年本科毕业于北京广播学院(现中国传媒大学)葡萄牙语专业,2007 年获巴西南大河洲天主教大学社会传播硕士学位,2012 年 9 月起在巴西南大河洲联邦大学攻读应用语言学博士学位。主要教授"葡萄牙语精读"、"葡萄牙语口语"、"葡萄牙语视听说"、"葡萄牙语高级视听"、"葡萄牙语泛读"和"葡萄牙语翻译"等课程。发表论文多篇,2008 年 6 月获得中国传媒大学"第二届优秀教学奖二等奖"。

高静然，2009年毕业于北京第二外国语大学葡萄牙语专业。2009年至今担任中国传媒大学外国语学院葡萄牙语专业教师，主要教授"葡萄牙语精读"、"葡萄牙语视听说"以及葡萄牙语口语和翻译等课程。2012年获巴西南大河州联邦大学，应用语言学硕士学位。

葡萄牙语的现任外教是葡萄牙卡蒙斯学院派驻我校的外籍专家 André Carvalhosa。

此前，有多位外聘专家、专职教师及外教阶段性任教（见表1.1），为我校葡萄牙语专业的发展作出了巨大的贡献。特别是已故国际台译审刘正康教授，在专业复办之初，独挑大梁，克服缺乏教材及师资的困境，呕心沥血，倾力教学。在他的努力下，近半数学生获得葡萄牙东方基金会奖学金赴葡萄牙留学，其余学生赴澳门理工学院和澳门大学学习一年。为葡萄牙语专业奠定了良好的发展基础。另外值得特别介绍的是卡蒙斯学院派驻我校的外教 Liliana Gonçalves 女士，她在我校任教八年，建设葡语中心，帮助其他同事提高葡语水平，为葡语专业的规范化建设作出了突出的贡献；同时她也是一位非常有教学经验、很受学生爱戴的葡语专家。

表1.1　中国传媒大学历任葡萄牙语教师一览表

| | | |
|---|---|---|
| 刘正康 | 2000—2006 | 译审 |
| Guilherme | 2002.9—2003.6 | 外籍专家 |
| Cida Xavier | 2000.9—2001.6 | 外籍专家 |
| 叶丽 | 2006.9—2010.9 | 助教，应用语言学硕士 |
| Fleide Daniel | 2008.9—2010.3 | 外籍专家，语言学硕士 |
| 高建涛（巴西籍） | 2011.9—2013.6 | 外聘专家 |
| Liliana Gonçalves | 2005.9—2003.5 | 外籍专家，应用语言学硕士 |
| 颜巧容 | 2004.9至今 | 讲师 |
| 张方方 | 2004.9至今 | 讲师 |
| 高静然 | 2009.9至今 | 助教 |
| André Carvalhosa | 2013.10至今 | 外籍专家，语言学在读博士 |

### 三、海外合作

创建至今,中国传媒大学葡语专业一直与海外高校进行合作,为学生提供了很多的学习资源。

2000级葡萄牙语班于2001年7月赴澳门大学参加为期一个月的"葡萄牙语言暨文化暑期班"。2002年10月至2003年6月,15名学生获葡萄牙东方基金会奖学金,赴葡萄牙科英布拉大学留学;其余17名学生分别在澳门理工学院和澳门大学就读。葡语专业最早开创了我校非通用语"3+1"培养模式,并成为该模式的范例。

2002年,中国传媒大学国际传播学院与澳门理工学院签订了联合办学的协议,2002级和2003级学生第一、第二学年在澳门理工学院就读,第三、第四学年在中国传媒大学就读,开创了我校非通用语"2+2"培养模式。2005年,中国传媒大学与巴西南大河州联邦大学和天主教大学签订了合作协议,2003级、2004级学生于2005年8月至2006年7月分别在这两所大学留学。

至今,我校仍主要与南大河洲联邦大学保持合作关系,已派出5个班学生赴该校学习,先后有四名葡语教师赴该校攻读硕士或博士学位。两校合作日益密切,于2011年共同建立了巴西第四所孔子学院。中国传媒大学巴西孔院是2010年巴西总统罗赛夫访华时签署的合作项目之一,发挥中文与媒体文化相结合的教学特点,力图将中国传媒大学的影视、戏曲、音乐等优势学科资源运用到汉语教学中。目前,中国传媒大学已派出中方院长及一名葡语教师赴该校任教。

中国传媒大学葡萄牙语专业的发展得到了葡萄牙及巴西政府的支持,"巴葡"及"葡葡"教学同时进行已成为我校葡语专业的特色。2005年,葡萄牙总统桑帕约访问我校期间,随行的葡萄牙卡蒙斯学院及东方葡萄牙学会代表与我校签订协议,共同建立葡萄牙语中心。

卡蒙斯学院(Instituto Camões)为葡萄牙对外推广葡萄牙语言和文化的官方机构,名称从葡萄牙爱国诗人卡蒙斯的姓氏而来。该学院的前身是"葡萄牙语言文化学会",成立于1928年。1992年,卡蒙斯学院成立,取代葡萄牙语言文化学会。该学院原属葡萄牙教育部管辖,于1994年起转由外交部管辖，但仍享有行政自治。

卡蒙斯学院旨在从高等教育层面向世界推广葡萄牙语言和文化，并促进与第三世界国家在教育、科技、文化、体育、青年和大众媒体事务等方面签订文化合作协议。

与其他国家推广语言文化的机构不同，卡蒙斯学院不直接开设固定的语言学校教授葡语，而是间接地通过世界各地大学的葡语系和讲师等所组成的网络，由学院冠以"葡语中心"(Centro de Língua Portuguesa)等各种名义来进行。

在中国，卡蒙斯学院和东方葡萄牙学会合作开设葡语课程的高校包括：北京外国语大学、中国传媒大学、上海外国语大学、华侨外国语大学、香港大学和暨南大学。所有这些院校都以"卡蒙斯学院—东方葡萄牙学会教学网络"(Rede de Docência IC/IPOR)的名义举办葡语课程。而在澳门的东方葡萄牙学会，其语言中心也是卡蒙斯学院的冠名机构。

根据卡蒙斯学院及东方葡萄牙学会与我校签订的协议，由我方负责办公场地，葡方派出教员及提供葡语教学资料。中心现有面积30平方米，拥有可接收葡语国家电视信号的电视机、DVD、投影仪、电脑等先进教学设备，以及葡萄牙语图书、音像资料，为本专业学生查阅资料、开展活动和了解对象国文化提供了空间，在很大程度上方便了葡语教学。近八年来，在葡方教员的努力下，葡语中心运行顺利，已成为我校葡语专业发展的强有力支持力量。

此外，中国传媒大学巴西葡语的教学质量得到了各方认可，引起巴西政府的关注，并给予了大力支持。《中巴两国2010年至2014年共同行动计划》第十四条第六点指出：支持中国大学（如广东外语外贸大学、中国传媒大学和北京第二外国语大学）巴西葡语专业的发展。

我校巴西葡语的教学可追溯到上世纪60年代，第一名来我校任教的葡语外教Mara Mazzoncinni女士是共产国际派来的圣保罗人。从2000年专业复办至今，葡语专业与面向巴西的国际广播电台葡语部持续保持合作，同时也有多位专业教师赴巴深造，使我专业的巴西葡语教学日益成熟，得到了业界的认可。

2008年，巴西外交部及教育部联合在我校建立巴西葡语教学点，派出一名巴西教员到我校任教。2009年3月，巴西教育部、中国教育考试中心及中国传媒大学签署了三方协议,正式设立了巴西葡语水平测试(Celpe-Bras)中国传媒大学考点。巴西葡萄牙语水平测试是对母语不是葡萄牙语的外国人进行的葡萄牙语水平测试,是由巴西教育部(MEC)主办,巴西阿尼西奥·特谢拉教育研究院(INEP)承办,巴西外交部(MRE)协办的在巴西境内和境外开展的葡萄牙语语言测试,其证书在国际上获得普遍承认。目前,全球经过巴西教育部评估认证的考点共有69个。中国现有中国传媒大学及澳门大学两个考点。本项测试每年两次分别在4月及10月举行。中国传媒大学有四名教师经过巴西教育部培训获得测试员资格认证。截至2012年10月,测试点共举行8次测试,共有313人参加了测试。

## 第三节 人才培养

中国传媒大学葡萄牙语专业隶属于本校外国语学院欧洲语系。中国传媒大学外国语学院的前身是北京广播学院建校之初的三大系之一——外语系。葡萄牙语专业是上世纪60年代外语系最早开设的语种之一。上世纪80年代,根据国家外宣工作的需要,外语系成立并发展了国际新闻专业,探索新闻及外语"复合型"人才培养模式,并在此基础上于1999年成立了国际传播学院,为国家培养和输送了一大批既了解外语又了解新闻传播的优秀人才。2008年,为理顺学科与学院关系,优化资源配置,在原国际传播学院的基础上成立了外国语学院。学院改组后,更加重视语言基础教学及研究,使人才培养向着更为专业、更有深度的方向发展。随着学院教学指导思路的调整,我校葡语专业也明确了人才培养目标,制定了重视打好语言基础,培养学生跨文化交际能力,增强对象国政治、经济、文化等多方面知识深入学习的培养方案,经过多次讨论及调整,丰富了原有的课程设置,增设了"葡萄牙语国家文化""葡萄牙语国家文学""葡语同声传译入门"等课程。

### 一、培养方案与课程设置

• 培养目标

本专业培养具备系统的葡萄牙语语言与文学基础知识,具有较强的葡萄牙语语言综合运用能力和跨文化交际能力,掌握一定的新闻传播及经贸相关知识,熟悉葡萄牙、巴西国情,能熟练运用葡萄牙语在传媒、外事、教育、经贸、文化、科技等部门从事新闻、翻译、教学、管理、研究等工作的葡萄牙语专业高级人才。

**· 培养要求**

本着宽口径、厚基础、高素质、强能力的人才培养原则,本专业学生主要学习葡萄牙语语言、文学及对象国的历史、地理、政治、经济、外交、社会文化等方面的基本理论和基础知识,接受葡萄牙语听、说、读、写、译等方面的扎实训练,掌握一定的科研方法,具有从事新闻、翻译、研究、教学、管理等工作的业务水平及较好的素质和较强的能力。

毕业生应获得以下几个方面的知识和能力:

(1)具备正确的人生观和价值观,具备健康的体质和一名外语工作者应有的专业素养和心理素质。

(2)掌握葡萄牙语语言文学基本理论与知识,具备娴熟的葡萄牙语听、说、读、写、译能力。

(3)熟悉我国国情和葡萄牙、巴西的文化、历史及国家现状。

(4)具备较高的运用葡萄牙语和汉语进行沟通及互译的能力。

(5)第二外语(英语)具有较高的水平和较强的应用能力。

(6)熟练掌握国际新闻写作、编辑、评论等新闻业务技能。

(7)熟练运用计算机,具备较强的获取信息、知识的能力,具备实践创新、独立解决实际问题的能力。

**· 专业方向**:葡萄牙语语言文学。

**· 修业年限**:四年。

**· 授予学位**:学士学位。

**· 核心课程**:"葡萄牙语精读""葡萄牙语视听说""葡萄牙语写作""葡萄牙语报刊阅读""葡萄牙语文学""高级葡萄牙语"和"葡萄牙语翻译"。

**· 学时与学分分配**:本专业学生必须修满180学分方可毕业。其中,基础教育课程38学分,专业教育课程86学分,院级选修课程18学分,公共选修课程8学分,实践教学环节30学分。

· **实践性教学环节安排表(单位:周)**

表1.2　实践必修环节课程安排表

| 序号 | 课程编号 | 课程名称/英文名称 | 学分 | 周数 | 1秋学期 | 1春学期 | 1夏学期 | 2秋学期 | 2春学期 | 2夏学期 | 3秋学期 | 3春学期 | 3夏学期 | 4秋学期 | 4春学期 |
|---|---|---|---|---|---|---|---|---|---|---|---|---|---|---|---|
| 1 | 17001S | 军事理论与军训 | 3 | 3 | 3 | | | | | | | | | | |
| 2 | 17005S | 毕业实习 | 4 | 4 | | | | | | | | | | 4 | |
| 3 | 17006S | 毕业论文(设计) | 8 | 8 | | | | | | | | | | 4 | 4 |
| | | 合计 | 15 | 15 | | | | | | | | | | | |

表1.3　实践选修环节课程安排表

| 开设学年学期 | 序号 | 课程编号 | 课程名称/英文名称 | 学分 | 周数 | 实践内容 | 开展形式(集中、分散、项目组、联合类) |
|---|---|---|---|---|---|---|---|
| 1夏学期 | 1 | 02001S | 实践:校园专业实践 | 3 | 3 | 言语综合训练、外语采访等 | 集中/分散 |
| | 2 | 02003S | 实践:专业语言应用实践 | 2 | 2 | 情景外语训练、主题探究等 | 集中/分散 |
| 2夏学期 | 1 | 17003S | 实践:社会调查 | 3 | 3 | 社区调研、主题调研、参与式调研 | 集中/分散 |
| | 2 | 02003S | 实践:专业语言应用实践 | 2 | 2 | 口语实战、翻译实务、言语综合训练、专业实习等 | 集中/分散/项目组 |
| 3夏学期 | 1 | 17003S | 实践:社会调查 | 3 | 3 | 社区调研、主题调研、参与式调研 | 集中/分散 |
| | 2 | 02003S | 实践:专业语言应用实践 | 2 | 2 | 口语实战、翻译实务、言语综合训练、专业实习等 | 集中/分散/项目组 |
| | | | 合计 | 15 | 15 | | |

表 1.4 葡萄牙语专业必修课程表

| 类别 | 序号 | 课程编号 | 课程中文名称 | 课程英文名称 | 学分 | 学时 | | | 各秋季、春季学期周学时分配 | | | | | | | |
|---|---|---|---|---|---|---|---|---|---|---|---|---|---|---|---|---|
| | | | | | | 理论教学 | 课内实践 | 实验上机 | 课外实践 | 1秋学期 | 1春学期 | 2秋学期 | 2春学期 | 3秋学期 | 3春学期 | 4秋学期 | 4春学期 |
| 基础教育课程 | 1 | 051045 | 思想道德修养和法律基础 | Moral Character Cultivation and Basics of Law | 3 | 32 | | | 16 | 2 | | | | | | | |
| | 2 | 051046 | 马克思主义基本原理概论 | Introduction to Principles of Marxism | 3 | 32 | | | 16 | | 2 | | | | | | |
| | 3 | 051047 | 中国近现代史纲要 | The Outline of Chinese Modern History | 3 | 32 | | | 16 | | | 2 | | | | | |
| | 4 | 051048 | 毛泽东思想和中国特色社会主义理论体系概论 | Introduction of Mao Zedong's Thought and Theoretical System of Socialism with Chinese Characteristics | 3 | 48 | | | | | | | 3 | | | | |
| | 5 | 05104S | 思想政治理论课综合实践 | Integrated Practice in Ideological Political Theory Course | 2 | | | | | | | | | | | | |
| | 6 | 051006 | 当代世界经济与政治（文科类、艺术类、经管类专业必选） | Contemporary International Economy and Politics | 2 | 32 | | | | | | | | | 2 | | |
| | 7 | 051015/21/22/23 | 形势与政策 | Current Situation and Policy | 2 | | | | | ★ | ★ | ★ | ★ | | | | |
| | 8 | 150001－4 | 体育 | Physical Education | 4 | 128 | | | | 2 | 2 | 2 | 2 | | | | |

(续表1.4)

| 类别 | 序号 | 课程编号 | 课程中文名称 | 课程英文名称 | 学分 | 学时 | | | 各秋季、春季学期周学时分配 | | | | | | | |
|---|---|---|---|---|---|---|---|---|---|---|---|---|---|---|---|---|
| | | | | | | 理论教学 | 课内实践 | 实验上机 | 课外实践 | 1秋学期 | 1春学期 | 2秋学期 | 2春学期 | 3秋学期 | 3春学期 | 4秋学期 | 4春学期 |
| 基础教育课程 | 9 | 160003 | 大学生生涯规划指导 | Guidance of Career-planning for College Students | 1 | 16 | | | | 1 | | | | | | | |
| | 10 | 160005 | 大学生就业指导 | Guidance of Employment for College Students | 1 | 16 | | | | | | | | | 1 | | |
| | 11 | 131001A | 大学计算机（文科类） | Fundamentals of Computer Applications | 3 | 32 | | 32 | | 2+2 | | | | | | | |
| | 12 | 131003 | 多媒体技术基础及应用 | Multimedia Technology and Application | 3 | 32 | | 32 | | 2+2 | | | | | | | |
| | 13 | 052056 | 普通逻辑学 | Common Logics | 2 | 32 | | | | 2 | | | | | | | |
| | 14 | 091147 | 汉语基础知识 | Basic Knowledge of Chinese | 4 | 64 | | | | | | | | 4 | | | |
| | 15 | 091070 | 中国古代文学名著选读 | Selective Reading of Famous Literature Works in Ancient China | 2 | 32 | | | | | | 2 | | | | | |
| | | | 小计 | | 38 | 528 | | | | | | | | | | | |
| 专业教育课程 | 1 | 025700 | 葡萄牙语精读(1) | Portuguese Intensive Reading(Ⅰ) | 10 | 160 | | | | 10 | | | | | | | |
| | 2 | 027076 | 葡萄牙语精读(2) | Portuguese Intensive Reading(Ⅱ) | 10 | 160 | | | | | 10 | | | | | | |
| | 3 | 021094 | 葡萄牙语精读(3) | Portuguese Intensive Reading(Ⅲ) | 10 | 160 | | | | | | 10 | | | | | |

(续表1.4)

| 类别 | 序号 | 课程编号 | 课程中文名称 | 课程英文名称 | 学分 | 学时 理论教学 | 课内实践 | 实验上机 | 课外实践 | 1秋学期 | 1春学期 | 2秋学期 | 2春学期 | 3秋学期 | 3春学期 | 4秋学期 | 4春学期 |
|---|---|---|---|---|---|---|---|---|---|---|---|---|---|---|---|---|---|
| 专业教育课程 | 4 | 025703 | 葡萄牙语精读(4) | Portuguese Intensive Reading(Ⅳ) | 8 | 128 | | | | | | | 8 | | | | |
| | 5 | | 葡萄牙语视听说(1) | Portuguese Audio Visual and Oral Course(Ⅰ) | 1 | 32 | | | | 2 | | | | | | | |
| | 6 | | 葡萄牙语视听说(2) | Portuguese Audio Visual and Oral Course(Ⅱ) | 1 | 32 | | | | | 2 | | | | | | |
| | 7 | | 葡萄牙语视听说(3) | Portuguese Audio Visual and Oral Course(Ⅲ) | 1 | 32 | | | | | | 2 | | | | | |
| | 8 | | 葡萄牙语视听说(4) | Portuguese Audio Visual and Oral Course(Ⅳ) | 1 | 32 | | | | | | | 2 | | | | |
| | 9 | | 葡萄牙语口语(1) | Oral Course in Portuguese(Ⅰ) | 1 | 32 | | | | 2 | | | | | | | |
| | 10 | | 葡萄牙语口语(2) | Oral Course in Portuguese(Ⅱ) | 1 | 32 | | | | | 2 | | | | | | |
| | 11 | | 葡萄牙语口语(3) | Oral Course in Portuguese(Ⅲ) | 1 | 32 | | | | | | 2 | | | | | |
| | 12 | | 葡萄牙语口语(4) | Oral Course in Portuguese(Ⅳ) | 1 | 32 | | | | | | | 2 | | | | |
| | 13 | 027074 | 高级葡萄牙语(1) | Advanced Portuguese(Ⅰ) | 4 | 64 | | | | | | | | 4 | | | |
| | 14 | 027075 | 高级葡萄牙语(2) | Advanced Portuguese(Ⅱ) | 4 | 64 | | | | | | | | | 4 | | |

(续表1.4)

| 类别 | 序号 | 课程编号 | 课程中文名称 | 课程英文名称 | 学分 | 学时 理论教学 | 课内实践 | 实验上机 | 课外实践 | 1秋学期 | 1春学期 | 2秋学期 | 2春学期 | 3秋学期 | 3春学期 | 4秋学期 | 4春学期 |
|---|---|---|---|---|---|---|---|---|---|---|---|---|---|---|---|---|---|
| 专业教育课程 | 15 | 024052 | 高级葡萄牙语(3) | Advanced Portuguese(Ⅲ) | 4 | 64 | | | | | | | | | 4 | | |
| | 16 | | 葡萄牙语笔译1 | Portuguese-Chinese Translation | 2 | 32 | | | | | | | 2 | | | | |
| | 17 | | 葡萄牙语口译1 | Chinese-Portuguese Translation | 2 | 32 | | | | | | | | 2 | | | |
| | 18 | | 葡萄牙语笔译2 | Portuguese Translation | 2 | 32 | | | | | | | | | | 2 | |
| | 19 | | 葡萄牙语口译2 | Portuguese Interpretation | 2 | 32 | | | | | | | | | | 2 | |
| | 21 | 025277 | 葡萄牙语写作(1) | Portuguese Writing (Ⅰ) | 2 | 32 | | | | | | | | 2 | | | |
| | 22 | 025278 | 葡萄牙语写作(2) | Portuguese Writing (Ⅱ) | 2 | 32 | | | | | | | | | | 2 | |
| | 24 | | 英语精读(1) | English Intensive Reading (I) | 4 | 64 | | | | 4 | | | | | | | |
| | 25 | | 英语精读(2) | English Intensive Reading (II) | 4 | 64 | | | | | 4 | | | | | | |
| | 26 | | 英语精读(3) | English Intensive Reading (III) | 4 | 64 | | | | | | 4 | | | | | |
| | 27 | | 英语精读(4) | English Intensive Reading (IV) | 4 | 64 | | | | | | | 4 | | | | |
| | | | 小计 | | 86 | 1504 | | | | | | | | | | | |

(续表1.4)

| 类别 | 序号 | 课程编号 | 课程中文名称 | 课程英文名称 | 学分 | 学时 | | | 各秋季、春季学期周学时分配 | | | | | | |
|---|---|---|---|---|---|---|---|---|---|---|---|---|---|---|---|
| | | | | | | 理论教学 | 课内实践 | 实验上机 | 课外实践 | 1秋学期 | 1春学期 | 2秋学期 | 2春学期 | 3秋学期 | 3春学期 | 4秋学期 | 4春学期 |
| 专业教育课程 | | | 周学时合计 | | | | | | | 25 | 26 | 24 | 25 | 8 | 9 | 10 |
| | | | 公共选修课 | | 8 | 128 | | | | | | | | | | |
| | | | 院级选修课 | | 18 | 336 | | | | | | | | | | |
| | | | 实践教学环节总学分 | | 30 | | | | | | | | | | | |
| | | | 总计 | | 180 | 2496 | | | | | | | | | | |

### 表1.5 葡萄牙语专业选修课程表

| 类别 | 序号 | 课程编号 | 课程中文名称 | 课程英文名称 | 学分 | 学时 | | | 应修学分 | 各秋季、春季学期周学时分配 | | | | | | |
|---|---|---|---|---|---|---|---|---|---|---|---|---|---|---|---|---|
| | | | | | | 理论教学 | 课内实践 | 实验上机 | 课外实践 | | 1秋学期 | 1春学期 | 2秋学期 | 2春学期 | 3秋学期 | 3春学期 | 4秋学期 | 4春学期 |
| 专业选修课 | 1 | | 葡萄牙语国家文化(1) | The Culture of Portuguese-speaking countries | 1 | 32 | | | | 任选不低于12学分 | | | 2 | | | | |
| | 2 | | 葡萄牙语国家文化(2) | The Culture of Portuguese-speaking Countries(Ⅱ) | 1 | 32 | | | | | | | | 2 | | | |
| | 3 | | 葡萄牙语泛读 | Portuguese Extensive Reading | 2 | 32 | | | | | | | | 2 | | | |
| | 4 | | 葡萄牙语高级视听(1) | Advanced Portuguese Listening Skills(Ⅰ) | 1 | 32 | | | | | | | | | 2 | | |

(续表1.5)

| 类别 | 序号 | 课程编号 | 课程中文名称 | 课程英文名称 | 学分 | 学时 理论教学 | 学时 课内实践 | 学时 实验上机 | 学时 课外实践 | 应修学分 | 1秋学期 | 1春学期 | 2秋学期 | 2春学期 | 3秋学期 | 3春学期 | 4秋学期 | 4春学期 |
|---|---|---|---|---|---|---|---|---|---|---|---|---|---|---|---|---|---|---|
| 专业选修课 | 5 | | 葡萄牙语高级视听(2) | Advanced Portuguese Listening Skills(Ⅱ) | 1 | 32 | | | | 任选不低于12学分 | | | | | | 2 | | |
| | 6 | | 葡萄牙语高级视听(3) | Advanced Portuguese Listening Skills(Ⅲ) | 1 | 32 | | | | | | | | | | | | 2 |
| | 7 | | 葡萄牙语国家文化(3) | The Culture of Portuguese-speaking countries(III)2 | 32 | | | | | | | | | | | 2 | | |
| | 8 | 024076 | 葡萄牙语报刊阅读 | Portuguese Newspaper and Magazine Reading | 2 | 32 | | | | | | | | | | | 2 | |
| | 9 | 027077 | 葡萄牙语文学 | Portuguese Literature | 3 | 48 | | | | | | | | | | 3 | | |
| | 10 | | 葡萄牙语同声传译入门 | Portuguese Simultaneous Interpretation | 2 | 18 | | | | | | | | | | | 2 | |
| | 23 | | 葡萄牙语演讲 | Portuguese Speech | | | | | | | | | | | | 2 | | |
| | 24 | | 葡萄牙语学术写作 | Portuguese Academic Writing | | | | | | | | | | | | | | 2 |
| 学科选修课 | 10 | 023037 | 英语语言与文化 | English Language and Culture | 2 | 32 | | | | 任选不低于12学分 | | | | | 2 | | | |
| | 11 | 024130 | 中法广告文化传媒 | CulturalCommunication about Chinese/French Advertising | 2 | 32 | | | | | | | | | | | 2 | |
| | 12 | | 国际新闻理论 | Theory of International Journalism | 2 | 32 | | | | | | | | 2 | | | | |

（续表1.5）

| 类别 | 序号 | 课程编号 | 课程中文名称 | 课程英文名称 | 学分 | 学时 理论教学 | 课内实践 | 实验上机 | 课外实践 | 应修学分 | 各秋季、春季学期周学时分配 1秋学期 | 1春学期 | 2秋学期 | 2春学期 | 3秋学期 | 3春学期 | 4秋学期 | 4春学期 |
|---|---|---|---|---|---|---|---|---|---|---|---|---|---|---|---|---|---|---|
| 学科选修课 | 13 | | 语言学导论 | An Introduction to Linguistics | 2 | 32 | | | | 任选不低于12学分 | | | | | | | 2 | |
| | 14 | 020060 | 欧洲影视赏析 | Analysis and Appreciation of European Films and Television Programs | 1 | 32 | | | | | | | 2 | | | | | |
| | 15 | 020018 | 跨文化传播概论 | Introduction to Cross-Cultural Communication | 2 | 32 | | | | | | | | | | 2 | | |
| | 16 | 020053 | 国际新闻编辑 | International News Editing | 2 | 32 | | | | | | | | | 2 | | | |
| | 17 | 021080 | 国际新闻编译 | International News Editing and Translating | 2 | 32 | | | | | | | | | | 2 | | |
| | 18 | | 西方文学名著选读 | Best Selections on Western Literature | 2 | 32 | | | | | | 2 | | | | | | |
| | 19 | | 英语散文名篇 | Appreciation of Classic English Essays | 2 | 32 | | | | | | | | | 2 | | | |
| | 20 | | 英语视听说(1) | English Audio Visual and Oral Course (I) | 1 | 32 | | | | | | | 2 | | | | | |
| | 21 | | 英语视听说(2) | English Audio Visual and Oral Course (II) | 1 | 32 | | | | | | | | 2 | | | | |

## 第四节  课堂教学改革与教学成果

中国传媒大学葡萄牙语专业从 2000 年复办以来，全体教师为葡语专业的发展付出了巨大的热情和心血。葡语专业现有队伍都是年轻教师，他们工作热情高且勇于尝试新的教学方法。教师们坚持集体备课，共同探讨改进教学方法。在教材教辅资料十分匮乏的条件下，年轻教师通过学历进修和参加各类培训提高教学水平，开展了一系列教学改革探索。

### 一、理念与成果

依据学校相关精神，葡语教师确定了本专业深化课堂教学改革的基本思路："小专业，大课堂"。遵照这个思路，我们实施了一系列课堂教学改进措施，如土洋结合、新旧结合，建设开放式的、完整的大课堂，即通过作业、专业主题活动、网上互动等不同方式，把课外学习时间与课堂教学有效统一起来。2013 年，我们进一步深化了这一工作，主要体现在两方面：

首先，我们继续坚持已经取得显著成效的措施、方法。比如，教材选用上的中外结合；教学内容上，语言教学与对象国社会文化的紧密结合；教学方法、手段上，传统教学法与新方法和手段的结合，等等。在基础葡语教学的教材选择方面，我们利用外文教材与自编讲义相结合的方式，既注重学生交际能力的提高，也注重学生语言基础能力的建设。近年来，我们特别探讨了教学方法与教师个性的关系，鼓励教师摸索出适应个人性格、气质特点的教学方法。在课堂设计方面，主要采取交际法、任务教学法、项目教学法、翻译法、视听法等多种教学方法，根据课型需要、学生水平和不同的学生群体（即不同班级）组织教学，为学生创造真实的语境及接触不同话语体裁的机会，注重培养学生的语言实际应用能力。

另外，在高年级课程方面，我们实现多个科目整体性设计，即针对每周主题各科目相呼应，从听力、阅读、写作、翻译等各方面强化学生对某一主题语言文化知识的认知、理解及应用。在翻译教学方面，我们采用欧盟翻译总司译员的培训方法，利用欧盟视频资料库，结合我校口译教室的交传、同传设备,为学生设计口笔译结合、循序渐进的职业译员培养课程。

我专业教师的努力工作和严谨态度得到了学生和督导专家的一致好评,2012年所有被听课的老师督导评价均在"良好以上",已公布的春季学期学生评教结果,多数课程被评为"非常满意"。在教学成果方面,我专业自编了视听、口语、报刊阅读等多门课程的系统讲义。专业学生在国内外举行的葡语类竞赛中获奖,如2008级的殷岳、钟点和刘语彤同学获第二届全国大学生葡语辩论赛第一名。

## 二、开放的课堂

我们积极搭建各种平台,为学生营造出积极的、开放的课堂氛围。除了课堂学习,中国传媒大学葡萄牙语专业的教师及外教还积极组织和参与各种活动,让学生们有了一个个学习葡萄牙语和葡语国家文化的"第二课堂"。

(一)参加对象国使馆活动

葡萄牙和巴西是以葡萄牙语为母语的两个最主要的国家。葡萄牙驻华使馆和巴西驻华使馆在宣传本国文化和语言推广方面组织安排了许多活动,如葡萄牙使馆的"烤栗子节"和巴西使馆的电影放映活动。

"烤栗子节"是葡萄牙每年一次的传统节日。每年11月份,葡萄牙驻华使馆文化处都会为葡萄牙语专业的学生举办活动。我校葡萄牙语专业教师和外教几乎每年都会组织学生参加,主要活动有参观葡萄牙使馆、"烤栗子节"相关文化知识讲解、表演歌曲或舞蹈等节目、与其他院校的葡萄牙语专业学生和教师交流等。每次参加活动之前,葡萄牙语专业教师和外教都会向学生们讲解"烤栗子节"的背景文化知识,并且组织学生们排练节目。活动中,学生们不但能够较好地完成节目表演,更能积极地与其他院校的学生进行交流和学习。葡萄牙语专业教师也可以借此机会与其他院校教师互通有无,沟通学习。

此外,葡萄牙语专业学生也积极参加巴西使馆举办的电影放映活动。在每年的电影放映活动中,葡萄牙语专业学生能够体验巴西原版电影的魅力,感受地道的巴西葡萄牙语,领略电影中展现的巴西国家风土人情。2009—2010年,我们还将巴西电影放映活动搬进了中国传媒大学校园。葡语专业教师和外教每个月在校园里公映一场巴西电影,邀请本校和外校学生观看,这一活动使学生们有了更多接触巴西葡萄牙语的机会。电影放映之后,还会组织学生针对电影和葡萄牙语学习进行交流,这也让学生们和教师在课堂之外有了更多的交流学习机会。

### (二)名人讲座和交流活动

2005年,中国传媒大学建立葡语中心,葡萄牙时任总统桑帕约向1500多名师生作了题为《葡萄牙、欧盟和中国》的演讲。演讲之后,葡萄牙语专业的25名学生穿着民族服装为总统表演了葡萄牙民族舞蹈,桑帕约总统也和同学们同台共舞。

2012年5月,葡萄牙前总统外交顾问、联合国文明联盟高级顾问海莲娜女士来我院讲座,向学生们介绍了联合国文明联盟,简述了世界文明的起源发展,强调外语学习与文化的联系,让葡萄牙语专业学生受益匪浅。

除此之外,近年来访中国传媒大学进行讲座的还有葡萄牙著名作家若泽·路易斯·培肖特先生、葡萄牙驻华大使若泽·达特乌斯·索阿雷斯先生等。

### (三)独特的美食课堂

除了正规课堂教学之外,葡萄牙语外教Liliana女士为学生们还开设了独特的"美食课堂"。她将学生们进行分组,每周邀请一组学生到自己家里,她不仅为学生们提供传统正宗的葡萄牙美食菜谱,并且亲自讲解,让学生们学习其中的词汇和文化,之后引导学生们在厨房里进行实践。通过这样的"美食课堂",学生们对葡萄牙传统菜品有了更加直观和深刻的认识,并且对葡萄牙文化更加感兴趣。制作美食的过程,锻炼了学生们的动手能力和协作能力,而到外教家中拜访,也让学生们了解了葡萄牙的很多民间礼仪。独特的"美食课堂"不仅是中国传媒大学葡萄牙语专业学生在大学期间的美好记忆,也是外语专业学生共同称赞的经典范例。

## 三、"3+1"模式

自2000年恢复招收葡萄牙语专业学生以来,中国传媒大学葡萄牙语专业先后与葡萄牙科因布拉大学、澳门理工学院、澳门大学、巴西南大河州天主教大学、巴西南大河州联邦大学等院校开展合作。2005年之后,合作院校主要是巴西南大河州联邦大学,至2012年共计有6届125名学生在该校留学。

表1.6 中国传媒大学葡萄牙语专业合作院校与学生留学情况一览表

| 班级 | 人数 | 留学院校 | 留学年份 |
| --- | --- | --- | --- |
| 2000级葡萄牙语班 | 15 | 葡萄牙科因布拉大学 | 2002年秋至2003年春 |
| | 14 | 澳门理工学院 | |
| | 3 | 澳门大学 | |
| 2002级葡萄牙语班 | 20 | 澳门理工学院 | 2002年秋至2004年春 |
| 2003级葡萄牙语班 | 18 | 澳门理工学院 | 2003年秋至2005年春 |
| | | 巴西南大河州天主教大学 | 2005年秋至2006年春 |
| 2004级葡萄牙语班 | 24 | 巴西南大河州联邦大学 | 2005年秋至2006年春 |
| 2006级葡萄牙语班 | 20 | 巴西南大河州联邦大学 | 2007年秋至2008年春 |
| 2007级葡萄牙语班 | 21 | 巴西南大河州联邦大学 | 2009年秋至2010年春 |
| 2008级葡萄牙语班 | 18 | 巴西南大河州联邦大学 | 2010年秋至2011年秋 |
| 2009级葡萄牙语班 | 22 | 巴西南大河州联邦大学 | 2011年秋至2012年春 |
| 2010级葡萄牙语班 | 20 | 巴西南大河州联邦大学 | 2012年秋至2013年春 |

南大河州联邦大学是巴西历史悠久的高等学府之一,成立于1895年,20世纪初初具规模,成为南大河州高等教育的基地。目前,在校生和教授总数皆居南大河州之冠。其优势学科有医疗、文学、历史、传播、城市规划等。巴西南大河州联邦大学与中国传媒大学于2005年1月正式建立了友好合作关系,两校互派留学生,中国传媒大学葡语专业学生可前往该校学习一年。

巴西南大河州联邦大学开设对外葡语课程,招收母语非葡萄牙语的各国学生。学生入学之前需参加入学分级考试,之后按照学生的分级成绩进行有针对性的课程设置。南大河州联邦大学对外葡语课程主要设有"初级葡语"、"中级葡语"、"高级葡语"、"巴西文学"、"巴西文化"、"阅读与写作"等。根据2005—2012年的统计数据,中国传媒大学葡萄牙语学生在南大河州联邦大学参加入学考试时,主要分级为中级(1)和中级(2)。入学为中级(1)的学生将在留学的第一学期参加专为中级(1)学生设置的专业,第二学期参加专为中级(2)学生设置的课程。而入学分级为中级(2)的学生将在第一学期参加专为中级(2)设置的课程,第二学期参加专为高级学生设置的课程。根据中国传媒大学与巴西南大河州联邦大学的合作协议,南大河州联邦大学应为中国传媒大学葡萄牙语专业学生每个学期提供对外葡语课程每周20学时,英语课程每周4学时。

表 1.7 以 2008 级学生为例,统计了巴西南大河州联邦大学对中国传媒大学葡萄牙语专业学生的课程设置。

表 1.7 巴西南大河州联邦大学对中国传媒大学 2008 级学生的课程设置

| 学期 | 入学考试中级(1)学生 | | 入学考试中级(2)学生 | |
|---|---|---|---|---|
| | 课程 | 周课时 | 课程 | 周课时 |
| 2010 年秋 | 中级葡语(1) | 6 | 中级葡语(2) | 6 |
| | 巴西文学 | 4 | 巴西文学 | 4 |
| | 阅读与写作(2) | 4 | 阅读与写作(2) | 4 |
| | 实践指导 | 4 | 实践指导 | 4 |
| | 戏剧实践/故事讲述 | 4 | 戏剧实践/故事讲述 | 4 |
| | 英语 | 4 | 英语 | 4 |
| | 总计 | 26 | 总计 | 26 |
| 2011 年春 | 中级葡语(2) | 6 | 高级葡语 | 4 |
| | 巴西音乐 | 2 | 巴西音乐 | 2 |
| | 巴西电影 | 4 | 巴西电影 | 4 |
| | 巴西文化 | 4 | 巴西文化 | 4 |
| | 戏剧实践/故事与文摘 | 4 | 戏剧实践 | 4 |
| | | | 论文计划 | 2 |
| | 英语 | 4 | 英语 | 4 |
| | 总计 | 24 | 总计 | 24 |

我们通过电话采访了中国传媒大学葡萄牙语专业毕业生,学生们普遍表示,非常喜欢"3+1"教学模式。通过两年在国内完成葡萄牙语基础知识学习,学生们对葡萄牙语基础词汇、语法有较为扎实的掌握,在国外留学一年的经历,让学生们充分提高了听说能力和葡语综合运用能力,而回国后设置的翻译、高级阅读等课程也对葡语能力有了显著提升。

除了葡萄牙语能力提高之外,学生们还表示在国外一年的留学生活让他们锻炼了自己的生活能力。学生们在国外独立处理房租、水电、交通等费用问题,互相帮助解决饮食、购物、维修家电设备等生活困难,慢慢成为了当地的"生活通"。

在国外的留学经历也在心理上让学生们更加独立、坚强和乐观。远离父母、家人、朋友和老师的照顾,学生们在留学期间必须勇敢克服困难,独立解决学习和生活上的问题,回国后纷纷表示在国外的这一年自己"长大了"。学生们在国外结交了许多当地朋友,在与他们的交往中,自己也变得更加乐观、开朗。

此外,除了葡语学习之外,学生们还经常参加当地的文化活动、假期旅行,这也让学生们对当地文化有了更深的了解,增长了很多见闻。

他们普遍表示,无论是专业能力的提高、见闻的增长,还是心理的成长,在国外一年的留学经历是其一生中的宝贵财富。

## 四、各类葡语竞赛

全国高校葡语辩论赛是由澳门理工学院举办的一项面向两岸高校葡语专业学生的赛事。2011 年,我校 2008 级学生参加了第二届全国高校葡语辩论赛,并获得冠军。此次比赛中,评委、其他高校带队教师都对我校葡萄牙语专业学生的口语表达、灵活应对、团队协作等方面做出了充分的肯定。2013 年,2010 级的三名葡语专业学生参加了第四届比赛并获得第二名,再次展示了我校葡语专业学生优秀的语言表达能力和综合素质。

葡语歌曲大赛由北京外国语大学葡萄牙语教研室主办,旨在推广葡语国家文化,并为京津地区的葡萄牙语专业学生提供展示自己的机会。2011 年 6 月、2012 年 11 月、2013 年 5 月,我校葡萄牙语专业学生先后参与了三届葡语歌曲大赛,并取得了较好的成绩。通过准备比赛,同学们对葡萄牙和巴西的音乐形式、流行音乐等有了深入的了解，也通过学习歌词，掌握了许多新的词汇和葡语表达方法。通过比赛，学生们不仅展示了自身的才艺，也与其他院校学生有了更多的交流，在交流中不断学习，提高了自身的专业能力和综合素质。

**五、巴西中国留学生组织的建立及发展**

葡萄牙语专业的学生在留学巴西期间，不仅积极学习当地语言和文化，更积极创建了留学生组织——巴西中国留学生组织，在当地产生了较大的影响。

巴西中国留学生组织（Associação dos Estudantes Chineses no Brasil）是在中国驻巴西圣保罗总领事馆的指导下，由中国在巴西留学生自发建立的非营利性组织，中国传媒大学葡萄牙语专业的学生是该组织的骨干力量，其中该组织的两位主席陈旭、朱景荣皆为中国传媒大学葡萄牙语专业学生。该组织致力于弘扬中华文化，增进中巴友谊，促进两国文化交流。与此同时，它本着"团结友爱、互助进步"的民族精神，为留学于巴西的中国学生提供了一个自我团结、自我管理、促进彼此沟通与交流的广阔平台。目前，该组织主要有负责人员20人，会员120人左右，既包括来巴西留学的中国学生，也吸纳了对中文感兴趣的巴西学生。

巴西中国留学生组织成立以来，独立制作了组织的门户网站http://www.baxiliuxue.org，翻译葡萄牙语视频60余个，并发表在优酷网等网站。同时也在新浪微博、人人网主页上发表博文300余篇，介绍与巴西政治、经济、文化相关的知识，增进了巴西中国留学生之间的交流和互助。

除此之外，巴西中国留学生组织还与巴西驻中国大使馆、中国国际广播电台、中巴文化交流中心、巴西之家文化中心、中巴书友会、巴西南大河州联邦大学孔子学院、里约热内卢天主教大学孔子学院等组织和机构保持着密切的联系，并且与中科集团、巴西TRADUZCA翻译公司等企业保持着良好的合作关系，担任众多巴西展会的中葡翻译工作。

学生们通过创办和推动巴西中国留学生组织，不仅增强了语言能力，丰富了巴西的政治、文化、人文等相关知识，更通过翻译视频、组织活动等锻炼了葡语的实战能力，培养了团队协作精神。

## 第五节　招生与就业

中国传媒大学是中国国内最早开设葡萄牙语专业的几所院校之一。1960年,中国传媒大学招收第一届葡萄牙语班学生18人,之后在1964年和1965年又相继开设了3个葡萄牙语班,共约90人。

2000年,国家教育部专门组织专家组对中国传媒大学非通用语本科人才培养基地进行了评估论证,并于2004年正式批准中国传媒大学为国家外语非通用语本科人才培养基地。2000年,北京广播学院(今中国传媒大学)恢复葡萄牙语专业招生,之后葡萄牙语专业基本保持每隔一至两年招收一届学生,实行小班授课,学制为四年制。如表1.8所示,从2000年至2012年,中国传媒大学葡萄牙语专业共招生214人。

表1.8　中国传媒大学2000年至2012年葡萄牙语专业招生人数表

| 招生年份 | 招生人数 |
| --- | --- |
| 2000 | 32 |
| 2002 | 20 |
| 2003 | 18 |
| 2004 | 24 |
| 2006 | 20 |
| 2007 | 21 |
| 2008 | 20 |
| 2009 | 22 |
| 2010 | 21 |
| 2012 | 16 |
| 总计 | 214 |

## 一、就业情况

总体来讲,中国传媒大学葡萄牙语专业的毕业生就业大致可分为三个方向:一部分学生凭借大学阶段打下的良好的葡语基础,并结合传播学、新闻学方面的知识,到中央电视台、中国国际广播电台、中国新闻社等一线媒体从事新闻的采访、编辑、广播等业务领域的工作;一部分学生凭借良好的葡语沟通能力,并结合大学期间在学生团体活动、企业公司实习中得到的全面素质锻炼,到各大部委、国有企业、银行、大型私企和外企等企事业单位工作,并在工作中继续完善业务能力;另一部分学生则在本科学习的基础上,选择出国留学或读研继续深造。

下面将重点针对近四年(2010 届至 2013 届)葡萄牙语专业毕业生的毕业去向进行统计分析。

表 1.9　中国传媒大学 2010 届葡萄牙语专业毕业生毕业去向统计表

| 班级 | 毕业去向 | 人数 |
| --- | --- | --- |
| 2006 级葡萄牙语班 | 机关部委 | 5 |
| | 国企 | 5 |
| | 大型私企 | 1 |
| | 中央电视台 | 7 |
| | 大学任教 | 1 |
| 总　计 | | 19 |

表 1.9 显示,中国传媒大学 2010 届葡萄牙语专业毕业生中有 7 人到中央电视台工作,这不仅体现了中国传媒大学葡萄牙语专业学生在就业市场中有较强的竞争力,也反映出学生在大学期间受到了传播学、新闻学方面的熏陶,对新闻行业有所向往。此外,有 5 名毕业生到外交部、商务部等机关部委工作,6 名毕业生到中国电子进出口总公司、中信建设集团等国企和大型私企就业,1 名学生到西安外国语大学任葡萄牙语专业教师。

表 1.10　中国传媒大学 2011 届葡萄牙语专业毕业生毕业去向统计表

| 班级 | 毕业去向 | 人数 |
| --- | --- | --- |
| 2007 级葡萄牙语班 | 机关部委 | 3 |
| | 国企 | 7 |
| | 大型私企 | 3 |
| | 国内外读研 | 3 |
| | 银行 | 2 |
| | 新华社 | 1 |
| | 中国新闻社 | 1 |
| | 中国国际广播电台 | 1 |
| 总　计 | | 21 |

据统计，2011 届中国传媒大学葡萄牙语专业毕业生中有 10 人到中国水电建设集团、中国国际旅行社等国企和大型私企工作，3 人就职于外交部等机关部委，3 名毕业生选择继续在中国传媒大学、巴西里约天主教大学和澳大利亚悉尼大学读研。另外，有 2 名毕业生就职于中国工商银行，3 名同学选择了新华社、中国新闻社、中国国际广播电台等新闻媒体行业。

表 1.11　中国传媒大学 2012 届葡萄牙语专业毕业生毕业去向统计表

| 班级 | 毕业去向 | 人数 |
| --- | --- | --- |
| 2008 级葡萄牙语班 | 机关部委 | 6 |
| | 国企 | 6 |
| | 大型私企 | 1 |
| | 国内外读研 | 2 |
| | 中央电视台 | 1 |
| | 中国国际广播电台 | 1 |
| | 巴西亚洲商务中心 | 1 |
| 总　计 | | 18 |

如表1.11所示,中国传媒大学葡萄牙语专业2012届毕业生中有6人到外交部、中联部、商务部等机关部委工作,占本专业毕业生总人数的三分之一。这不仅体现了中国传媒大学葡萄牙语学生在机关部委招聘、公务员考试中所取得的优异成绩和良好的专业能力,也反映出学生们具备较好的思想政治水平和综合素质。另外有7名毕业生就职于中国电子进出口总公司、中国葛洲坝集团等国有企业和大型私有企业,2名毕业生就职于中央电视台和中国国际广播电台等新闻媒体行业,1名毕业生就职于巴西亚洲商务中心。此外,2名毕业生分别在澳门大学和华威大学继续深造。

表1.12 中国传媒大学2013届葡萄牙语专业毕业生毕业去向统计表

| 班级 | 毕业去向 | 人数 |
| --- | --- | --- |
| 2008级葡萄牙语班 | 机关部委 | 6 |
| | 国企 | 7 |
| | 大型私企 | 4 |
| | 人民日报社 | 1 |
| | 中国银行 | 1 |
| | 巴西银行 | 1 |
| | 其他 | 3 |
| 总 计 | | 23 |

根据统计,中国传媒大学葡萄牙语专业2013届毕业生中共有6人到外交部、北京市对外服务办公室等机关部委工作,有7人就职于中建材国际装备有限公司、中铁四局集团等国有企业,4人就职于百度在线网络技术有限公司等大型私企。另外有1名毕业生就职于人民日报社,1人就职于中国银行(北京分行),1人就职于巴西银行股份有限公司,还有3人就职于普华永道中天会计事务所、马可波罗客车零部件有限公司等。

二、毕业生反馈

经过调查,中国传媒大学葡萄牙语毕业生普遍对学校和专业满意度较高。

表 1.13 中国传媒大学葡萄牙专业毕业生反馈情况

| 对学校和专业满意度方面 | 1. 专业课效果较好 |
| --- | --- |
| | 2. "3+1"模式教学效果好 |
| | 3. 辅修专业设置好 |
| | 4. 活动丰富多彩 |
| | 5. 社会实践机会多,锻炼多 |
| | 6. 新闻学、传播学环境熏陶 |
| 能力欠缺方面 | 1. 工作领域相关知识欠缺 |
| | 2. 长期出差、外派不适应 |
| 学校和专业改进方面 | 1. 增加各领域实习机会 |
| | 2. 增加翻译练习机会 |

其中,任职国企和大型私企的学生普遍表示,学校非通用语专业采用的"3+1"教学模式让他们在大学前两年掌握了扎实的语言基础和语法基础,使他们大三在国外留学期间能够迅速地提高口语和听力,并且学习到很多当地文化,对语言学习帮助很大;回国后的大四课程能够较好地提高翻译能力和写作能力,为就业后的翻译工作打下了良好的基础。而且大学期间参加的学生活动、社会实践等,也锻炼了他们的团队协作能力和执行力,让他们能够较快适应工作。

继续读研的同学表示,本科阶段的专业课学习为他们的研究生阶段学习打下了坚实的基础,无论是语言能力还是学习能力,都在本科阶段得到了很好的积累。

任职中央电视台、中国国际广播电台等媒体行业的毕业生表示,虽然不是新闻学、传播学等专业的毕业生,但是大学四年在中国传媒大学学习,使他们受到了很强的熏染,对新闻媒体领域并不陌生。而且很多同学辅修了新闻学,对相关领域专业知识掌握较好,工作之后能够很快适应。大学期间参加的院校学生活动对他们的帮助也很大,不仅扩大了人际交往面,锻炼了组织能力和执行能力,而且让他们学会了安排自己的时间,有条理地处理学习、工作、生活等方面的各种事情。

同时毕业生普遍反映,缺乏相关领域的专业知识是他们工作后遇到的最大困难。例如在水电领域工作的毕业生说道,在学校期间的语言学习接触到的大多是文化、政治类的材料,而水电领域的相关知识几乎没有涉猎过,这让他们工作后不能很快地单独承担工作。在银行工作的毕业生也说道,入职前几年一直在学习金融领域的知识,与其他专业的毕业生相比,他们的专业知识较为薄弱,这方面的压力也比较大。

### 三、用人单位反馈

通过电话采访,中国国际广播电台葡萄牙语部主任吴一尘针对我校从2000级到2008级的毕业生在工作中的"职业道德、责任感","团队协作精神","专业知识、葡语能力","学习和适应能力"以及"实践、工作业绩"等方面进行了评价,评价分为"优秀"、"良好"、"称职"和"不称职"四个层级。

表 1.14 用人单位对中国传媒大学葡萄牙语专业毕业生就业表现评价表

| 序号 | 评价因素 | 评价结果 |
| --- | --- | --- |
| 1 | 职业道德、责任感 | 优秀 |
| 2 | 团队协作精神 | 良好 |
| 3 | 专业知识、葡语能力 | 优秀 |
| 4 | 学习和适应能力 | 优秀 |
| 5 | 实践、工作业绩 | 良好 |
| 综合评价 | | 优秀 |

表 1.14 的统计结果显示,吴一尘主任对中国传媒大学葡萄牙语毕业生的各项能力和素质均有良好的评价,尤其赞扬了毕业生的专业知识。她表示,中国传媒大学葡萄牙语毕业生的专业知识和葡语表达能力较强,尤其在采访中积极、主动,表现出良好的葡语运用能力和开朗的个性。除此之外,与其他院校的毕业生相比,中国传媒大学葡萄牙语毕业生有更好的新闻知识基础,并且在维护网站、视频编辑等方面有较强的能力。吴一尘主任了解到,有一些毕业生在校期间选修了新闻学、传播学,或者攻读了新闻学双学位,这使得他们在工作中的学习能力很强,工作上手快。这些情况是其他高校毕业生所没有的,而这也得益于中国传媒大学深厚的学术背景和学术氛围。评价中相对薄弱的是"团队协作精神"和"实践、工作业绩"。吴一尘主

任认为,虽然中国传媒大学毕业生的专业能力强,综合素质高,但是中国国际广播电台葡萄牙语部的工作要求高、专业性强,毕业生进行成功的采访、编辑优秀的新闻稿件、熟练进行葡语播音等工作仍然困难较大。当提到对于葡萄牙语教学的建议,吴主任认为,中国传媒大学非通用语专业长期坚持"3+1"的教学模式,在国内的学习阶段使学生掌握了扎实的基础知识,国外学习阶段加强了学生的听说能力,相对来讲,学生的葡萄牙语和汉语之间的翻译不太熟练,因此可以适当增加翻译的练习,让学生在大学期间多进行笔译、口译的实践。此外,吴主任在赞赏中国传媒大学葡萄牙语毕业生获得新闻学、传播学双学位的同时,也鼓励更多的学生继续深造。她表示,这能让学生在媒体就业时有更多的优势,工作后能缩短见习时间,更快地完成工作,即使不选择媒体行业,也能让其他单位的领导觉得毕业生在学校有积极的学习心态和良好的学习能力,对这些毕业生另眼相看。

# 第二章　意大利语专业建设

## 第一节　意大利语的历史和现状

### 一、意大利语概况

意大利语是意大利共和国的官方语言。意大利是一个位于南欧的美丽国度,它是议会制共和国,拥有 6090 万居民,首都为罗马。意大利是一个靴子型的半岛国家,其领土北部是阿尔卑斯山,从西到东,与法国、瑞士、奥地利和斯洛文尼亚接壤,南部则伸向美丽的地中海,拥有众多的岛屿,其中最大的两个岛是西西里岛和撒丁岛,其领土内还包含圣马力诺和梵蒂冈城两个城中之国,总国土面积为 301340 平方公里。

意大利不仅拥有迷人的地中海风光、享誉世界的美食、热情浪漫的人民,更是一个拥有悠久历史和深厚文化底蕴的国家。在历史上,罗马帝国曾是整个欧洲的经济、文化、政治中心,它留下了无数灿烂的历史文化遗产,使意大利成为全世界旅游者所向往的旅游胜地。中意之间的友谊源远流长,马可·波罗、利玛窦、郎世宁是促进中意之间的交流和东西方相互沟通和了解的先行者。到了现代,意大利作为 G8 成员、欧盟的创始国,在对华经济、贸易、文化、科技、教育等方面的交流中更是占有举足轻重的地位。近些年,随着中意之间交流的增多,对意大利语人才的需求也在不断增加,马可·波罗计划和图兰朵计划为中国学生打开了去意大利求学的大门,中意之间的交往正在向更深层次、更健康的方向发展。

意大利语属于印欧语系罗曼语族西罗曼语支,同属于西罗曼语支的还有法语、西班牙语、葡萄牙语和罗马尼亚语等。它被誉为最艺术的语言,也是世界上最富有音乐感的语言。作为伟大的文艺复兴的主要载体之一,意大利语对西欧其他民族语言的形成与发展曾有过深刻的影响。

现代意大利语有 21 个字母和 5 个外来语字母,分别是:

21 个字母:Aa Bb Cc Dd Ee Ff Gg Hh Ii Ll Mm Nn Oo Pp Qq Rr Ss Tt Uu Vv Zz

5 个外来字母:Jj Kk Ww Xx Yy

意大利语的发音饱满而清晰,元音简单丰富,一个元音对应一个发音,而且绝大多数的单词都是以元音结尾的,所以韵律性非常强。除了哑音 h,没有不发音的词素。少数辅音有组合,但比较简单。所以即使不认识单词,只要掌握了发音规则也一样能够流畅地朗读意大利语。

意大利语是一门形态变化丰富的语言。在语法上,它保持了拉丁语的大部分特点。意大利语的名词有阴阳性、单复数的区别,所有修饰限制名词的词,如形容词、冠词等都要与所修饰限制的名词的性、数保持一致。动词有六个人称的变化,由于从动词的变化中能较清晰地体现句子的主语,所以在句意明确的情况下主语可以省略。动词有 7 种语式:直陈式(indicativo)、虚拟式(congiuntivo)、条件式(condizionale)、命令式(imperativo)、不定式(infinito)、分词(participio)和副动词(gerundio)。每种语式都有各自的时态,加在一起共有 21 种。从时态的结构上讲,可以分为简单时态和复合时态。简单时态是由动词词尾的变化而体现出来的;复合时态则是由助动词(essere 或 avere)的某一简单时态加上变位动词的过去分词构成的。当所用助动词为 essere 时,动词的过去分词也要有性数的变化。动词变位虽然有许多的规则,但也有例外,所以这是意大利语语法中最为复杂的部分。在意大利语句子中,人称、性数、时态、语式都要保持高度的一致,做到完整、协调,这对于初学者来说是较为困难的。

意大利有许多的方言,其中主要的方言有:西西里方言、撒丁岛方言、那不勒斯方言、威尼托方言、伦巴第方言、弗利乌里方言、皮埃蒙特方言、利古里亚方言等。

## 二、意大利语的演变

早在公元前8世纪,一支拉丁部落占领了意大利中部的拉齐奥地区,建立了罗马城,并开始实行重商政策,同时通过一系列的吞并和征服,逐渐成为一个强大的城邦国。拉丁人在与其他民族的交流中,吸收了其他民族的语言,并不断丰富,于是原本仅仅只有拉丁部落讲的拉丁语逐渐成为一种文学和文化的语言,并在几个世纪后成为整个帝国的官方语言——拉丁语。

拉丁语在日后的发展中,由于受到各个地区的方言的影响,演化出了通俗拉丁语。通俗拉丁语开始只限于口头表达,但随着社会经济的发展和政治形势的变化,也逐渐用于书面表达。通俗拉丁语不是一种语言,而是在罗马帝国统治下的几个世纪中,不同地区所使用的由古典拉丁语演化而来,又不同于古典拉丁语的所有语言的总称。

意大利语就是从通俗拉丁语发展而来的。现代意大利语的标准书面语基本上是以但丁的《神曲》和皮特拉克以及薄伽丘的作品为蓝本,在14世纪才得以形成的。由于这些杰出作家的作品主要是使用托斯卡纳地区(特别是佛罗伦萨)的方言所创作,所以现在的标准意大利语又是以托斯卡纳方言为基础的。

1582年,在意大利的佛罗伦萨成立了著名的"秕糠学会"(Accademia della Crusca),旨在纯洁意大利文艺复兴时期的文学语言——托斯卡纳语。由于该学会成员的努力,用托斯卡纳方言写的作品成为十六七世纪意大利文学的典范。这个学会的成员后来以语言上的保守派而闻名。1612年出版的学会的正式词典《秕糠学会词典》,为意大利语的规范化作出了重要贡献。

## 三、意大利语与今日世界

意大利语是意大利、圣马力诺的官方语言,是瑞士联邦的官方语言之一,也是梵蒂冈的第二种官方语言。在斯洛文尼亚和克罗地亚,意大利语被一些意大利裔少数族群使用。意大利语在科西嘉岛、萨伏依和尼斯(历史上被法国吞并前讲意大利语的地方)的部分地区也能够被理解。另外,在阿尔巴尼亚,意大利语亦有所应用。

在非洲的前殖民地，如利比亚、索马里和厄立特里亚，至今仍有一些人说意大利语，但其使用范围正在逐渐萎缩。

意大利语和意大利语方言被意大利移民和其后裔广泛使用。在西欧，意大利裔居民主要分布在卢森堡、德国、英国和比利时，另外，在美国、加拿大、澳大利亚、拉丁美洲（特别是乌拉圭、巴西、阿根廷以及委内瑞拉）也有为数不少的意大利裔移民。在美国，意大利语居民主要集中在波士顿、芝加哥、纽约和费城四座城市。而在加拿大，意大利语的社区主要在蒙特利尔和多伦多。世界上说意大利语的人总共约有 7000 万。

意大利是歌剧之乡，因此在音乐作曲领域，有为数不少的意大利语词，歌剧"opera"一词本身即源于意大利语。在唱片封底，除可看到乐曲名外，还可以看到 allegro、presto 等标示音乐速度的词语，这些词都是意大利语词，意思分别为快板和急板。此外，还有许多词语表示音乐速度转换、力度变化、表情用语，如咏叹调——aria，独奏——solo，中板——moderato，强——forte，弱——piano，高八度演奏——all'ottava，进行曲风格——alla Marcia，忧伤地——dolente，响亮地——sonoro，等等。

## 四、中意关系的发展

自 1964 年 11 月 30 日中意两国在罗马签订互设民间商务代表处协议，1965 年初双方互派商务代表，到 1970 年 11 月 6 日两国正式建交，至 1985 年 6 月两国分别在米兰、上海互设总领事馆，1998 年 6 月，中国在佛罗伦萨设总领事馆，同年 11 月，意大利在广州设总领事馆，中意两国的交往在不断发展深化。意大利是我国在欧盟内重要的科技合作伙伴。两国于 1978 年签署政府间科技合作协定，并从 1979 年起，中意科技合作混委会已轮流在罗马和北京共举行了十三次混委会会议，双方共同研究确定两国科技合作的优先领域和重点合作项目，由双方的大学、科研机构和企业共同实施，取得了一系列的成果。双方还签订了关于和平利用和研究开发空间的合作协议。两国在环保领域开展了卓有成效的合作。自建交以来，两国签署的重要文件有：《中意关于两国建立外交关系的联合公报》《中意文化合作协定》《中意科技合作协定》《中意空间科学技术合作议定书》《中意领事条约》《中意关于民事司法协助的条约》《中意经济合作协定》《中意关于和平利用与研究宇宙空间方面进行合作的协定》《中意关于打击犯罪的合作协议》《中意关于建立全面战略伙伴关系的联合公报》《中意成立中意政府委员会的联合声明》《中意知识产权合作协定》《中意航空工业合作谅解备忘录》《中意相互承认高等教育学历学位协议》等。由于中意教育合作逐步深化，两国教育部签署了《简化留学人员签证手续》等协议。意大利政府于2014年3月1日和4月11日两次简化中国居民赴意大利的签证手续，足见意大利对于中国的重视和青睐。

目前，中意两国已建立北京－罗马、上海－米兰、天津－伦巴第大区、南京－佛罗伦萨、苏州－威尼斯等55对友好省市和地区关系。为促进中意两国人民的相互了解，中国文化部与意大利遗产和文化活动部共同举办了2006年"中国意大利年"，旨在向中国公众提供一个了解意大利文化的窗口；而在中意两国建交四十周年之际，两国又在意大利举办了"中国文化年"，向意大利民众宣传中国文化。两次文化年的活动时间长、力度大，内容丰富、形式多样，打开了中意两国人民相互了解的大门，增进了友谊。

**五、中国意大利语人才的需求与培养**

鉴于中意关系发展的需要，中国外交部、商务部、文化部、中联部、中国海关、国家旅游总局、贸促会等机构对意大利语人才都有需求，其中外交部平均每年都要招收两三名意大利语专业毕业生。而中国在走向世界的过程中，需要扩大对外宣传的影响力，因此，新华社、中国国际广播电台每年都招收意大利语的毕业生，其中，中国传媒大学2001级意大利语毕业生有三人进入中国国际广播电台工作。此外，意大利的《晚邮报》《24小时太阳报》以及安莎社等主要报纸和通讯社的驻华记者站也需要懂意大利语的人才。

伴随银行金融业的发展，中国的银行逐渐走向海外，中国银行、中国工商银行等都积极发展对意大利的金融业务，并已在意大利建立分行，在该领域存在既懂意大利语又懂金融的专业人才缺口。

在高端奢侈品领域，广东的红珏（Giada）集团每年招收一至两名意大利语专业毕业生，以积极拓展其海外市场。2014年9月，意大利的Only Italia集团将入驻广东芭蕾雨城市商业中心。

中国这个巨大的市场强烈地吸引着意大利来华进行投资和贸易，因此，国内对意大利语人才的需求保持着强劲的态势。由于意大利语专业在就业方面的优势，近年来各高校纷纷开设意大利语专业，2000年全国仅有四所高校教授意大利语，据不完全统计，至今已有近25所高校开设了意大利语本科专业，同时社会上还出现了大量的意大利语培训机构，因此，高校意大利语教师也出现了炙手可热的形势。

目前，在中国开设意大利语专业的高校主要有对外经济贸易大学、北京外国语大学、上海外国语大学、北京语言大学、中国传媒大学、广东外语外贸大学、南京师范大学等。

(一)对外经济贸易大学

早在20世纪50年代中期，对外经济贸易大学率先在中国高校中开设了意大利语专业，先后培养了数百名意大利语专业学生。他们中间有前任和现任驻意大利使馆商务参赞和商务领事，有许多经贸领域的领导干部，也有继续从事意大利语教学科研的学者。1987年，对外经济贸易大学成立了中意语言教学中心，20多年来共培养了3000多名学员，活跃在中意两国经贸、文化交流领域，成为中意经济交往的生力军。1993年，对外经济贸易大学又与意大利对外贸易协会签署了合作协议，直接参与对外经贸人员合作培训项目，4年间共合作培训学员近300人，他们为中意经贸等方面关系的进一步发展贡献了力量。

对外经济贸易大学意大利语系已成为全国高校中人数最多、年龄结构合理、具有较强教学科研能力的师资队伍。近年来，对外经济贸易大学意大利语系的教师先后编著了《意大利语语法》《在中国说意大利语》《自学意大利语》《国际商务专业技术资格考试参考书(意大利语)》《意大利语实用会话》《意大利语外事经贸应用文》《意大利于经贸谈判与口译》《意大利报刊选读》《意汉经贸词典》等书籍，同时还翻译了一大批意大利语原著，如《意大利民法典》以及克罗齐、卡尔维诺、罗达里、佩里切利等人的作品。

该校意大利语系主要课程有基础意大利语、视听说、意大利概况、意大利语阅读、意大利文学选读、经贸应用文、报刊选读、翻译理论与实践、意大利语写作、经贸文章选读、口译、经贸谈判等，偏重意大利语经贸方向的教学和研究。

### (二)北京外国语大学

意大利语专业是北京外国语大学的优势特色学科,自 1962 年建立以来已形成比较完善的教学体系。图书资料丰富,师资力量雄厚。现有教师 6 名,其中教授 1 人,副教授 3 人,讲师 2 人。本专业每年聘请意大利专家 1 名。

本科一、二年级设有精读、口语、视听、语法、泛读等课程,三、四年级设有概况、近当代文学选读、视听说、写作、外报外刊、文学史、口译、笔译、应用文等课程,并开办有经济、政治、历史、艺术等方面的意语讲座。

近年来,北京外国语大学意大利语专业集体完成并出版的科研成果有:《意汉词典》《意大利语》《大学意大利语教程》《意大利文学史》《意大利近代文学史》《意大利当代文学史》(国家教委重点科研项目、博士点参考书目)以及《现代意汉汉意词典》等。除此之外,教师们还编著和翻译了大量文学、语言艺术等多类作品。

### (三)上海外国语大学

上海外国语大学意大利语专业隶属于西方语系,开设于 1972 年。1998 年经教育部批准成立欧洲语言文学硕士点,意大利语语言文学为其主要研究方向。2000 年建立教育部国家外语非通用语种(包括意大利语、葡萄牙语、希腊语 3 个语种)本科人才培养基地。2003 年起每年举办中国意大利语教师研修班,以提高我国的意大利语教学水平。目前,上海外国语大学意大利语专业每年招生有一个 20 人左右的本科生班,共计约 80 人;每年有一个硕士班,共计 5 人。

上海外国语大学意大利语专业隶属于西方语系,开设于 1972 年。意大利语专业的主干课程有:意大利语综合课(基础、高级)、意大利语写作、翻译理论与实践、意大利语视听说、意大利语泛读、意大利语句法、意大利语会话、意大利历史、意大利文学史、意大利语应用文、意大利语报刊选读等。

### (四)北京语言大学

北京语言大学 2009 年新增意大利语本科专业,但是作为国家教育部意大利语出国培训的唯一基地,该校已有 25 年的意大利语教学历史,在教育部的直接领导和扶植下,具备完善而坚实的教学软件和硬件条件。专业立足于意大利语语言与文化(包括文学),突出中意两国语言和文化的对比,培养中国文化底蕴深厚、意大利语水平高的高级语言文化工作者和学术研究人员。

该校意大利语专业师资队伍力量雄厚,具有高学历、高职称的特点。学科带头人为著名意大利语学者赵秀英教授,她是当前我国承担意大利语教学仅有的三位教授之一,研究方向主要是意汉语法对比和中意文化对比,发表了大量科研著作。除了获得意大利总统颁发的骑士勋章外,还因字典及其他科研成果而获意大利国家颁发的"意大利语造诣奖"。王苏娜老师,博士,主攻方向为中意两国文化交流史。周婷老师,国内外双硕士,主攻方向为意大利文化和艺术。此外还有意大利政府经严格筛选的公派母语教师。

专业必修课:意大利语精读(语法)、意大利语口语、意大利语听力、视听说、意大利语泛读、基础写作、实用意大利语、现代汉语与写作、专题讨论、口笔译技能训练入门、意大利语高级阅读与写作、意大利简史、意大利文学简史、意大利文化概况、意大利语新闻视听、意大利语笔译、意大利语口译、意大利语报刊导读、意大利艺术简史、意大利文学作品选读、中意文化交流史、拉丁语入门、汉语高级阅读与写作、二外等。

专业选修课:意大利电影及评论、意大利戏剧、意大利音乐史、从意大利歌曲看社会、翻译名著赏析、在华意大利企业介绍、欧盟简史、翻译理论、语言学导论、外国文学选读、西方文明史、国际新闻概论、中国古代文学选读、中国现当代文学选读、当代国际关系、当代中国外交、交际理论与艺术等。

(五)中国传媒大学

自 20 世纪 60 年代北京广播学院(中国传媒大学前身)建校初期,作为建校三个系之一的外语系就已开设了意大利语专业,为当时我国对外广播事业和对外友好交往培养了一大批优秀的人才。之后,由于非通用语专业招生一度中止,意大利语专业也随之沉寂。2000 年 4 月,北京广播学院正式恢复非通用语专业招生,并于 2001 年招收首届意大利语本科专业学生,之后于 2003 年、2007 年、2009 年、2010 年、2011 年连续招收了五届意大利语专业本科生,每届一个班,大约 20 人左右。中国传媒大学一直实行"3+1"的教学模式,生源和就业情况良好。

中国传媒大学意大利语专业的主要课程有:意大利语精读、视听说、口语、意大利语泛读、意大利概况、意大利语高级阅读、意大利语写作、意大利语翻译、意大利报刊选读、意大利高级视听等。

意大利语专业培养学生具有扎实的语言专业基础知识和比较广泛的科学文化知识,使学生在毕业后,成为在对外传播、商务、文化、科研等领域具有较强创新精神和能力的从事意大利语、英语工作的复合型、复语种、宽口径、厚根基的应用型人才。

(六)广东外语外贸大学

广东外语外贸大学意大利语专业与法语、德语、俄语、西班牙语设在西方语言文化学院。1999年10月,广东外语外贸大学和意大利驻广州总领事馆开始合作筹建意大利专业,成立了意大利语教研室。2001年获得国家教育部正式批准,广东外语外贸大学开办了意大利语专业,并于2002年开始招收本科学生。2005年,意大利语教研室更名为意大利语系,现有教师6人,其中副教授1名,讲师3名,助教1名和外籍教师1名。现在校本科班3个,学生77人。

专业必修课:基础意大利语(1—4)、意大利语视听说(1—4)、高级意大利语、意译汉、汉译意、意大利语文学。

专业选修课:意大利社会与文化、意大利语阅读、科技意大利语、意大利语写作、意大利语口译、经贸意大利语、意大利文学史、旅游意大利语、意大利语名篇名作选读、意大利语报刊选读。

跨学科、跨专业的全校性通选课:欧洲社会与文化、欧洲文学精品选讲等。

(七)南京师范大学

南京师范大学外国语学院意大利语本科专业于2001年6月4日经江苏省教育厅批准试办,即成为江苏省历史上的第一个意大利语专业。第一届学生27人、第二届学生29人以及第三届学生15人已分别于2005年、2007年和2010年毕业,目前在全国各地各行业领域(如翻译、外贸、行政、旅游、文化、教育等)任职。

近年来,南京师范大学意大利语专业加强了对外合作与联系。2006年学校与意大利佩鲁贾外国人大学合作,在"马可波罗计划"的框架下,签订了"6+6"培训协议,即在国内学习(南京师范大学外国语学院)600课时(6个月),参加意大利佩鲁贾外国人大学语言评估和认证中心的CELI考试,在佩鲁贾外国人大学学习600课时(6个月),即可进入意大利各公立大学就读。自2005年以来,该项目已培养了来自全国各地的800多名学员顺利赴意留学。目前,南京师范大学意大利语专业正在积极地尝试与更多的意大利大学合作,其中包括米兰比可卡大学、锡耶纳外国人大学、卡利亚里大学以及那不勒斯大学东方学院等,希望通过交换学生、互派教师的方式促进两国高校间的合作与交流,提高教学质量。

主要课程:一、二年级开设基础意大利语、意大利语语法练习、意大利语泛读、意大利语视听说、意大利概况(史地、文化)、英语等。三、四年级开设意大利文学史、意大利文学作品选读、意大利语写作、翻译理论与实践、意大利语报刊选读、意大利语经贸谈判与口译、意大利语应用文选读与写作、英语等,并安排实习。

南京师范大学意大利语专业(意英双语专业)从2005年起实行五年制,它由原意大利语四年制本科专业发展而来,在原意大利语课程的基础上增加了英语专业教学并优化了意大利语专业课设置,强调对学生知识全面性和综合能力的培养,旨在培养意大利语扎实、英语水平较高并具有创造性思维、具备一定科研能力的双语人才,以更好地适应中意两国以及国际间的经济文化交流与合作。

除上述各高校外,目前国内开设意大利语本科专业的学校还有:北京第二外国语大学、西安外国语大学、四川外国语大学、大连外国语大学、天津外国语大学、大连艺术学院、吉林华侨外国语学院等;开设意大利语硕士点的学校有:对外经济贸易大学、北京外国语大学、北京语言大学、上海外国语大学、南京师范大学、西安外国语大学;经过多年的积累和努力,北京外国语大学意大利语系于2012年开始招收第一批博士生,成为全国唯一招收意大利文学博士生的学校,这是意大利语教学的一项历史性突破。与此同时,清华大学、南开大学、中国政法大学、厦门大学、武汉大学、浙江大学、四川大学、山东大学等一批重点高校也都纷纷开始设立意大利语的教学点。此外,还有多家意大利语培训机构。

近年来,意大利语在中国的教学不仅在数量上呈现了井喷状,而且在教学层次上也逐步提高,已形成完整的本、硕、博三级教育体系,教学质量不断提高,呈现出蓬勃发展的健康态势。

## 第二节 中国传媒大学的意大利语专业

意大利语专业是中国传媒大学(原北京广播学院)于上世纪50年代第一批开设的非通用语专业,曾培养出众多意大利语人才,他们服务和活跃于国家各个岗位,特别是播音领域。"文革"期间曾经停招,2001年恢复意大利语专业招生,至今已招收了六届学生,每届一个班,平均20~30人。经过不断发展建设,目前,中国传媒大学意大利语专业已初步形成了一套完备的教学管理体系,拥有一支充满生机和活力的高水平专业师资队伍,并且借助独具特色的双语教学和"3+1"教学模式,培养了一批又一批既精通意大利语和英语又具备传媒素养的复合型、复语型人才。

### 一、学科与专业建设

中国传媒大学意大利语专业隶属于中国传媒大学外国语学院欧洲语系,20世纪60年代,意大利语专业作为学校建校初期最早开设的非通用语专业之一,为新中国的对外广播和外交事业培养了一批批杰出人才。之后非通用语专业招生曾一度停止,直到2001年,意大利语专业正式在全国恢复大规模招生,招收本科生30名,为以后的专业发展奠定了坚实的基础。此后意大利语专业在2003年、2007年又培养了53名毕业生,自2009年开始连续三年(2009年、2010年和2011年)招生,截至目前,总共培养本科学生近150名。

在意大利语专业不断建设的过程中,专业教学的学科定位日趋明细:以本科教学为工作主体,以意大利语和英语学习为基础,结合新闻学、传播学知识,结合对外传播的特点和规律,培养"外语突出、专业领先"的复合型和复语型人才。

为实现这一目标,意大利语专业在强化语言教学的同时,依托中国传媒大学的品牌优势,加大广播电视、新闻、国际传播等特色专业教学,并开设对象国政治和经济、社会与文化、公共关系与外交等多种课程,形成了卓有特色的复合性教学模式。学生通过该教学模式的培养,能够广泛掌握相关传媒知识,为毕业之后走上相关工作岗位奠定了坚实的基础。同时,实行专业语言和英语双语培养四年不间断的培养方式,并针对不同年级制定不同的英语教学方案,使学生既精通一门非通用语,又能熟练掌握英语。具体而言,就是把英语学习视为意大利语学习的重要组成部分,绝大多数意大利语专业学生在经过四年学习之后,除了通过大学生英语六级考试之外,也能够达到英语专业四级的水平,部分学生还能取得英语专业八级的证书。这些都为学生拓宽就业之路,以及在工作岗位上获得更大的发展提供了强有力的支持。

在培养模式上,中国传媒大学非通用语专业采用"3+1"外延型培养模式,即国内学习和国外学习相结合,课堂教学与课外实践相结合。在国外学习期间,学生零距离接触了真实的意大利,并学习了"原汁原味"的意大利语,除此之外,还有机会聆听意大利合作大学和其他大学的知名教授的课程,参加各种丰富多彩的课外活动,深入体验意大利的民俗风情。更重要的是,学生在将近一年的国外生活历练中,锻炼了独自生活和交际的能力。

为此,学院和非通用语人才基地投入了很大的人力和物力对意大利语专业的教材建设提供支持,其中2008年出版的《意大利语实用写作教程》已经进入了图书市场,这是第一本意大利语高级写作综合教程,填补了国内意大利语教学教材领域的空白。目前,意大利语专业课程所使用的教材大部分为新编或原版教材。此外,为了紧跟意大利在政治、经济、文化等各个领域的变化,教师们收集最具时效性的文章、音频和视频资料,自编教材,丰富课堂教学,使学生能够最快地了解反映意大利社会新风貌的文章和新鲜的语言。

## 二、师资队伍

中国传媒大学外国语学院非常重视非通用语特色专业师资队伍的建

设,在学校的支持下,意大利语专业已初步建设成了一支高水平的青年教师队伍。意大利语专业从 2001 年恢复本科招生之后就重视构建完整、梯队合理的教师队伍,学校也努力为意大利语专业教师提供和创造进修条件,加强教师的学术水平。

目前意大利语专业共有在职青年骨干教师 4 名,均有多次意大利留学或进修的经历,其中两人获得国内经济和国际关系方向的硕士学位,两人在意大利获得了语言文化和国际传播的硕士学位,四人均获得了中级职称。学院同时聘请国内有关教学科研机构的著名专家和教授共同参与教学,并不定期开展讲座,为意大利语专业发展创造良好的教学环境。总体来看,师资队伍素质较高,结构基本合理,发展态势良好。

意大利语专业教师在科研上不懈追求,多次参加国内外举办的外语教学研讨会、青年骨干教师培训,发表了论文数篇,出版了著作和教材,负责或参与了不同级别的科研项目,内容涉及语言、翻译、教学、传播学、国际关系和电视新闻研究等不同领域(详见科研成果附录)。

在 2005 年至 2012 年,青年教师们多次参加由上海外国语大学和对外经济贸易大学等高校主办的"中国意大利语教师教学研讨会",以及北京外国语大学主办的"意大利语翻译研讨会"。此外,教师们在带领学生赴意大利学习期间,积极参加意大利合作学校举办的教学交流活动和学术活动,带上研究课题,加强对对象国的研究,从多方面丰富自身的知识结构,提高自身的专业水平和教学水平,力求为意大利语教学作出更大的贡献。

除了加强青年骨干教师的培养之外,中国传媒大学外国语学院在不同时期,根据教学需要,积极引进在意大利语教学和研究领域以及对外广播领域有着较高地位的国内知名教授和学者为学生授课,丰富现有的教学内容,改善教学方法,提高教育层次。

自 2001 年我校意大利语专业恢复招生以来,学院先后聘请了肖天佑教授、王天清教授、周莉莉副教授和中国国际广播电台的译审刘月樵老师。

肖天佑教授,著名意大利语教授、文学翻译家,20 世纪 60 年代初开始任教于对外经济贸易大学(原名北京外贸学院),任教 40 余年来培养了大批意大利语专业人才。曾先后担任对外经济贸易大学意大利语教研室主任、外语系副主任、语言文学研究所副所长,以及中国意大利语教学研究会会长、意大利文学研究会常务理事。1992~1996 年先后担任我国驻意大利使馆一等商务秘书、代理商务参赞等职务。1996年回国后被授予国家级特殊贡献奖;2006年获佩鲁贾外国人大学授予的"意大利语言文化大使"荣誉称号。出版《意大利语语法》《自学意大利语》以及译作《十日谈》《玛丽安娜·西尔卡》《六个寻找作者的剧中人》《如果在冬夜,一个旅人》《帕洛马尔》《美国讲稿》等。2001~2003年担任中国传媒大学意大利语专业的教学工作,并带领2001级学生赴意大利留学。

王天清教授(2012年逝世),生前为对外经济贸易大学外语学院意大利语言著名文学教授,硕士生导师,兼任中国意大利文学研究会副会长。1989年在意大利博洛尼亚大学讲学,1997~2001年担任中国驻意大利米兰领事馆商务领事。发表著作有:《作为表现的科学和一般语言学的美学的历史》《符号学和语言哲学》《拿波勒斯王国史》《1871~1915年意大利史》等。曾获对外经济贸易大学首届百大中青年科研进步奖和中国社会科学院《外国文学》创刊50周年翻译大赛一等奖。

周莉莉副教授,原对外经济贸易大学外语学院意大利语系主任、中国-意大利语言教学中心主任,硕士生导师。任教之余,还担任多项职务:意大利米兰天主教大学客座教授,意中文化经济和政治关系协会特聘意大利语中国专家,意中商会特聘意大利语中国专家,欧洲注册翻译家联合会特聘意大利语中国专家。曾任中国驻意大利大使馆经商处一秘、中国驻米兰总领事馆商务领事。出版《意大利语经贸谈判与口译》《意大利语交际口语》及译著《斯巴达克思》《江泽民七一讲话(意文)》《论公证》等。

刘月樵,1964年毕业于中国传媒大学(原北京广播学院)外语系意大利语专业,1964~2000年在中国国际广播电台意大利语部任翻译、记者、译审,中国意大利文学研究会理事。主要翻译作品有《木偶奇遇记》《爱的教育》《中国走向2000年》《马来亚海盗》《天上的门》等。

中国传媒大学外国语学院根据教学需要,长期聘请有丰富教学经验和良好语言功底的意大利籍教师参与教学。2003~2012年受意大利外交部直接资助,聘用Alessandro Spiga为专职外教,2012年至今聘用意大利语专家Giuseppe Mighali。

## 第三节 人才培养

人才培养为大学工作的重中之重。意大利语专业自成立以来，为适应市场需求和优化人才培养模式，不断改革和探索，力图建立能够彰显学校办学优势和特色的新型培养方案，整合学科、科研等多种教育教学资源，实施以学生为中心、以学为主、以问题为导向、以任务为驱动的研究型教学方式与学习方式，推进教育教学的信息化和国际化，致力于培养厚基础、强能力、高素质的创新型、应用型人才。2001年至今，学院共进行了几次大规模的培养方案改革：最初几年，学院创新性地提出"双语复合"模式，即英语和专业外语并重，英语须达到专业四级水平，同时体现"新闻传播复合型人才"的培养理念，在课程设置中加入一定比例的新闻传播相关课程；2009年进行了第一次培养方案和大纲的深入改革，由复合型的培养思路逐步过渡到培养高、精、尖外语人才，以专业课程为核心，同时注重平台课的拓展和优化，调配英语课程的比重，强化实践实验教学，体现全培养过程的实践实验教学体系"主线贯通"，逐渐形成了科学、高效、实用的培养模式。

• **培养目标**

意大利语专业培养具备系统的意大利语语言与文学基础知识，具有较强的意大利语语言综合运用能力和跨文化交际能力，掌握一定的新闻传播及经贸相关知识，熟悉意大利国情，能熟练运用意大利语在传媒、外事、教育、经贸、文化、科技等部门从事新闻、翻译、教学、管理、研究等工作的意大利语专业高级人才。

• **培养要求**

本着"宽口径、厚基础、高素质、强能力"的人才培养原则，本专业学生主要学习意大利语言、文学、历史、地理、政治、经济、外交、社会文化等方面的基本理论和基础知识，接受意大利语听、说、读、写、译等方面的扎实训练，掌握一定的科研方法，具有从事新闻、翻译、研究、教学、管理等工作的业务水平及较好的素质和较强的能力。

学生应获得以下几个方面的知识和能力：

（1）具备正确的人生观和价值观，具备健康的体质和一名外语工作者应有的专业素养和心理素质。

(2)掌握意大利语语言文学基本理论与知识,具备娴熟的意大利语听、说、读、写、译能力。

(3)熟悉我国国情和意大利的文化、历史及国家现状。

(4)具备良好的运用意大利语和汉语进行沟通及互译的能力。

(5)第二外语(英语)具有较高水平和较强的应用能力。

(6)熟练掌握国际新闻写作、编辑、评论等新闻业务技能。

(7)熟练运用计算机,具备较强的获取信息、知识的能力,具备实践创新、独立解决实际问题的能力。

- **专业方向**:意大利语语言文学。
- **修业年限**:四年。
- **授予学位**:文学学士学位。
- **核心课程**:意大利语精读、意大利语视听说、意大利语翻译、意大利文学选读、意大利语写作、高级意大利语、意大利语高级视听。
- **学分分配**:本专业学生必须修满180学分方可毕业。其中包括基础教育课程38学分,专业教育课程89学分,院级选修课程15学分,公共选修课程8学分,实践教学环节30学分。
- **课程设置**:(参见2014版教学大纲)

课程设置与人才培养方案紧密关联。在人才培养方案上,意大利语专业教学分为基础阶段和提高阶段,不同教学阶段有不同的课程设置。基础阶段的课程设置主要是对学生进行全面和严格的基本素质训练,培养学生实际运用语言的技能,课程设置有精读、口语、视听说、泛读等,以训练学生听、说、读、写的基本技能为主,打好专业语言基本功,同时为了让学生对大学三年级的出国留学有所准备,在二年级下半学期,除了基础课之外,还开设了意大利概况等课程,让学生提前对意大利的国情有初步的了解;提高阶段在继续强化基本功的同时进一步扩大学生的知识面,帮助学生全面了解意大利的政治、经济、文化和社会等各方面的历史和现状,并着重训练学生的综合能力,使之具有准确熟练地听、说、读、写、译能力,提高交际能力和调研能力,课程设有高级意大利语、翻译、写作、高级听力等。同时为了培养复合型语言人才,坚持大学四年英语教育不间断。

在具体课程设置方面,意大利语专业的课程分为必修课和选修课两大类。其中必修课又细分为基础教育课程和专业教育课程两类；选修课又细分为专业选修课和学科选修课两类。其中，基础教育课程主要是"马克思主义基础原理"、"中国现代文学与文化"等大学生政治理论课程和中国文学类课程；专业教育课程主要包括"意大利语精读"、"意大利语视听说"、"意大利语口语"、"意大利语泛读"、"意大利语高级阅读"、"意大利语翻译"和"意大利语写作"等语言类核心课程，以及"英语精读"等英语核心课程。

选修课包括语言与文学、文化与社会及新闻与传播等专业方向课程，在学院所提供的至少40学分的选修课程中，学生需要至少选择26学分的课程。具体来看，专业方向的选修课包括"意大利语国家概况"、"意大利语高级视听"、"意大利语报刊阅读"、"意大利语文学选读"等；语言与文学类的选修课主要包括"英语辩论"、"英语散文名篇"、"语言学导论"、"西方文学名著选读"等；文化与社会类的选修课主要包括"英语语言与文化"、"欧洲影视赏析"、"欧洲宗教概况"、"欧洲媒体广告与经济"等；新闻与传播类选修课程主要包括"国际传播"、"国际新闻编辑"、"跨文化传播概论"、"国际新闻理论"等。

在专业课的同时，符合条件的学生还可以选择辅修课程，攻读学校的双学位，一般为新闻学、传播学和电视编导等传媒相关专业。学制为两年，利用周六、周日全天上课。双学位课程结束后授予学士学位。此外，学生在校期间还可享受赴意大利留学一年的机会。

表2.1 意大利语专业实践必修环节安排

| 序号 | 课程编号 | 课程名称/英文名称 | 学分 | 周数 | 学期 | | | | | | | |
|---|---|---|---|---|---|---|---|---|---|---|---|---|
| | | | | | 1秋学期 | 1春学期 | 1夏学期 | 2秋学期 | 2春学期 | 2夏学期 | 3秋学期 | 3春学期 | 3夏学期 | 4秋学期 | 4春学期 |
| 1 | 17001S | 军事理论与军训 | 3 | 3 | 3 | | | | | | | | |
| 2 | 17005S | 毕业实习 | 4 | 4 | | | | | | | | 4 | |
| 3 | 17006S | 毕业论文（设计） | 8 | 8 | | | | | | | | 4 | 4 |
| | | 总计 | 15 | 15 | | | | | | | | | |

### 表 2.2　意大利语专业实践必修环节安排

| 开设学年学期 | 序号 | 课程编号 | 课程名称/英文名称 | 学分 | 周数 | 实践内容 | 开展形式（集中、分散、项目组、联合类） |
|---|---|---|---|---|---|---|---|
| 1 夏学期 | 1 | 02001S | 实践:校园专业实践 | 3 | 3 | 言语综合训练、外语采访等 | 集中/分散 |
| 1 夏学期 | 2 | 02003S | 实践:专业语言应用实践 | 2 | 2 | 情景外语训练、主题探究等 | 集中/分散 |
| 2 夏学期 | 1 | 17003S | 实践:社会调查 | 3 | 3 | 社区调研、主题调研、参与式调研 | 集中/分散 |
| 2 夏学期 | 2 | 02003S | 实践:专业语言应用实践 | 2 | 2 | 口语实战、翻译实务、言语综合训练、专业实习等 | 集中/分散/项目组 |
| 3 夏学期 | 1 | 17003S | 实践:社会调查 | 3 | 3 | 社区调研、主题调研、参与式调研 | 集中/分散 |
| 3 夏学期 | 2 | 02003S | 实践:专业语言应用实践 | 2 | 2 | 口语实战、翻译实务、言语综合训练、专业实习等 | 集中/分散/项目组 |
| 合计 | | | | 15 | 15 | | |

### 表 2.3　意大利语专业必修课程表

| 类别 | 序号 | 课程编号 | 课程中文名称 | 课程英文名称 | 学分 | 学时 理论教学 | 学时 课内实践 | 学时 实验上机 | 学时 课外实践 | 1秋学期 | 1春学期 | 2秋学期 | 2春学期 | 3秋学期 | 3春学期 | 4秋学期 | 4春学期 |
|---|---|---|---|---|---|---|---|---|---|---|---|---|---|---|---|---|---|
| | 1 | 051045 | 思想道德修养和法律基础 | Moral Character Cultivation and Basics of Law | 3 | 32 | | | 16 | 2 | | | | | | | |

(续表2.3)

| 类别 | 序号 | 课程编号 | 课程中文名称 | 课程英文名称 | 学分 | 学时 | | | 各秋季、春季学期周学时分配 | | | | | | | |
|---|---|---|---|---|---|---|---|---|---|---|---|---|---|---|---|---|
| | | | | | | 理论教学 | 课内实践 | 实验上机 | 课外实践 | 1秋学期 | 1春学期 | 2秋学期 | 2春学期 | 3秋学期 | 3春学期 | 4秋学期 | 4春学期 |
| 基础教育课程 | 2 | 051046 | 马克思主义基本原理概论 | Introduction to Principles of Marxism | 3 | 32 | | | 16 | 2 | | | | | | | |
| | 3 | 051047 | 中国近现代史纲要 | The Outline of Chinese Modern History | 3 | 32 | | | 16 | | 2 | | | | | | |
| | 4 | 051048 | 毛泽东思想和中国特色社会主义理论体系概论 | Introduction of Mao Ze-dong's Thought and Theoretical System of Socialism with Chinese Characteristics | 3 | 48 | | | | | | | 3 | | | | |
| | 5 | 05104S | 思想政治理论课综合实践 | Integrated Practice in Ideological Political Theory Course | 2 | | | | | | | | | | | | |
| | 6 | 051006 | 当代世界经济与政治（文科类、艺术类、经管类专业必选） | Contemporary International Economy and Politics | 2 | 32 | | | | | | | | | 2 | | |
| | 7 | 051015/21/22/23 | 形势与政策 | Current Situation and Policy | 2 | | | | | ★ | ★ | ★ | ★ | | | | |

(续表2.3)

| 类别 | 序号 | 课程编号 | 课程中文名称 | 课程英文名称 | 学分 | 学时 | | | 各秋季、春季学期周学时分配 | | | | | | | |
|---|---|---|---|---|---|---|---|---|---|---|---|---|---|---|---|---|
| | | | | | | 理论教学 | 课内实践 | 实验上机 | 课外实践 | 1秋学期 | 1春学期 | 2秋学期 | 2春学期 | 3秋学期 | 3春学期 | 4秋学期 | 4春学期 |
| 基础教育课程 | 8 | 150001—4 | 体育 | Physical Education | 4 | 128 | | | | 2 | 2 | 2 | 2 | | | | |
| | 9 | 160003 | 大学生生涯规划指导 | Guidance of Career-planning for College Students | 1 | 16 | | | | 1 | | | | | | | |
| | 10 | 160005 | 大学生就业指导 | Guidance of Employment for College Students | 1 | 16 | | | | | | | | | 1 | | |
| | 11 | 131001A | 大学计算机（文科类） | Fundamentals of Computer Applications | 3 | 32 | | 32 | | 2+2 | | | | | | | |
| | 12 | 131003 | 多媒体技术基础及应用 | Multimedia Technology and Application | 3 | 32 | | 32 | | | 2+2 | | | | | | |
| | 13 | 052056 | 普通逻辑学 | Common Logics | 2 | 32 | | | | | 2 | | | | | | |
| | 14 | 091147 | 汉语基础知识 | Basic Knowledge of Chinese | 4 | 64 | | | | | | | | 4 | | | |
| | 15 | 091070 | 中国古代文学名著选读 | Selective Reading of Famous Literature Works in Ancient China | 2 | 32 | | | | | | | 2 | | | | |
| | | | 小计 | | 38 | 528 | | | | | | | | | | | |
| 专业教育课程 | 1 | 025704 | 意大利语精读(1) | Italian Intensive Reading(Ⅰ) | 10 | 160 | | | | 10 | | | | | | | |
| | 2 | | 意大利语精读(2) | Italian Intensive Reading(Ⅱ) | 8 | 128 | | | | | 8 | | | | | | |
| | 3 | | 意大利语精读(3) | Italian Intensive Reading(Ⅲ) | 8 | 128 | | | | | | 8 | | | | | |

（续表2.3）

| 类别 | 序号 | 课程编号 | 课程中文名称 | 课程英文名称 | 学分 | 学时 | | | 各秋季、春季学期周学时分配 | | | | | | | |
|---|---|---|---|---|---|---|---|---|---|---|---|---|---|---|---|---|
| | | | | | | 理论教学 | 课内实践 | 实验上机 | 课外实践 | 1秋学期 | 1春学期 | 2秋学期 | 2春学期 | 3秋学期 | 3春学期 | 4秋学期 | 4春学期 |
| 专业教育课程 | 4 | 025707 | 意大利语精读(4) | Italian Intensive Reading(Ⅳ) | 8 | 128 | | | | | | | 8 | | | | |
| | | | 意大利社会与文化(1) | Italian Society and Culture(Ⅰ) | 2 | 32 | | | | | | 2 | | | | | |
| | | | 意大利社会与文化(2) | Italian Society and Culture(Ⅱ) | 2 | 32 | | | | | | | 2 | | | | |
| | 5 | | 意大利语视听说(1) | Italian Audio Visual and Oral Course(Ⅰ) | 1 | 32 | | | | | 2 | | | | | | |
| | 6 | | 意大利语视听说(2) | Italian Audio Visual and Oral Course(Ⅱ) | 1 | 32 | | | | | | 2 | | | | | |
| | 7 | | 意大利语视听说(3) | Italian Audio Visual and Oral Course(Ⅲ) | 1 | 32 | | | | | | | 2 | | | | |
| | 8 | | 意大利语视听说(4) | Italian Audio Visual and Oral Course(Ⅳ) | 1 | 32 | | | | | | | | 2 | | | |
| | 9 | | 意大利语口语(1) | Oral Course in Italian(Ⅰ) | 1 | 32 | | | | | 2 | | | | | | |
| | 10 | | 意大利语口语(2) | Oral Course in Italian(Ⅱ) | 1 | 32 | | | | | | 2 | | | | | |
| | 11 | | 意大利语口语(3) | Oral Course in Italian(Ⅲ) | 1 | 32 | | | | | | | 2 | | | | |
| | 12 | 027081 | 高级意大利语(1) | Advanced Italian(Ⅰ) | 4 | 64 | | | | | | | | | 4 | | |
| | 13 | 027082 | 高级意大利语(2) | Advanced Italian(Ⅱ) | 4 | 64 | | | | | | | | | | 4 | |

（续表2.3）

| 类别 | 序号 | 课程编号 | 课程中文名称 | 课程英文名称 | 学分 | 学时 | | | 各秋季、春季学期周学时分配 | | | | | | | |
|---|---|---|---|---|---|---|---|---|---|---|---|---|---|---|---|---|
| | | | | | | 理论教学 | 课内实践 | 实验上机 | 课外实践 | 1秋学期 | 1春学期 | 2秋学期 | 2春学期 | 3秋学期 | 3春学期 | 4秋学期 | 4春学期 |
| 专业教育课程 | 14 | 024061 | 高级意大利语(3) | Advanced Italian (Ⅲ) | 4 | 64 | | | | | | | | | | 4 | |
| | 15 | 022104 | 意大利语翻译(1) | Italian Translation (Oral and Written) (Ⅰ) | 4 | 64 | | | | | | | | 4 | | | |
| | 16 | 022105 | 意大利语翻译(2) | Italian Translation (Oral and Written) (Ⅱ) | 4 | 64 | | | | | | | | | 4 | | |
| | 17 | 022106 | 意大利语翻译(3) | Italian Translation (Oral and Written) (Ⅲ) | 4 | 64 | | | | | | | | | | 4 | |
| | 18 | 025280 | 意大利语写作(1) | Italian Writing(Ⅰ) | 2 | 32 | | | | | | | | 2 | | | |
| | 19 | 025281 | 意大利语写作(2) | Italian Writing(Ⅱ) | 2 | 32 | | | | | | | | | 2 | | |
| | 21 | | 英语精读(1) | English Intensive Reading (I) | 4 | 64 | | | | 4 | | | | | | | |
| | 22 | | 英语精读(2) | English Intensive Reading (II) | 4 | 64 | | | | | 4 | | | | | | |
| | 23 | | 英语精读(3) | English Intensive Reading (III) | 4 | 64 | | | | | | 4 | | | | | |
| | 24 | | 英语精读(4) | English Intensive Reading (IV) | 4 | 64 | | | | | | | 4 | | | | |
| | | | 小计 | | 89 | 1536 | | | | | | | | | | | |
| | | | 周学时 | | | | | | | 23 | 26 | 24 | 22 | 13 | 13 | 10 | |
| | | | 公共选修课 | | 8 | 128 | | | | | | | | | | | |
| | | | 院级选修课 | | 15 | 288 | | | | | | | | | | | |
| | | | 实践教学环节总学分 | | 30 | | | | | | | | | | | | |
| | | | 总计 | | 180 | 2480 | | | | | | | | | | | |

表 2.4 意大利语专业选修课程表

| 类别 | 序号 | 课程编号 | 课程中文名称 | 课程英文名称 | 学分 | 学时 理论教学 | 学时 课内实践 | 学时 实验上机 | 学时 课外实践 | 应修学分 | 1秋学期 | 1春学期 | 2秋学期 | 2春学期 | 3秋学期 | 3春学期 | 4秋学期 | 4春学期 |
|---|---|---|---|---|---|---|---|---|---|---|---|---|---|---|---|---|---|---|
| 专业选修课 | 1 | 024121 | 意大利语泛读(1) | Italian Extensive Reading(Ⅰ) | 1 | 32 | | | | 任选不低于10学分 | | | 2 | | | | | |
| | 2 | 024122 | 意大利语泛读(2) | Italian Extensive Reading(Ⅱ) | 1 | 32 | | | | | | | | 2 | | | | |
| | 3 | 024118 | 意大利概况 | Introduction to Italy | 2 | 32 | | | | | | | 2 | | | | | |
| | 4 | | 意大利语高级视听(1) | Advanced Italian Listening Skills(Ⅰ) | 1 | 32 | | | | | | | | | 2 | | | |
| | 5 | | 意大利语高级视听(2) | Advanced Italian Listening Skills(Ⅱ) | 1 | 32 | | | | | | | | | | 2 | | |
| | 6 | | 意大利语高级视听(3) | Advanced Italian Listening Skills(Ⅲ) | 1 | 32 | | | | | | | | | | | | 2 |
| | 7 | 024119 | 意大利语报刊阅读(1) | Italian Newspaper and Magazine Reading(Ⅰ) | 2 | 32 | | | | | | | | | 2 | | | |
| | 8 | 024120 | 意大利语报刊阅读(2) | Italian Newspaper and Magazine Reading(Ⅱ) | 2 | 32 | | | | | | | | | | | 2 | |
| | 9 | | 意大利语文学 | Italian Literature | 2 | 32 | | | | | | | | | 2 | | | |
| 学科选修课 | 10 | 023037 | 英语语言与文化 | English Language and Culture | 2 | 32 | | | | 任选不低于5学分 | | | 2 | | | | | |
| | 11 | 024130 | 中法广告文化传媒 | Cultural Communication about Chinese/French Advertising | 2 | 32 | | | | | | | | | | | 2 | |
| | 12 | | 国际新闻理论 | Theory of International Journalism | 2 | 32 | | | | | | | | 2 | | | | |

（续表2.4）

| 类别 | 序号 | 课程编号 | 课程中文名称 | 课程英文名称 | 学分 | 学时 | | | 应修学分 | 各秋季、春季学期周学时分配 | | | | | | | |
|---|---|---|---|---|---|---|---|---|---|---|---|---|---|---|---|---|---|
| | | | | | | 理论教学 | 课内实践 | 实验上机 | 课外实践 | | 1秋学期 | 1春学期 | 2秋学期 | 2春学期 | 3秋学期 | 3春学期 | 4秋学期 | 4春学期 |
| 学科选修课 | 13 | | 语言学导论 | An Introduction to Linguistics | 2 | 32 | | | | 任选不低于5学分 | | | | | | | 2 | |
| | 14 | 020060 | 欧洲影视赏析 | Analysis and Appreciation of European Films and Television Programs | 1 | 32 | | | | | | | | 2 | | | | |
| | 15 | 020018 | 跨文化传播概论 | Introduction to Cross-Cultural Communication | 2 | 32 | | | | | | | | | | 2 | | |
| | 16 | 020053 | 国际新闻编辑 | International News Editing | 2 | 32 | | | | | | | | | 2 | | | |
| | 17 | 021080 | 国际新闻编译 | International News Editing and Translating | 2 | 32 | | | | | | | | | | | | |
| | 18 | | 西方文学名著选读 | Best Selections on Western Literature | 2 | 32 | | | | | | 2 | | | | | | |
| | 19 | | 英语散文名篇 | Appreciation of Classic English Essays | 2 | 32 | | | | | | | | | 2 | | | |
| | 20 | | 英语视听说(1) | English Audio Visual and Oral Course (I) | 1 | 32 | | | | | | | | 2 | | | | |
| | 21 | | 英语视听说(2) | English Audio Visual and Oral Course (II) | 1 | 32 | | | | | | | | 2 | | | | |

## 第四节　课堂教学改革与教学成果

### 一、理念与成果

随着经济全球化大发展,社会对所需人才提出了更高的要求,不再倾向于以往单一的专门性人才,而是要求复合型甚至是"国际化"的人才。用人单位不仅要求外语人才熟练使用所学语言,熟知对象国的国风国情,还要求具备一定的专业知识。为了与国际人才市场需求相接轨,中国传媒大学意大利语专业自开办以来,经过反复实践和摸索,根据不同历史时期的要求,对师资建设、教材建设、课程设置、培养模式等方面进行大胆创新,克服了许多发展中的困难。特别是在 2001 年重新恢复大规模招生后,我校意大利语专业面临其他资历、师资力量雄厚的院校的激烈竞争和就业市场的严峻挑战,在人手紧、任务重的情况下,迎难而上,推陈出新,对学科发展思路进行了大胆的创新和改革,包括更新教学内容、改革培养模式、优化课程设置、编写专业教材等,积累了一定的改革经验,取得了良好的教学实践效果。

中国传媒大学意大利语专业自 2001 年恢复招生起至今已有 14 年历史,根据历年教学情况、学生的学习效果、市场需求和用人单位的反馈,多次修订培养计划和教学大纲,使得专业的培养方案日趋合理化。本专业一直致力于培养高品质复合型人才。所谓"复合",并不是意大利语和另一门专业知识的简单叠加,如果一味简单叠加,一方面会大大增加学生四年本科学习的负担,另一方面也不能保证学生完成所有相关内容的专业学习。因此在意大利语人才培养中,最重要的是思维模式和认知方法的融合,培养学生的创造性和批判性思维,借助意大利语这一语言载体,提高运用语言的思辨能力和第二外语的语用能力,这才是培养复合型人才的正途。

因此,从低年级开始,学生的素质培养就始终贯穿在基础教育当中,在教学材料的选取方面,注重让学生尽早接触意大利语原文,阅读经典。另外从教师方面,转变对学生的观念,关注个体学习者,发展学生个人的创造性,挖掘学生潜在的能力和素质,帮助学生建设学习策略,注重培养学生语言运用和跨文化交际的能力,为学生毕业后的生存和发展打下牢固的基础。

此外,在第二外语人才培养方面,积极推进大学英语教育,意大利语专业与其他非通用语专业一道,秉承学院重视英语教学的传统,从大学一年级开始,英语课程就贯穿学生四年的学习,从而保证了学生的英语水平。绝大多数学生毕业时都能达到大学专业英语四级的水平,部分学生甚至可以拿到英语专业八级证书。

## 二、"3+1"模式

自建立之初,中国传媒大学意大利语专业就将"3+1"培养模式定为基本模式,经过十余年、5届学生的实际学习检验,证明这种培养模式具有非常积极的作用和显著的效果。学生留学期间,不仅在语言上有了质的飞跃,更重要的是,进一步了解了意大利国情和社会,开阔了眼界,甚至对学生的人生观和世界观的形成起到了不可磨灭的重要作用。

中国传媒大学意大利语专业从2001年重新开办至今已有14年历史,一直遵循学校非通用语专业的总体定位,使外语学习与新闻传播、经济贸易及英语的学习相结合,并在国内首次采用"3+1"的非通用语本科人才培养模式,初步确定了专业定位和特色。我们的专业培养目标是:培养具备系统的意大利语语言与文学基础知识,具有较强的意大利语语言综合运用能力和跨文化交际能力,掌握一定的新闻传播及经贸相关知识,熟悉意大利国情,能熟练运用意大利语在传媒、外事、教育、经贸、文化、科技等部门从事新闻、翻译、教学、管理、研究等工作的意大利语专业高级人才。

所谓"3+1"的人才培养模式,即:学生学业一年在对象国完成,三年在本校完成,学生在对象国修得课程学分得到我校承认,在学业归国时组织学生进行学分转换。通过几年的磨合和交流,我们与意大利佩鲁贾外国人大学、罗马一大、米兰国立大学都建立、保持着良好的合作关系。其中,与意大利佩鲁贾外国人大学已有13年的校际合作历史。2010年,我校与意大利罗马一大签署了校际合作交流协议,目前正在筹划与米兰国立大学开展学术交流为主的合作。

截至2014年4月,我们共成功培养了2005届、2007届、2011届、2013届的93名优秀毕业生,以及2010级、2011级、2013级三个在校班级,共计55人。

### 三、优化课程设置，完善课程体系

我校意大利语专业多年来一直围绕如何合理设置课程、优化课程体系开展研究。这也是每一个非通用语专业需要不断研究和探讨的课题。在恢复招生后，由于当时教材缺乏和师资力量不足，基础教学只能围绕精读、视听、翻译、写作等主干课程，而且是边授课边编写教材，日常教学任务繁重。随着师资队伍的日益壮大，我们逐步开设了"意大利语概况"、"意大利语泛读"、"意大利语新闻视听（高级视听）"、"意大利语报刊阅读"以及意大利语文学、历史等知识型课程，进一步丰富了课程体系，拓宽了学生的知识视野。目前的课程设置具有鲜明的专业特色，同时又兼顾了整个课程体系的合理性，做到专业必修课、专业选修课、专业基础课、学科基础课和公共基础课的配套完整、课时搭配得当。

一方面，坚持专业必修课与选修课并重，重点突出专业主干课程，对学生进行全面而严格的基本技能训练，培养学生实际运用语言的能力，打好坚实的语言基本功，同时进一步扩大学生的知识面，着重训练学生的社交和科研能力。依托中国传媒大学的优势学科，开设包括"国际传播"、"国际新闻编辑"、"跨文化传播概论"等传播学和新闻学方面的课程，提高学生的综合素质。

另一方面，根据培养复语型外语人才的要求，给予英语课一定的学时，同时根据学生的实际学习效果及时调整课程架构，适当减少低年级英语课时的数量，增加精读课的课时量，并在高年级增加高级英语课程，避免学生以往为了二年级的英语考级而突击学习英语，大三、大四英语学习断档而导致的英语水平下降的弊端，使学生在就业市场上能最大限度地发挥自身的优势和水平，为就业拓宽道路，提升竞争力。

### 四、开放的课堂

中国传媒大学外国语学院非通用语本科人才培养基地重视课堂教学与课外实践锻炼相结合，坚持完善实践教学体系。学院积极鼓励学生参加各类专业活动、比赛，并与国家部委、中央电视台、中国国际广播电台、中央人民广播电台、驻华机构和公司合作，为学生参与实践拓宽平台。

近年来,我校意大利语专业学生在专业教师的带领下参加了丰富多彩的课外活动,如"戏剧之夜"、"世界意大利语文化周——中意文学比较研讨会"等。其中,2010年至2012年我校连续三年承办意大利使馆文化处举办的"世界意大利语文化周——中意文学比较研讨会"活动,并邀请意大利和中国的文化界人士来校举办讲座。2012年12月,我校成功举办"北京高校意大利语之夜"活动,获得兄弟院校和师生的一致好评。2013年2月,2011级意大利语班学生在专业老师的指导下编辑了第一份意大利语专业杂志《但丁》。

在紧张忙碌的学习之余,我校意大利专业学生积极参加各类比赛。2008年,我校2007级意大利语专业学生在教师的指导下获使馆文化处举办的"意大利语戏剧之夜"优胜奖;2013年,我校2011级的6名意大利语专业学生积极参加了由意大利 BABILONIA 语言中心举办、意大利使馆文化处承办的征文比赛。2009级、2011级意大利语班分别被评为校级优秀班集体和优秀团支部,2011级意大利语班获评"北京市先锋杯优秀团支部"的荣誉称号。

表2.5 中国传媒大学意大利语专业师生课外活动情况简表

| 参与者 | 活动类型 | 活动时间 | 活动内容 |
| --- | --- | --- | --- |
| 郭彬彬 | 国际会议 | 2008年3月 | 参加意大利米兰大学主办的学术研讨会,作大会主题发言《论汉语教学在海外的推广、重要性及其目的》 |
| 2007级意大利语班 | 使馆戏剧之夜比赛 | 2008年10月 | 意大利语戏剧之夜活动 |
| 2009级意大利语班 | 使馆文化周活动 | 2010年10月 | 世界意大利语文化周 |
| 2009级意大利语班 | 使馆文化周活动 | 2011年10月 | 第三届中意作家研讨会 |
| 杨柳、郭彬彬、朱益姝、付卓 | 教学研讨会 | 2010年、2011年 | 连续两年参加由对外经济贸易大学主办的全国意大利语教学研讨会 |
| 付卓 | 国际会议 | 2011年 | 参加意大利教育部联合 BASILICATA 大学举办的国际会议,并发表论文 |
| 2010级意大利语班、2011级意大利语班 | 意大利群岛电影节展映 | 2011年3月 | 参加由意大利驻华使馆主办,在中国传媒大学设分会场的第二届意大利群岛电影节展映活动 |
| 郭彬彬、朱益姝 | 翻译研讨会 | 2011年4月 | 参加由北京外国语大学主办的全国意大利语翻译研讨会 |

(续表2.5)

| 参与者 | 活动类型 | 活动时间 | 活动内容 |
|---|---|---|---|
| 2010级意大利语班 | 录制节目 | 2012年10月 | 采访意大利驻华使馆及在北京生活的意大利外教和工作人员,录制、剪辑采访作品 |
| 2011级意大利语班 | 语言交流活动 | 2012年12月 | 承办北京市高校意大利语之夜活动 |
| 2011级意大利语班 | 开办专业杂志 | 2013年2月 | 编辑、设计、制作意大利语专刊《但丁》 |

## 第五节 招生与就业

北京广播学院(今中国传媒大学)于1963年招收了第一届意大利语班学生,而后停办至2001年。从2001年起,我校意大利语专业恢复招生,采用自主招生方式,学制为四年,招收学生数量为20人或15人,坚持小班授课,力争为每个学生创造良好的语言学习环境。

2001年,我校意大利语专业自主招收了26名本科专业学生。其中大部分学生毕业后从事意大利语专业工作,有4人进入中国国际广播电台。2003年以后,相继招收2003级、2007级、2009级、2010级、2011级,共计130名学生。目前,2005届、2007届、2011届、2013届学生已顺利毕业,共计71人。现有2010级、2011级两个班级在校生,共计38人。

### 一、就业情况

为了让学生在竞争激烈的就业市场取胜,外国语学院高度重视毕业生就业工作,一方面,明确班主任、辅导员各自在就业指导工作中的职责,每年组织毕业班班主任和辅导员参加学校就业指导培训,注重学生心理健康教育和就业指导观念的转变,根据就业数据变化及时调整就业指导工作,构建了一整套较为完善的毕业生就业工作指导流程;另一方面,不断加大对就业市场的开拓力度,建立在校生人才培养基地,使得学生在校期间有机会到用人单位实践。此外,学院积极组织对用人单位的调研走访,了解市场整体需求,以及相关行业的人才需求和吸引人才的主要政策。

中国传媒大学意大利语专业学生就业总体情况良好,就业去向主要分为两部分:一部分是在本科毕业后,凭借大学阶段打下的良好专业基础,到中国国际广播电台、外文局、外研社、新华社等主流媒体进行新闻的编辑、采访、广播、出版等业务领域工作,并在工作中继续完善专业结构;另一部分选择读研、出国继续深造或一定程度地改变专业方向,有侧重地利用大学阶段所积累的英语和其他传媒类知识与技能,从事外宣、媒体或外事类的工作。

通过学院与学生的共同努力,2001级、2003级和2007级意大利语专业学生一次性就业率达到了100%,学生就业去向良好(具体见表2.6)。

表2.6 中国传媒大学意大利语专业毕业去向统计表

| 人数 | 2001级意大利语 | 2003级意大利语 | 2007级意大利语 |
| --- | --- | --- | --- |
| 中国国际广播电台 | 3 | 1 | |
| 外研社 | 1 | | |
| 新华社 | | 1 | |
| 公务员 | 2 | 2 | 2 |
| 报纸杂志 | 4 | 5 | 4 |
| 留校任教 | 2 | | |
| 攻读硕士、博士学位 | 2 | 3 | 2 |
| 出国留学 | 3 | 2 | 3 |
| 外企公司 | 2 | 3 | 5 |
| 国企 | 1 | 2 | 2 |
| 转专业到世界语 | 6 | | |
| 其他行业 | | 2 | |
| 总计 | 26 | 21 | 18 |

注:意大利语专业毕业去向统计(截至2013年5月)

## 二、毕业生反馈

关于中国传媒大学意大利语专业毕业生对我校教学评价的调查内容,

主要包括"毕业生就业满意度情况"和"毕业生对学校教学的评价与建议"两个层面。

关于意大利语专业"毕业生就业满意度情况"的调查,主要包括"毕业生所从事的工作与所学专业的关联情况"、"在校所学内容能否立即应用到工作中"、"认为收获最大或最有帮助的教学环节"以及"对工作有帮助的课程"等内容。

通过分析调查结果,我们发现在20名意大利语专业毕业生中,有15人表示在工作中大部分时间运用意大利语,英语较少使用,但是也有5名毕业生表示大部分时间在用汉语或英语。在教学环节和课程设置方面,毕业生表示"非通用语专业课"是对其影响最大或最有帮助的教学环节,其次是"英语课"和"公选课程",与之相应,毕业生认为对工作最有帮助的课程是"专业语言类课程",其次是"英语语言类课程"。

关于毕业生"对学校教学的评价与建议"的调查,主要包括"对本专业教师评价"、"认为本专业人才能否满足就业需求"、"对本专业核心课程满意度"、"学校应该增加的课程"以及"对本专业双语教学效果的评价"等内容。

调查显示,意大利语专业毕业生对本专业教师总体教学情况的满意度比较高,对本专业的人才培养效果比较满意,对学校"3+1"非通用语人才培养模式也比较满意,普遍认为培养的人才能够满足社会的需求。在课程设置上,毕业生满意度最高的是专业精读课程,同时也表示,希望学校增加非通用语文化、历史类课程和更多传媒类课程,以便更好地适应未来的工作需要。关于对本专业双语教学效果的评价,10位被访者都认为本专业双语教学效果不错,"双语教学使学生具备专业语言和英语双重语言能力,能够提高未来在就业市场的竞争力,更好地应用于未来的实际工作中",但毕业生们也指出,在教学过程中应该继续加强英语教学力度,增加英语课时的比例,四年不间断英语教学,以便为就业打下良好的双语语言基础。

## 三、用人单位反馈

中国国际广播电台意大利语部记者张帆曾就读于中国传媒大学,在回顾本科专业学习时他表示,"在广院(中国传媒大学)学习意大利语专业是事业的起点,学校以培养传媒类复合型人才为目标,重视专业技能操作,在

'3+1'非通用语人才培养模式的框架下,培养出一批出色的非通用语专业人才,目前正活跃在业界的不同工作岗位上"。

中国国际广播电台意大利语工作人员在对中国传媒大学意大利语专业的实习生进行评价时纷纷表示,"中国传媒大学意大利语专业实习生工作态度认真、上手快、专业基础好、可塑性强"。工作人员对我校意大利语专业的课程设置比较满意,但同时也对学生的学习情况提出几点建议,指出学校应该为学生提供更多的实践学习机会、第二校园经验和暑期社会实践,使学生在校期间可以有机会到用人单位锻炼和实践。

通过电话采访,中国国际广播电台意大利部负责人分别针对我校2001级和2003级毕业生在工作中的"职业道德"、"事业心和责任感"、"积极主动性"、"团队写作精神"、"吃苦耐劳精神"、"组织能力"、"创新能力"、"专业知识"、"专业技能"、"学习和适应能力"、"实践动手能力"和"工作业绩"等方面进行了评价,评价分为"优秀"、"良好"、"称职"和"不称职"四个层级。统计结果显示,中国国际广播电台对我校意大利语专业毕业生的各项能力和素质均有良好的评价,相对而言,"组织能力"和"创新能力"是毕业生们相对薄弱的环节。现在任职的中国传媒大学意大利语专业毕业生是非常优秀的,是台里的骨干。提及我校意大利语专业毕业生的不足时,意大利语部负责人表示,对于每个学校的毕业生而言都存在着不同程度的工作岗位磨合过程,被录用的我校意大利语专业毕业生在工作几年中,不断成长和历练,已经能够非常职业化地应对日常工作和外派任务,在用外文播音、新闻采访、新闻写作、采编以及节目制作方面的技能日趋成熟。如果希望进一步加强毕业生的培养,建议我校依托传媒教育优势,为非通用语专业学生提供学习的平台,在校期间多开设关于新闻写作、新闻知识等方面的课程,这样将非常有利于毕业生与工作单位之间的磨合。

表2.7 中国国际广播电台对我校意大利语专业毕业生的整体评价

| 序号 | 评价因素 | 评价等级 |
| --- | --- | --- |
| 1 | 职业道德 | 良好 |
| 2 | 事业心、责任感 | 优秀 |
| 3 | 积极主动性 | 良好 |

(续表2.7)

| 序号 | 评价因素 | 评价等级 |
|---|---|---|
| 4 | 团队协作精神 | 良好 |
| 5 | 吃苦耐劳精神 | 良好 |
| 6 | 组织能力 | 称职 |
| 7 | 创新能力 | 称职 |
| 8 | 专业知识 | 良好 |
| 9 | 专业技能 | 良好 |
| 10 | 学习和适应能力 | 良好 |
| 11 | 实践动手能力 | 良好 |
| 12 | 工作业绩 | 良好 |
|  | 综合评价 | 良好 |

## 结束语

总结过去的专业发展历程，中国传媒大学意大利语专业在学科梯队建设、科研培育、人才培养、国际交流等方面都取得了很大进步，专业建设成果显著。意大利语专业作为我校非通用语专业的一个重要学科，正处在新的发展时期，我们在总结过去取得的成绩的同时，将立足眼前，制订出新的专业发展计划，力求培养出一支教学优秀、科研突出的专业教师队伍。在未来几年内，我们在提高教师自身素质和专业水平的同时，还将进一步加强培养和训练学生的语言运用和专业知识，使学生具有良好而深厚的知识背景，有广阔的视野和创新思维，在熟练掌握并运用语言的基础上，能够在经贸、新闻、传媒等方面实现一专多长，以达到教育部及我校的人才培养目标，适应社会对复合型人才的需求，力争把意大利语专业提升到更高的水平，使其在全国范围内具有鲜明的特色和较广泛的影响力。

# 第三章 荷兰语专业建设

## 第一节 荷兰语的历史和现状

### 一、荷兰语概况

荷兰语是荷兰、比利时、苏里南和荷属安的列斯群岛的官方语言,在荷兰全境和比利时北部的佛兰德斯地区通用。在欧洲约有2400万人以荷兰语为第一语言,还有曾经被荷兰统治了四个世纪的印度尼西亚也有日常的使用。

荷兰是使用荷兰语的主要国家。荷兰,全称尼德兰王国,位于欧洲西北部,濒临北海,与德国、比利时接壤,其国土面积41543平方千米,人口1673万人。荷兰素以海堤、风车、郁金香和宽容的社会风气而闻名。新中国成立以来,作为最早承认新中国的欧洲国家之一,荷兰与我国的友好合作关系持续稳固地发展着。随着两国关系的进一步发展,国内经济贸易、文化产业、传播媒体等产业领域对荷兰语人才的需求日益增加。

荷兰语起源于原始日耳曼语,介于同属日耳曼语族的德语和英语之间,在语法和构词上有很多相似点,同属西日耳曼语支。荷兰语的发展可分为三个时期:

(1)荷兰语(约1100年前)。最早的荷兰语文献可追溯到12世纪的佛兰德斯。特点是元音a、o、i、u没有弱化现象。

(2)中古荷兰语(1100~1500)。在中世纪,标准荷兰语尚未形成,但是由于商业繁荣和其他历史原因,荷兰省方言逐渐成为共同语。当时拉丁语仍然是科学和教会的语言,民间使用的语言叫"迪茨"(Diets,意即民间语言)。英语称荷兰语为 Dutch,即来源于此。

(3)近代荷兰语(约始于 1600 年)。当时荷兰南部被西班牙占领,不少弗兰德和布拉邦地区的人移居北方,促进了北方的繁荣和大城市的兴起。南方的印刷业随之北移,促进了语言和文学的发展,形成了标准荷兰语。它的元音经历了双元音化的过程:u 变成 ui,如 bruun 变成 bruin(褐色的);i 变成 ij,如 rike 变成 rijk(富裕的)。

当代荷兰语字母表由 26 或 27 个拉丁字母组成,除 A 至 Z 外,在 Y 后面有一个ij,荷兰语常用ij代替 Y(荷兰人把 Y 和ij当成同一字母,所以是 26 个)。在荷兰语中,元音有 13 个,辅音有 19 个。

当代荷兰语是五种方言群体的集合:中西部方言(包括南、北荷兰省,乌德勒支,海尔德兰的大部和西兰的岛屿等地区使用的方言),东北方言(格罗宁根、德伦特、上埃塞尔和海尔德兰东部使用的方言),中南部方言(北博拉班特及其周边的林堡地区,比利时的安特卫普、博拉班特和东弗兰德斯),西南部方言(西弗兰德斯)和东南部方言(荷兰的林堡地区大部和比利时的同名地区)。东北方言通常被称为萨克森方言,东南方言被称为东部低地法兰科方言,其他的三个群体则被称为西部低地法兰科方言。荷兰的弗里斯兰省的语言通常单独列为一种语言:弗里斯兰语。

最早的荷兰语文献可追溯到 12 世纪的佛兰德斯。13 世纪在荷兰产生了荷兰民间文学。当时的南方由于受法兰西文化的影响以及市民阶级的觉醒,陆续出现了骑士传奇、《列那狐》等动物故事和宗教诗。到 14 世纪,产生了许多用荷兰文写的以《圣经》为题材的宗教作品,如福音故事、使徒传、关于世界末日的故事等。佛兰德的神秘主义者吕斯布鲁克(1293~1381)写的训诫散文,对后人有很大的影响,他被誉为"荷兰散文之父",其主要作品是《精神结婚之美》(1530)。进入 15 世纪以后,荷兰各地一般市民也研习写诗、写剧本等,喜剧、宗教剧、神秘剧、道德剧和取材于骑士小说的戏剧创作也繁荣起来。

16 世纪,在欧洲文艺复兴运动的影响下,鹿特丹著名的人文主义者埃拉斯穆斯(1466~1536)用拉丁文写成长篇讽刺作品《愚人颂》(1509),对当时的天主教会进行了揭露和嘲讽。17 世纪,荷兰作为欧洲第一个强国,迎来了所谓"黄金世纪"。这时期，文学、艺术、科学、航运、贸易等繁荣起来。在文学方面先后出现了卡茨（1577～1660）、霍夫特（1581～1647）、布雷德罗（1585～1618）、冯德尔（1587～1679）和赫伊亨斯（1596～1687）等著名诗人和作家。同时涌现了一批名著，如冯德尔的两大诗体悲剧《流放中的亚当》（1664）和《琉西发》（1654），霍夫特的田园诗剧《格拉尼达》（1605）和记录独立战争的《荷兰史》（1628～1647），布雷德罗的喜剧《牛》（1612）和《西班牙的布拉邦人》（1617）等。1637 年，由于国家审定《圣经》的译文，促进了荷兰语的规范化，对文学创作也有影响。

19 世纪的"80 年代运动"经常被视作荷兰文学的开端，但后辈作家，如社会主义者赫尔曼·霍尔特等，认为它仍然与旧时代有着千丝万缕的联系。社会主义、无政府主义、自然主义、新历史小说、新浪漫主义和现代派，共同构成了 20 世纪初荷兰文学斑驳的风景。

战争的爆发成了分水岭。德国从 1940 年到 1945 年占领荷兰，纳粹意识形态统领一切。1942 年成立了"文化协会"，只有加入该协会的作家才能发表作品，结果，在 1942 年到 1946 年之间，连一本重要的书都没有出版。

新的三巨头在战后出现：威廉·弗雷德里克·赫尔曼斯、海拉特·雷弗和哈里·穆里施。21 世纪初，他们相继离世，新一代三巨头正在成长：塞斯·诺特博姆、阿德里安·范迪斯和阿侬·格伦伯格的名字在荷兰文学中又产生了深远的影响。在荷兰举足轻重的大报《NRC 商报》曾在 2007 年评选出了有史以来最受欢迎的十部荷兰小说，可以看到著名作家穆尔塔图里、涅斯契奥、赫尔曼斯、雷弗、穆里施、卡德尔·阿卜杜拉和 J. 贝恩勒夫等人的名字。

## 二、荷兰语与今日世界

因为荷兰人长期以来是一个航海民族，所以荷兰语在世界很多语言中都留有痕迹。许多荷兰语航海词汇，为其他语言所采用。在现代印尼语中，还可以清楚地看到荷兰语的习惯说法和句型。在英语中，源于荷兰语的词也有很多，包括纽约市的许多地名都是荷兰语。随着荷兰、比利时等语言对象国政治、经济、文化的繁荣和开放，荷兰语在世界语言中的地位也越来越突出。

南非荷兰语是17世纪殖民者所说的荷兰语的变种,有相当数量的马来、班图诸语言的借词和语法散布其中,南非白人的祖先名为布尔人,其名称的由来就是荷兰语中 boer(农夫)这个单词。

1652年,荷属东印度公司占领了非洲最南端的开普半岛。1657年,荷兰首批移民登陆南非,开始侵占原本属于科伊科伊人(Khoikhoi)的土地,开启了西方殖民主义在南非的历史。随着荷兰移民的到来,荷兰语开始在南非被这群欧洲移民所使用。不久之后,来自亚洲的契约工人和奴隶也被荷属东印度公司"输入"到南非来担任帮工。而这些亚洲人的语言开始与荷兰语展开了相互影响的过程。大概从1740年开始,在南非所使用的日常语言就已经不再是纯粹的荷兰语了。随着新语言的形成,这些祖先来自荷兰的欧洲后裔也逐渐产生了新的认同。他们不再称自己为"荷兰人",而是称自己为"非洲人"。也因此,他们所使用的语言就逐渐被称为"南非语"。

虽然这些波尔人已经有了南非语,但是在书写方面,他们却还是使用所谓的标准荷兰语。特别是《圣经》,是使用标准荷兰语书写印刷的。在这种情况下,一群牧师和教师在1870年左右发起了所谓的"第一次南非语语言运动",希望将南非语从口语的层次提升为一种书面语。1875年,正统南非人协会在开普正式成立。同年,第一本以南非语作为研究对象的文法书和字典由该协会正式出版。

在第二次英波战争结束以后,虽然英国人获得了胜利,但波尔人却被允诺了自治的权力,荷兰语也因此成为南非在英语以外的另一个官方语言。1905年,南非语语言协会和南非语语言联盟正式成立,大力要求南非语在各个不同层面的广泛使用和研究。1910年,英国政府将开普、纳塔尔、德兰士瓦以及奥兰治四个自治州合组成南非联邦。1925年,在南非语言运动者和民族主义者的共同努力下,南非语取代了荷兰语,成为南非联邦的第二官方语言。

素称"千岛之国"的印度尼西亚,是世界上最大的群岛国家,作为荷兰曾经的殖民地,其官方语言现在是印度尼西亚语(以下简称印尼语)。印尼语的词汇有限,大多为借词,其中就包括从荷兰语借用了很多词语,如印尼语中的"邮局"是"kantor pos",这是借用"kantoor"这个荷兰语中的"办公室(office)"而产生的词汇。这些词语的融入,极大地丰富了印尼语的词汇。

在印度尼西亚确立官方语言的过程中,荷兰语也曾具备成为官方语言的潜在条件。公元 1600~1942 年间,由于印度尼西亚主要受到荷兰的殖民统治,荷兰语曾一度被殖民者确立为官方语言。因而,荷兰语在印度尼西亚也曾经具有很高的声誉。但是,荷兰语作为殖民统治的一个影像,并不为印尼人民群众所接受。第一次世界大战之后,印尼民族意识高涨,在 1928 年的印尼青年大会上,提出了"一个国家,一个民族,一种语言"的口号,要求以马来语代替荷兰语,作为全国的法定语言。1945 年 8 月 17 日印度尼西亚宣布独立后,印尼语便以法令的形式被确定为国家的官方语言。荷兰语在印度尼西亚的地位和影响逐渐衰落。

苏里南共和国(荷兰语:Republiek Suriname),位于南美洲北部,是南美洲国家联盟的成员国,国名源于当地原住民苏里南人。该国旧称荷属圭亚那,原为荷兰在南美洲的殖民遗迹,1954 年成为荷兰王国海外自治省,1975 年独立。苏里南虽然不属于荷兰王国的组成部分,但却是一个使用荷兰语为官方语言的国家。

在苏里南,有多种语言被使用。其官方语言是荷兰语,使用范围包括学校、政府、商业机构及媒体等。2005 年,苏里南成为荷兰语联盟①的第三位成员国。荷兰语是大约 60% 的苏里南人的母语,同时是其他人的第二语言或第三语言。在首都帕拉马里博,荷兰语是三分之二家庭使用的语言,仅仅在苏里南的内陆地区荷兰语比较少见。苏里南汤加语是当地一种由苏里南克利奥尔人使用的克利奥尔语,是在街区里最广泛使用的语言,同时也经常根据使用场合的正式性而与荷兰语交替使用。

比利时的官方语言有荷兰语、法语和德语,首都布鲁塞尔为法语和荷兰语双语区,但法语在实际使用中占优势。比利时半数以上的人口说荷兰语,其次是法语。比利时人所使用的荷兰语和法语都含有地方方言,这些方言与荷兰或法国使用的荷兰语和法语差别甚微,交流没有障碍。1830 年,比利时爆发比利时独立运动,从荷兰统治下独立。但是自建国以来,两个民族间存在的语言纠纷,连同国内宗教与党派斗争纠缠在一起,给比利时造成了许多麻烦,有时甚至成为政府倒阁的主要原因。

---

① 荷兰语联盟是一个讨论荷兰语问题的国际机构,由荷兰与比利时的法兰德斯区部分共同创立于 1980 年 9 月 9 日。

比利时的语言矛盾有其深刻的历史根源。比利时的人口主要由北部佛兰芒族和南部瓦隆族构成,分别占 59.3% 和 40.1% 左右。比利时建国时,讲法语的瓦隆族凭借丰富的资源和雄厚的经济实力在比利时占据统治地位。法语一度被定为唯一的官方语言,这曾使佛兰芒人在就业等问题上受到歧视。对此他们深为不满,经常开展一些小规模的争取佛兰芒民族权利的运动。

为了缓和语言矛盾,政府在两种语言的使用上严格保持平衡。内阁成员由两族共同出任,国民教育部和文化部各设两名大臣,分别由两族出人担任。政府对两大区的开支也均等分配。此外,涉及语言的许多方面更是如此:一所大学(如鲁汶大学)要按语言分为两个,一本书要有两个不同的语言封面,电台、电视台也一分为二,甚至一个政党因语言问题也分成两个,如佛兰芒基督教社会党和法语基督教社会党。

### 三、中荷关系与荷兰语人才需求

近年来,中荷两国之间的友好往来日益频繁。尤其是经济贸易方面,随着中国经济的蓬勃发展,中荷之间的贸易往来日益密切,荷兰已成为中国在欧盟的第二大贸易伙伴。习近平主席对荷兰的国事访问,带动了众多重要条约的签订,为中荷贸易伙伴关系的进一步发展打下了坚实的基础。随着中荷两国在政治、经济、教育、文化等领域交往的日益深入,国内包括外事、经济贸易、文化、新闻出版、教育等部门对荷兰语专业人才的需求将大大增加。越来越多有实力的中国企业到荷兰投资,荷兰企业赴华投资,更是拉动了对荷兰语专业人才的需求。此外,科研以及旅游等部门对荷兰语专业人才也有相应的需求。当然,不同领域对荷兰语人才的要求也稍有差异。

新华社、中国国际广播电台等媒体机构迫切需要荷兰语专业人才。在中国传媒大学外国语学院针对非通用语特色专业的用人单位所做的调查中,谈到用人单位喜欢什么样的毕业生时,国际台被访问者刘倡谈到,国际台需要既精通荷兰语又掌握一定新闻传播学知识的人才。此外,政治素质过硬、身心健康、积极主动、踏实肯干等也是成为一名合格的国际传播工作者的必备素质。

随着经济全球化的发展,中国对外开放的进一步深入,不少企业公司对小语种人才的需求也不断提高。通过对历届毕业生的用人单位的调查统计,尤其是外贸企业,他们对荷兰语专业人才的要求,不仅仅是精通荷兰语,还要求具备一定的计算机和外贸知识,即全方位人才,同时,在工作中的学习能力和写作能力也是考验人员晋升的重要因素。

在国有商业银行的国际化战略背景下,小语种人才是其海外业务发展重要的人才储备。目前就职于中国建设银行的陈欣谈道,银行越来越需要精通小语种并熟悉银行业务的综合性、国际化人才。在贸易融资、风险管理等领域工作的小语种人才可入选"海外人才库",并获得专业培训、外派到海外机构工作等机会;值得关注的是,荷兰语已作为需求专业被列入"2014年建设银行小语种员工招聘及培养计划"中。

## 四、中国的荷兰语专业教育

目前,国内开设荷兰语专业的高校不多,只有中国传媒大学、北京外国语大学和上海外国语大学三所高校。

北京外国语大学荷兰语专业属新建专业,于2005年首次招生。该专业立足培养具有扎实的荷兰语基础,较好的英语应用能力,比较宽泛的科学文化知识,能够在外交、经贸、文化等部门从事翻译、教学、管理工作的荷兰语复合型高级人才。荷兰语专业学制四年(本科)。根据学校本科教学计划规定,荷兰语专业学生在校期间须修读学校开设的公共必修课、公共选修课、专业必修课、专业选修课等课程,主要课程有:基础荷兰语、高级荷兰语、报刊选读、视听、口语、荷兰语写作、翻译理论与实践、语言理论、语言学概论、主要荷兰语国家文学史及文学作品选读等。同时学生可以参加英语专业的辅修学习,英语可达到大专水平;还可以按规定参加双学位课程的学习,达到规定要求后取得第二学位。

上海外国语大学荷兰语专业属新建专业,于2007年首次招生。该专业旨在培养具有扎实的荷兰语语言、英语语言基础和比较广泛的科学文化知识,能在教育、外事、经贸、文化、教育、科研等部门从事翻译、研究、教学、管理工作的荷兰语言专业人才。学生毕业时荷兰语达到本科水平,英语达到专业四级水平。本专业主修荷兰语专业课程有:基础荷兰语、高级荷兰语、荷兰语视听说、荷兰语泛读、荷兰语报刊选读、荷兰文学作品选读、荷兰语外台听力、荷兰语系统语法、翻译理论与实践、荷兰语写作、荷兰语国家历史文化概况、商务荷兰语等。辅修英语课程有：英语综合课、英语视听说、英语阅读、英语写作、翻译理论与实践等。此外还有经济贸易、法律等辅修专业课程及丰富的公共课程和任意选修课程。

中国传媒大学自1965年开设荷兰语专业，以间断招生的方式目前共招收了4届学生。每届有20名左右的学生，学制为四年。目前，荷兰语专业隶属于中国传媒大学外国语学院欧洲语系，是学校非通用语特色专业语种之一。中国传媒大学荷兰语专业与其他非通用语专业齐头并进，为我国培养了众多优秀的荷兰语专业人才。

## 第二节　中国传媒大学的荷兰语专业

### 一、概况

中国传媒大学（原北京广播学院）早在1965年便开设了荷兰语专业，是国内最早开设荷兰语专业的院校。2002年，中国传媒大学恢复荷兰语专业，并于同年开始招收荷兰语专业学生，此后专业发展便稳步前进，再未中断。经过不断地发展与建设，加之学校及学院的支持，目前荷兰语专业已初步形成了一套完备的教学管理体系，拥有一支高水平的专业师资队伍，并且借助独具特色的双语教学和"3+1"外延型教学模式，培养了一批既精通专业语言和英语又具备传媒素养的人才。

中国传媒大学荷兰语专业在不断的建设过程中，发展理念日趋明晰：以本科教学为工作主体，以荷兰语和英语学习为基础，结合新闻学、传播学、国际关系学的知识，结合对外传播的特点和规律，培养"外语突出、专业领先"的复语型、复合型人才。

为培养复语型人才，荷兰语专业实行专业语言和英语双语培养四年不间断，并且针对不同年级制定不同的英语教学方案，培养既精通一门非通用语又能熟练掌握英语的"复语型"人才。具体而言，就是把英语学习视为荷兰语专业学习的重要组成部分，要求学生通过英语专业四级，能力较强的学生达到英语专业八级水平,以便为学生的就业和走上工作岗位之后的发展提供强有力的支持。

为培养传媒复合型人才,荷兰语在强化语言教学的同时,依托中国传媒大学的传统优势,加大对广播、电视和新闻等相关传媒专业的教学,并开设有"国际新闻理论"、"国际传播"、"国际新闻编辑"、"基础新闻编译"、"国际关系与中国外交"等课程,形成了卓有特色的复合型教学模式。学生通过该教学模式的培养,能够广泛掌握相关传媒知识,为毕业后走上传媒类工作岗位打下坚实的基础。

在培养模式上,中国传媒大学荷兰语专业采用"3+1"外延型教学模式,即国内学习与国外学习相结合,课堂教学与课外实践相结合,学制为国内三年、国外一年。在大三时,大部分学生都会以"单位公派自费留学"的形式赴国外学习一年,使学生们能够在国外的大学和科研机构学习和实践。

## 二、师资队伍

中国传媒大学外国语学院非常重视非通用语特色专业的师资队伍建设,努力为荷兰语专业教师创造条件,加强教师的学术水平。目前荷兰语专业共有1名青年骨干教师、1名国内知名专家(特聘),以及1名外国专家(特聘)。

蒋佳惠,女,2006年本科毕业于中国传媒大学荷兰语专业,2009年毕业于荷兰莱顿大学荷兰研究专业,是国内首位获得荷兰语相关专业硕士学位的教师,现任讲师、教研室主任,自2013年起任荷兰语教学平台中国区主席。曾获中国传媒大学第七届青年教师教学基本功比赛三等奖。主要教授"荷兰语精读"、"荷兰语写作"、"荷兰语文学"、"荷兰文化"等课程。曾参与编写《全球传媒产业发展报告》和《新媒体前沿》,独立完成其中的南非国别篇;翻译作品主要有《十只淘气猫》《小鳄鱼克罗迪和他的朋友》《燕雀和鸰仔》系列等;发表论文《浅析新媒体时代的荷兰语教学》等。现为2014年度中国传媒大学校级科研培育项目《欧洲"小语"国家语言文化传播与跨文化适应问题研究——以荷兰、匈牙利为例》的负责人。

除了加强青年骨干教师的培养之外,中国传媒大学外国语学院在不同时期,根据教学需要,积极引进在荷兰语教学、研究和对外广播领域有着较高地位的国内知名教授和学者为学生授课,丰富现有教学内容,改善教学方法,提高教育层次。

刘特平,特聘专家,曾担任中国商务部欧洲司处长兼翻译,高级经济师。先后在中国驻荷兰大使馆、中国驻苏里南大使馆工作。2002~2006年,在中国传媒大学任教;2007~2011年,在上海外国语大学任教;2012年至今,在中国传媒大学任教。2013年,被中国翻译家协会评选为资深翻译家,编著《荷兰语教程(上、下册)》,该书填补了我国荷兰语教学的空白。曾先后在《国外社会科学》等著名学术刊物上发表《资本主义复兴》《匈牙利伤透脑筋》《现代自由主义:减轻国家义务,加强个人责任》等30多篇科学文献译文和通讯作品,总计约40万字。

王文博,特聘专家,1958~1963年就读于北京外国语大学德语系,1963年毕业后进入外交部工作。1963~1966年在荷兰学习荷兰语,并在中国驻荷兰大使馆工作。先后四次奉派在荷兰工作达十余年。历任中国驻荷兰大使馆职员、三等秘书、二等秘书、一等秘书、调研室主任、政务参赞等职。著有《荷兰王室——拿骚王族的沧桑》,译著有荷兰语长篇小说《毒蝎》,德语长篇小说《情网黄泉路》《饭后甜点——野果》等,主编《荷中词典》等。

另外,根据教学需要,中国传媒大学外国语学院长期聘请有丰富教学经验和语言功底的荷兰籍外教参与教学。2013年至今聘用荷兰语专家Heleen Sizoo。

## 三、教材建设

荷兰语专业是国内的稀缺专业,中国传媒大学外国语学院作为荷兰语教育的先行者之一,必须为这个领域做出一些开创性的工作,尤其是教材的编写工作。学校高度重视教材问题,并把它作为一项紧迫任务提上日程。一方面,学校积极引进原版经典教材,解决教材稀缺的燃眉之急;另一方面,鼓励教师编写更适合中国学生的本土教材。荷兰语专业教师也在这方面投入了非常多的时间和精力。目前,已完成并出版的荷兰语专业教材有《荷兰语教程(上、下册)》和《荷兰语实用教程》。

《荷兰语教程(上、下册)》,刘特平编著,北京广播学院出版社(现中国传媒大学出版社)出版。该书按"听、说、读、写、译全面发展"的要求进行编排,内容涉及生活、工作和社会交流等各个方面;它填补了我国荷兰语教学的空白,为越来越多渴望学习和掌握荷兰语的人提供了有益的参考。

《荷兰语实用教程》,王文博编著,北京广播学院出版社出版。本书分上、下两编:上编以日常生活用语为主,内容涵盖时间、人体、饮食、健康、医疗、体育、旅游、参观、节日等专题;下编则更多瞄准未来工作中可能遇到的常用语言,包括中荷两国的国情简介、历史、政治、经济、社会、人文、环保、外交及双边关系等。

同时,学校以及荷兰语专业教师还充分利用各方资源,不断地从荷兰搜集原版书籍、影音资料及词典,充实资料库。在这方面,荷兰大使馆等机构提供了很大的帮助,为我校荷兰语人才的培养给予了很大的支持。

## 第三节　人才培养

随着时代的发展,社会对小语种人才提出的要求越来越高,从最初的专门性人才转变为复合型人才,甚至是"国际化"人才,即:不仅要求小语种人才熟练使用所学语言,而且要求他们熟知对象国的国风国情,具备一定的专业知识。中国传媒大学荷兰语专业创建于1965年,2002年开始重新恢复招生。为了迎接激烈的市场竞争和就业市场的严峻挑战,荷兰语专业进行了大胆的创新和改革。

多年来,中国传媒大学外国语学院不断摸索"复合型"外语人才的培养模式,培养和输送了一大批既精通外语又掌握新闻传播的优秀人才,有的已成为国内外知名的新闻节目主持人,有的走上了领导岗位,在外交、外宣方面作出了杰出的贡献。学校现为教育部国家外语非通用语本科人才培养基地和中央电视台双向人才培养(实验)基地。为了进一步优化资源配置,培养杰出人才,外国语学院深入贯彻学校决策,抓住机遇,明确思路,真抓实干,以学科建设为龙头,以提高教育教学质量为根本,以建设高水平有特色的课程体系为切入点,以加强教学团队建设为重点,以建设硕士学位、博士学位点为目标,为把外国语学院建设成为国内有一定影响力、某些学科处于领先地位的学院而努力,争取把外国语学院建设成团结向上、崇尚学术、干事创业、学术气氛浓厚的和谐大家庭。

为顺应时代发展的需求,中国传媒大学外国语学院坚持以基础学科入主流为思路,培养语言学、文学功底扎实的人才。在这样的背景下,荷兰语专业立足更新教学内容,改革培养模式,优化课程设置,积极尝试多种改革,积累了一定的改革经验,并且取得了良好的效果。

## 一、培养目标及要求

中国传媒大学荷兰语专业旨在培养具备系统的荷兰语语言与文学基础知识,具有较强的荷兰语语言综合运用能力和跨文化交际能力,掌握一定的新闻传播及经贸相关知识,熟悉荷兰国情,能熟练运用荷兰语在传媒、外事、教育、经贸、文化、科技等部门从事新闻、翻译、教学、管理、研究等工作的荷兰语专业高级人才。本专业注重培养学生获取知识、独立思考和创新的能力,提高学生的思想道德素质、文化素质和心理素质,以适应国家对外传播、外事、经贸、文化、教育、科研等部门对高层次、复合型国际化人才的需求。其专业课程主要有:荷兰语精读、荷兰语口语、荷兰语视听说、荷兰语高级阅读、荷兰语泛读、荷兰语报刊阅读、荷兰语文学、荷兰语写作、荷兰语翻译、荷兰语高级视听、英语精读、英语视听说和英语写作。经过四年学习,毕业时学生将达到荷兰语 C1 水平,约一半学生的英语达到专业八级水平。

本着"宽口径、厚基础、高素质、强能力"的人才培养原则,本专业学生主要学习荷兰语言、文学、历史、地理、政治、经济、外交、社会文化等方面的基本理论和基础知识,接受荷兰语听、说、读、写、译等方面的扎实训练,掌握一定的科研方法,具有从事新闻、翻译、研究、教学、管理等工作的业务水平及较好的素质和能力。

具体包括:

1. 具备正确的人生观和价值观,具备健康的体质和一名外语工作者应有的专业素质和心理素质。

2. 掌握荷兰语语言文学基本理论与知识,具备娴熟的荷兰语听、说、读、写、译能力。

3. 熟悉我国国情和荷兰的文化、历史及国家现状。

4. 具备良好运用荷兰语和汉语进行沟通及互译的能力。

5. 第二外语(英语)具有较高水平和较强的应用能力。

6. 熟练掌握国际新闻写作、编辑、评论等新闻业务技能。

7. 熟练运用计算机,具备较强的获取信息、知识的能力,具备实践创新、独立解决实际问题的能力。

中国传媒大学荷兰语语言文学专业修业年限为四年,成绩合格者授予学士学位。

## 二、课程与学分

本专业学生必须修满 180 学分方可毕业。其中,基础教育课程 38 学分,专业教育课程 89 学分,院级选修课程 15 学分,公共选修课 8 学分,实践教学环节 30 学分。

核心课程包括"荷兰语精读"、"荷兰语口语"、"荷兰语视听说"、"荷兰语高级阅读"、"荷兰语泛读"、"荷兰语报刊阅读"、"荷兰语文学"、"荷兰语写作"、"荷兰语翻译"、"高级荷兰语"、"荷兰语高级视听"、"英语精读"和"英语视听说"等。

课程设置与人才培养方案紧密联系。在人才培养方案上,荷兰语专业教学分为基础阶段和提高阶段,不同的教学阶段有着不同的课程设置。基础阶段的课程设置,主要是对学生进行全面和严格的基本素质的训练,培养学生实际运用语言的能力,课程设有精读、口语、视听说等,以训练学生听、说、读、写基本技能为主,打好专业语言基本功;提高阶段,在继续打好专业语言基本功的同时,进一步扩大学生的知识面,帮助学生全面了解对象国的政治、经济、文化和社会等领域的历史和现状,并着重训练学生的综合技能,使之具有准确熟练的听、说、读、写、译能力,提高交际能力和调研能力,课程设有高级阅读、高级视听、翻译、写作、泛读和荷兰文化等。同时,为培养复合型人才,坚持英语教育四年不间断。

在具体课程设置方面,荷兰语专业的课程分为专业必修课和专业选修课。

荷兰语专业的必修课包括基础教育课程和专业教育课程。其中,基础教育课程主要是"马克思主义基本原理概论"、"毛泽东思想和中国特色社会主义理论体系概论"、"中国当代文学与文化"等大学生政治理论课程和中国文学类课程,旨在加强马克思主义教育和思想道德教育,同时深化学生对中国文学的理解,提高学生的文化素养;专业教育课程主要包括"荷兰语精读"、"荷兰语视听说"、"荷兰语口语"、"高级荷兰语"、"荷兰语翻译"、"荷兰语写作"、"荷兰语文学"以及"英语精读"等。

荷兰语专业的选修课包括专业方向课程、文化与社会以及新闻与传播等课程。其中,专业方向的选修课程主要包括"荷兰语泛读"、"荷兰概况"、"荷兰语高级视听"、"荷兰语报刊阅读"、"荷兰文化"、"荷兰历史"等;文化与社会类选修课主要包括"英语语言与文化"、"欧洲影视赏析"、"英语经典影视作品赏析"等;新闻与传播类课程主要包括"国际新闻理论"、"国际传播"、"国际新闻编辑"、"基础新闻编译"、"国际关系与中国外交"等。

表3.1 荷兰语专业实践必修环节(单位:周)

| 序号 | 课程编号 | 课程名称/英文名称 | 学分 | 周数 | 学期 | | | | | | | |
|---|---|---|---|---|---|---|---|---|---|---|---|---|
| | | | | | 1秋学期 | 1春学期 | 1夏学期 | 2秋学期 | 2春学期 | 2夏学期 | 3秋学期 | 3春学期 | 3夏学期 | 4秋学期 | 4春学期 |
| 1 | 17001S | 军事理论与军训 | 3 | 3 | 3 | | | | | | | | | | |
| 2 | 17005S | 毕业实习 | 4 | 4 | | | | | | | | | | 4 | |
| 3 | 17006S | 毕业论文(设计) | 8 | 8 | | | | | | | | | | 4 | 4 |
| 合计 | | | 15 | 15 | | | | | | | | | | | |

表 3.2 荷兰语专业实践选修环节(单位:周)

| 开设学年学期 | 序号 | 课程编号 | 课程名称/英文名称 | 学分 | 周数 | 实践内容 | 开展形式(集中、分散、项目组、联合类) |
|---|---|---|---|---|---|---|---|
| 1夏学期 | 1 | 02001S | 实践:校园专业实践 | 3 | 3 | 言语综合训练、外语采访等 | 集中/分散 |
| | 2 | 02003S | 实践:专业语言应用实践 | 2 | 2 | 情景外语训练、主题探究等 | 集中/分散 |
| 2夏学期 | 1 | 17003S | 实践:社会调查 | 3 | 3 | 社区调研、主题调研、参与式调研 | 集中/分散 |
| | 2 | 02003S | 实践:专业语言应用实践 | 2 | 2 | 口语实战、翻译实务、言语综合训练、专业实习等 | 集中/分散/项目组 |
| 3夏学期 | 1 | 17003S | 实践:社会调查 | 3 | 3 | 社区调研、主题调研、参与式调研 | 集中/分散 |
| | 2 | 02003S | 实践:专业语言应用实践 | 2 | 2 | 口语实战、翻译实务、言语综合训练、专业实习等 | 集中/分散/项目组 |
| 合计 | | | | 15 | 15 | | |

表 3.3 荷兰语专业必修课程表

| 类别 | 序号 | 课程编号 | 课程中文名称 | 课程英文名称 | 学分 | 学时 | | | 各秋季、春季学期周学时分配 | | | | | | | |
|---|---|---|---|---|---|---|---|---|---|---|---|---|---|---|---|---|
| | | | | | | 理论教学 | 课内实践 | 实验上机 | 课外实践 | 1秋学期 | 1春学期 | 2秋学期 | 2春学期 | 3秋学期 | 3春学期 | 4秋学期 | 4春学期 |
| 基础教育课程 | 1 | 051045 | 思想道德修养和法律基础 | Moral Character Cultivation and Basics of Law | 3 | 32 | | | 16 | 2 | | | | | | | |

(续表3.3)

| 类别 | 序号 | 课程编号 | 课程中文名称 | 课程英文名称 | 学分 | 学时 | | | 各秋季、春季学期周学时分配 | | | | | | | |
|---|---|---|---|---|---|---|---|---|---|---|---|---|---|---|---|---|
| | | | | | | 理论教学 | 课内实践 | 实验上机 | 课外实践 | 1秋学期 | 1春学期 | 2秋学期 | 2春学期 | 3秋学期 | 3春学期 | 4秋学期 | 4春学期 |
| 基础教育课程 | 2 | 051046 | 马克思主义基本原理概论 | Introduction to Principles of Marxism | 3 | 32 | | | 16 | 2 | | | | | | | |
| | 3 | 051047 | 中国近现代史纲要 | The Outline of Chinese Modern History | 3 | 32 | | | 16 | | 2 | | | | | | |
| | 4 | 051048 | 毛泽东思想和中国特色社会主义理论体系概论 | Introduction of Mao Ze-dong's Thought and Theoretical System of Socialism with Chinese Characteristics | 3 | 48 | | | | | | | 3 | | | | |
| | 5 | 05104S | 思想政治理论课综合实践 | Integrated Practice in Ideological Political Theory Course | 2 | | | | | | | | | | | | |
| | 6 | 051006 | 当代世界经济与政治（文科类、艺术类、经管类专业必选） | Contemporary International Economy and Politics | 2 | 32 | | | | | | | | | 2 | | |
| | 7 | 051015/21/22/23 | 形势与政策 | Current Situation and Policy | 2 | | | | | ★ | ★ | ★ | ★ | | | | |
| | 8 | 150001—4 | 体育 | Physical Education | 4 | 128 | | | | 2 | 2 | 2 | 2 | | | | |
| | 9 | 160003 | 大学生生涯规划指导 | Guidance of Career-planning for College Students | 1 | 16 | | | | 1 | | | | | | | |
| | 10 | 160005 | 大学生就业指导 | Guidance of Employment for College Students | 1 | 16 | | | | | | | | | 1 | | |

（续表3.3）

| 类别 | 序号 | 课程编号 | 课程中文名称 | 课程英文名称 | 学分 | 学时 | | | | 各秋季、春季学期周学时分配 | | | | | | |
|---|---|---|---|---|---|---|---|---|---|---|---|---|---|---|---|---|
| | | | | | | 理论教学 | 课内实践 | 实验上机 | 课外实践 | 1秋学期 | 1春学期 | 2秋学期 | 2春学期 | 3秋学期 | 3春学期 | 4秋学期 | 4春学期 |
| 基础教育课程 | 11 | 131001A | 大学计算机（文科类） | Fundamentals of Computer Applications | 3 | 32 | | 32 | | 2+2 | | | | | | | |
| | 12 | 131003 | 多媒体技术基础及应用 | Multimedia Technology and Application | 3 | 32 | | 32 | | 2+2 | | | | | | | |
| | 13 | 052056 | 普通逻辑学 | Common Logics | 2 | 32 | | | | | 2 | | | | | | |
| | 14 | 091147 | 汉语基础知识 | Basic Knowledge of Chinese | 4 | 64 | | | | | | | | 4 | | | |
| | 15 | 091070 | 中国古代文学名著选读 | Selective Reading of Famous Literature Works in Ancient China | 2 | 32 | | | | | | | 2 | | | | |
| | | | 小计 | | 38 | 528 | | | | | | | | | | | |
| 专业教育课程 | 1 | 024073 | 荷兰语精读(1) | Dutch Intensive Reading(Ⅰ) | 10 | 160 | | | | 10 | | | | | | | |
| | 2 | 024074 | 荷兰语精读(2) | Dutch Intensive Reading(Ⅱ) | 10 | 160 | | | | | 10 | | | | | | |
| | 3 | | 荷兰语精读(3) | Dutch Intensive Reading(Ⅲ) | 10 | 160 | | | | | | 10 | | | | | |
| | 4 | | 荷兰语精读(4) | Dutch Intensive Reading(Ⅳ) | 8 | 128 | | | | | | | 8 | | | | |
| | 5 | | 荷兰语视听说(1) | Dutch Audio Visual and Oral Course(Ⅰ) | 1 | 32 | | | | 2 | | | | | | | |
| | 6 | | 荷兰语视听说(2) | Dutch Audio Visual and Oral Course(Ⅱ) | 1 | 32 | | | | | 2 | | | | | | |

（续表3.3）

| 类别 | 序号 | 课程编号 | 课程中文名称 | 课程英文名称 | 学分 | 学时 | | | | 各秋季、春季学期周学时分配 | | | | | | | |
|---|---|---|---|---|---|---|---|---|---|---|---|---|---|---|---|---|---|
| | | | | | | 理论教学 | 课内实践 | 实验上机 | 课外实践 | 1秋学期 | 1春学期 | 2秋学期 | 2春学期 | 3秋学期 | 3春学期 | 4秋学期 | 4春学期 |
| 专业教育课程 | 7 | | 荷兰语视听说(3) | Dutch Audio Visual and Oral Course(III) | 1 | 32 | | | | | | | 2 | | | | |
| | 8 | | 荷兰语视听说(4) | Dutch Audio Visual and Oral Course(IV) | 1 | 32 | | | | | | | | 2 | | | |
| | 9 | | 荷兰语口语(1) | Oral Course in Dutch(I) | 1 | 32 | | | | | 2 | | | | | | |
| | 10 | | 荷兰语口语(2) | Oral Course in Dutch(II) | 1 | 32 | | | | | | 2 | | | | | |
| | 11 | | 荷兰语口语(3) | Oral Course in Dutch(III) | 1 | 32 | | | | | | | 2 | | | | |
| | 12 | 027068 | 高级荷兰语(1) | Advanced Dutch(I) | 4 | 64 | | | | | | | | 4 | | | |
| | 13 | 027069 | 高级荷兰语(2) | Advanced Dutch(II) | 4 | 64 | | | | | | | | | 4 | | |
| | 14 | 027070 | 高级荷兰语(3) | Advanced Dutch(III) | 4 | 64 | | | | | | | | | | 4 | |
| | 15 | | 荷兰语翻译(1) | Dutch Translation (Oral and Written)(I) | 3 | 48 | | | | | | | | 3 | | | |
| | 16 | | 荷兰语翻译(2) | Dutch Translation (Oral and Written)(II) | 3 | 48 | | | | | | | | | 3 | | |
| | 17 | 022139 | 荷兰语翻译(3) | Dutch Translation (Oral and Written)(III) | 4 | 64 | | | | | | | | | | 4 | |
| | 18 | 025292 | 荷兰语写作(1) | Writing in Dutch(I) | 2 | 32 | | | | | | | | | 2 | | |
| | 19 | 025293 | 荷兰语写作(2) | Writing in Dutch(II) | 2 | 32 | | | | | | | | | | 2 | |

(续表3.3)

| 类别 | 序号 | 课程编号 | 课程中文名称 | 课程英文名称 | 学分 | 学时 | | | 各秋季、春季学期周学时分配 | | | | | | |
|---|---|---|---|---|---|---|---|---|---|---|---|---|---|---|---|
| | | | | | | 理论教学 | 课内实践 | 实验上机 | 课外实践 | 1秋学期 | 1春学期 | 2秋学期 | 2春学期 | 3秋学期 | 3春学期 | 4秋学期 | 4春学期 |
| 专业教育课程 | 20 | | 荷兰语文学 | Dutch Literature | 2 | 32 | | | | | | | | 2 | | | |
| | 21 | | 英语精读(1) | English Intensive Reading (I) | 4 | 64 | | | | 4 | | | | | | | |
| | 22 | | 英语精读(2) | English Intensive Reading (II) | 4 | 64 | | | | | 4 | | | | | | |
| | 23 | | 英语精读(3) | English Intensive Reading (III) | 4 | 64 | | | | | | 4 | | | | | |
| | 24 | | 英语精读(4) | English Intensive Reading (IV) | 4 | 64 | | | | | | | 4 | | | | |
| | | | 小计 | | 89 | 1536 | | | | | | | | | | | |
| | | | 周学时 | | | | | | | 23 | 26 | 24 | 22 | 13 | 13 | 10 | |
| | | | 公共选修课 | | 8 | 128 | | | | | | | | | | | |
| | | | 学院选修课 | | 15 | 288 | | | | | | | | | | | |
| | | | 实践教学环节总学分 | | 30 | | | | | | | | | | | | |
| | | | 总计 | | 180 | 2480 | | | | | | | | | | | |

表3.4 荷兰语专业选修课程表

| 类别 | 序号 | 课程编号 | 课程中文名称 | 课程英文名称 | 学分 | 学时 | | | 应修学分 | 各秋季、春季学期周学时分配 | | | | | | |
|---|---|---|---|---|---|---|---|---|---|---|---|---|---|---|---|---|
| | | | | | | 理论教学 | 课内实践 | 实验上机 | | 1秋学期 | 1春学期 | 2秋学期 | 2春学期 | 3秋学期 | 3春学期 | 4秋学期 | 4春学期 |
| 专业选修课 | 1 | 024062 | 荷兰概况 | Introduction to Holland | 2 | 32 | | | | | | | | 2 | | | |
| | 2 | | 荷兰语高级视听(1) | Advanced Dutch Listening Skills(Ⅰ) | 1 | 32 | | | | | | | | 2 | | | |

（续表3.4）

| 类别 | 序号 | 课程编号 | 课程中文名称 | 课程英文名称 | 学分 | 学时 理论教学 | 课内实践 | 实验上机 | 课外实践 | 应修学分 | 1秋学期 | 1春学期 | 2秋学期 | 2春学期 | 3秋学期 | 3春学期 | 4秋学期 | 4春学期 |
|---|---|---|---|---|---|---|---|---|---|---|---|---|---|---|---|---|---|---|
| 专业选修课 | 3 |  | 荷兰语高级视听(2) | Advanced Dutch Listening Skills(Ⅱ) | 1 | 32 |  |  |  | 任选不低于10学分 |  |  |  |  |  | 2 |  |  |
|  | 4 |  | 荷兰语高级视听(3) | Advanced Dutch Listening Skills(Ⅲ) | 1 | 32 |  |  |  |  |  |  |  |  |  |  | 2 |  |
|  | 5 | 024068 | 荷兰语泛读(1) | Dutch Extensive Reading(Ⅰ) | 1 | 32 |  |  |  |  |  |  |  | 2 |  |  |  |  |
|  | 6 | 024069 | 荷兰语泛读(2) | Dutch Extensive Reading(Ⅱ) | 1 | 32 |  |  |  |  |  |  |  |  | 2 |  |  |  |
|  | 7 | 024064 | 荷兰语报刊阅读(1) | Dutch Newspaper and Magazine Reading(Ⅰ) | 2 | 32 |  |  |  |  |  |  |  |  | 2 |  |  |  |
|  | 8 | 024065 | 荷兰语报刊阅读(2) | Dutch Newspaper and Magazine Reading(Ⅱ) | 2 | 32 |  |  |  |  |  |  |  |  |  | 2 |  |  |
|  | 9 | 024063 | 荷兰文化 | Dutch Culture | 2 | 32 |  |  |  |  |  |  |  |  |  | 2 |  |  |
|  | 10 | 027073 | 荷兰历史 | Dutch History | 2 | 32 |  |  |  |  |  |  |  |  |  |  |  |  |
| 学科选修课 | 11 | 023037 | 英语语言与文化 | English Language and Culture | 2 | 32 |  |  |  | 任选不低于5学分 |  |  | 2 |  |  |  |  |  |
|  | 12 | 024130 | 中法广告文化传媒 | Cultural Communication about Chinese/French Advertising | 2 | 32 |  |  |  |  |  |  |  |  |  |  | 2 |  |
|  | 13 |  | 国际新闻理论 | Theory of International Journalism | 2 | 32 |  |  |  |  |  |  | 2 |  |  |  |  |  |
|  | 14 |  | 语言学导论 | An Introduction to Linguistics | 2 | 32 |  |  |  |  |  |  |  |  |  |  | 2 |  |
|  | 15 | 020060 | 欧洲影视赏析 | Analysis and Appreciation of European Films and Television Programs | 1 | 32 |  |  |  |  |  |  |  |  | 2 |  |  |  |

(续表2.4)

| 类别 | 序号 | 课程编号 | 课程中文名称 | 课程英文名称 | 学分 | 学时 | | | 应修学分 | 各秋季、春季学期周学时分配 | | | | | | | |
|---|---|---|---|---|---|---|---|---|---|---|---|---|---|---|---|---|---|
| | | | | | | 理论教学 | 课内实践上机 | 课外实践 | | 1秋学期 | 1春学期 | 2秋学期 | 2春学期 | 3秋学期 | 3春学期 | 4秋学期 | 4春学期 |
| 学科选修课 | 16 | 020018 | 跨文化传播概论 | Introduction to Cross-Cultural Communication | 2 | 32 | | | 任选不低于5学分 | | | | | | 2 | | |
| | 17 | 020053 | 国际新闻编辑 | International News Editing | 2 | 32 | | | | | | | | 2 | | | |
| | 18 | 021080 | 国际新闻编译 | International News Editing and Translating | 2 | 32 | | | | | | | | | 2 | | |
| | 19 | | 西方文学名著选读 | Best Selections on Western Literature | 2 | 32 | | | | | | 2 | | | | | |
| | 20 | | 英语散文名篇 | Appreciation of Classic English Essays | 2 | 32 | | | | | | | 2 | | | | |
| | 21 | | 英语视听说(1) | English Audio Visual and Oral Course (I) | 1 | 32 | | | | | | 2 | | | | | |
| | 22 | | 英语视听说(2) | English Audio Visual and Oral Course (II) | 1 | 32 | | | | | | | 2 | | | | |

## 第四节 课堂教学改革与教学成果

随着时代的进步,社会对人才提出了更高的要求,以前那种单一的专业性人才已经无法适应社会的发展需求,时代要求由专业性人才转向复合型人才,甚至是"国际化"的人才。这不仅要求外语人才熟练使用所学语言,而且要求他们熟知对象国的国风国情,还要求其具有一定的专业知识。

多年来,中国传媒大学外国语学院不断摸索"复合型"外语人才的培养模式,培养和输送了一大批既精外语又通新闻传播的优秀人才。为适应时代发展的要求,荷兰语专业进行了大胆的改革和创新,更新教学内容,改革培养模式,优化课程设置,坚持以基础学科入主流为思路,培养语言学、文学功底扎实的人才。

中国传媒大学荷兰语专业自开办以来,一直遵循学校非通用语专业的总体定位,采用"3+1"的非通用语本科人才培养模式,即学生学业一年在对象国完成,三年在本校完成,学生在对象国所修得的课程学分得到我校承认,在学业归国时组织学生进行学分转换。专业旨在培养具备系统的荷兰语语言与文学基础知识,具有较强的荷兰语语言综合运用能力和跨文化交际能力的高级人才。经过多年的交流,我校荷兰语专业与荷兰莱顿大学、格罗宁根大学、马斯特里赫特大学等知名院校都建立了良好的合作关系。

自2002年重新招收荷兰语专业学生以来,我校荷兰语专业共培养了2006届和2009届两届的44名优秀毕业生,其中2006届学生大三在马斯特里赫特大学完成一年的学业,2009届则在莱顿大学。目前我校现有2011级荷兰语专业学生20人,有11人正在荷兰格罗宁根大学留学。

## 一、开放的课堂

为了全面提高学生的综合素质,培养复合型人才,学校和学院积极创造条件,因地制宜,发挥首都优势,利用学校与三大台、使馆、驻华机构的良好合作关系等资源,开展丰富多彩的课外活动,积极开阔学生的视野。

2011级荷兰语专业学生在专业老师的带领下参加了丰富多彩的课外活动,包括与荷兰语相关的各种学术讲座和交流。比如,在中荷建交40周年的2012年,2011级荷兰语专业同学不仅参加了荷兰驻华大使馆举办的各种相关的讲座,而且以志愿者的身份出现在第十届北京国际图书节荷兰展区;荷兰驻华使馆方面不仅向荷兰语专业师生捐赠了数十本荷兰语原版书籍,供同学们阅读交流使用,而且邀请同学们赴荷兰驻华大使馆参加联谊会。此后,2011级荷兰语专业师生与荷兰驻华大使馆间保持着紧密的联系,并成功举办了各种各样的交流活动。

表 3.5　中国传媒大学 2011 级荷兰语专业师生课外活动情况简表

| 参与者 | 活动类型 | 活动时间 | 活动内容 |
| --- | --- | --- | --- |
| 2011 级荷兰语专业师生 | 交流活动 | 2011 年 10 月 | 荷兰莱顿大学教授来校交流 |
| 2011 级荷兰语专业师生 | 交流活动 | 2012 年 3 月 | 与荷兰留学生交流活动 |
| 2011 级荷兰语专业师生 | 使馆讲座 | 2012 年 4 月 | 荷兰驻华使馆文化参赞应邀来校讲座 |
| 2011 级荷兰语专业师生 | 使馆讲座 | 2012 年 5 月 | 荷兰驻华大使馆二等秘书应邀来校讲座 |
| 2011 级荷兰语专业师生 | 志愿活动 | 2012 年 05 月 | 第十届北京国际图书节荷兰使馆志愿者 |
| 2011 级荷兰语专业师生 | 使馆活动 | 2012 年 5 月 | 荷兰使馆联谊会 |
| 2011 级荷兰语专业师生 | 使馆讲座 | 2012 年 5 月 | 荷兰议会下议院原主席在荷兰使馆讲座 |
| 陈启文、谭伟等 | 使馆活动 | 2012 年 6 月 | 荷兰使馆开放日听写活动 |
| 尹彦聪、徐艺涓 | 使馆活动 | 2012 年 9 月 | 荷兰使馆"荷兰大选"主题早餐会 |
| 于丹、杨玉皎 | 志愿活动 | 2012 年 10 月 | 荷兰画廊志愿服务 |
| 2011 级荷兰语专业师生 | 使馆活动 | 2013 年 4 月 | 第三届北京国际电影节荷兰语影片展映及影片主创交流活动 |

　　2013 年 12 月 12 日,荷兰作家、阿姆斯特丹自由大学教授 Elke Geurts 应中国传媒大学外国语学院荷兰语专业蒋佳惠教师的邀请,来校为 2011 级荷兰语专业同学进行为期两天的讲座与学习交流,讲座的内容围绕"如何进行创新型荷兰语故事写作"展开,由浅入深,构思精妙。通过此次讲座,学生们学到了很多知识,不仅提高了荷兰语写作水平,而且掌握了很多故事创作的技巧和方法。Elke Geurts 为荷兰当代作家,最新发表的作品小说 *De weg naar zee* 在荷兰颇受读者喜欢。

　　2014 年 3 月 25 日,荷兰体验日活动在清华大学举行,2011 级荷兰语专业学生在老师的带领下参加了此次活动。这次荷兰体验日的主题是荷兰高等教育与研究以及荷兰文化,荷兰教育、文化、科学部部长 Jet Bussemaker

女士出席活动开幕式并致辞。

## 二、"3+1"模式

为了提高学生的荷兰语综合能力,荷兰语专业实施"3+1"外延型培养模式。荷兰语专业的学生在大三时均有到海外留学的机会,将国内学习与国外学习相结合,从而开阔视野,增长见识,提升学生应用语言的能力和水平。中国传媒大学荷兰语专业与荷兰莱顿大学、格罗宁根大学、马斯特里赫特大学等知名院校都建立了合作关系,并有良好往来。

表 3.6 中国传媒大学荷兰语专业合作院校与学生留学情况一览表

| 班级 | 人数 | 留学院校 | 留学年级 |
| --- | --- | --- | --- |
| 2002级荷兰语班 | 20 | 马斯特里赫特大学 | 2005年春至2005年秋 |
| 2005级荷兰语班 | 17 | 莱顿大学 | 2007年秋至2008年春 |
| 2011级荷兰语班 | 11 | 格罗宁根大学 | 2013年秋至2014年春 |

格罗宁根大学位于荷兰格罗宁根,始建于1614年,是荷兰历史第二悠久的大学,为世界顶尖100所综合性大学之一。自17世纪建校以来,学校吸引了大量的外国留学生和教授。该校现有学生逾26700人。其优势学科有生态学、材料科学、化学及天文学等。该校计算机设备和多媒体教学体系在荷兰大学中居领先水平。格罗宁根大学语言中心为格罗宁根大学所属语言机构,提供荷兰语、英语、汉语、阿拉伯语等多种语言的课程教学。格罗宁根大学与中国传媒大学于2013年签订合作协议,由格罗宁根大学语言中心为中国传媒大学2011级荷兰语学生制订了荷兰语语言教学计划。2011级荷兰语专业学生在2013~2014学年前往格罗宁根大学完成大学第三年的学业。

格罗宁根大学语言中心提供的荷兰语课程主要注重于语言技能方面的培训和国际环境下对荷兰文化的理解,结合学术专长和实践经验进行语言教学工作。2013~2014年度的教学计划于2013年9月开始,至2014年6月结束。第一学期为2013年9~12月。2014年1~2月为"小学期"教学。第二学期为2014年2~6月。语言中心为中国传媒大学2011级荷兰语班学生提供了荷兰语口语、写作、词汇等基础课程,以及荷兰历史与文化、荷兰文学与电影等文化类课程。此外,我校荷兰语专业学生还与其他留学生一起,参与荷兰语分级的日程语言课。在为期一个月的"小学期"中,语言中心为我校荷兰语专业学生提供参加荷兰 NT2－II 的考试辅导课程。在第二学期,学生们还参与了包括荷兰诗歌鉴赏在内的有关荷兰文化的特别课程。

表 3.7 至表 3.10 为荷兰格罗宁根大学语言中心对中国传媒大学 2011 级荷兰语专业学生的课程设置。

表 3.7　第一学期（2013 年 9～12 月）

| 课程种类 | 名称 | 面授时间（小时） | 自习时间（小时） |
|---|---|---|---|
| 日程语言课 | 荷兰语 3 级（NL Niveau 3） | 50 | 50 |
| | 荷兰语 3 级扩展（NL Niveau 3 verdieping） | 20 | 20 |
| 词汇课 | 词汇扩展,1、2 部分 | 28 | 28 |
| 语言技能课 | 写作技能,1、2 部分 | 28 | 42 |
| | 口语技能,1、2 部分 | 28 | 28 |
| 荷兰文化 1 | 国际环境下的荷兰历史和文化 | 96 | 100 |
| 课外实践 | 游览＋研讨会 1 | 20 | 8 |
| | 合计 | 270 | 276 |

表 3.8　小学期（2014 年 1～2 月）

| 课程种类 | 名称 | 面授时间（小时） | 自习时间（小时） |
|---|---|---|---|
| 考试指导 | 国家考试 NT2－II | 10 | 16 |
| 语言技能 | 听力训练 | 15 | 14 |
| 语言技能 | 阅读训练 | 15 | 14 |
| | 合计 | 40 | 46 |

表 3.9　第二学期（2014 年 2～6 月）

| 课程种类 | 名称 | 面授时间（小时） | 自习时间（小时） |
| --- | --- | --- | --- |
| 日常语言课 | 荷兰语 4 级(NL Niveau 4) | 50 | 50 |
| 词汇课 | 词汇扩展，3、4 部分 | 28 | 28 |
| 语言技能课 | 写作技能，3、4 部分<br>口语技能，3、4 部分 | 28<br>28 | 42<br>28 |
| 荷兰文化 2 | 国际环境下的荷兰文学和电影 | 96 | 100 |
| 课外实践 | 游览＋研讨会 2 | 20 | 8 |
| | 合计 | 250 | 256 |

表 3.10　课时汇总表

| 学期 | 面授时间（小时） | 自习时间（小时） |
| --- | --- | --- |
| 第一学期（2013 年 9～12 月） | 270 | 276 |
| 小学期（2014 年 1～2 月） | 40 | 46 |
| 第二学期（2014 年 2～6 月） | 250 | 256 |
| 总计 | 560 | 570 |

中国传媒大学 2011 级荷兰语专业学生表示，为期一年的留学经历令大家收获颇丰。经过之前两年的课程学习，学生对荷兰语已经有了基本的掌握，在荷兰的学习经历是对其自身荷兰语能力很好的拓展。在荷兰语的语言环境下，学生不仅在实际生活用语方面的水平有所提高，更对荷兰文化有了进一步的了解。此外，更加深入的语言学习，使学生的荷兰语水平向着更专业的方向迈进。课堂教学与课外实践相结合的学习方式也受到同学们的喜爱，无论是探访古遗迹，还是参观博物馆，都使学生对于需要学习的知识有了更好的掌握。

在荷兰语语言学习之外，学生们还经常参加当地的文化活动，如在格罗宁根孔子学院举办的"中国日"活动中担任志愿者。这些活动使学生对于中荷文化交流有了更深层次的理解。同学们还利用假期探访荷兰名胜,或进行出国旅行,这些经历都丰富了同学们的见闻。

在国外留学的经历不仅使学生们的语言能力有所提高,更锻炼了大家的生活能力。学生们慢慢学会独立解决住房、饮食、交通工具等生活问题,学会管理自己的生活开销,学会与其他留学生融洽相处。同时,在远离家乡、远离父母的留学生活中,同学们不仅在心理上更加成熟独立,也学会了互相关爱、互相帮助,提高了班级凝聚力。

学生们表示,无论是专业水平的提高、生活能力的增强、心智上的成熟、见闻的增长,这些都是在为期一年的留学经历中得到的宝贵收获。

## 第五节　招生与就业

中国传媒大学是国内最早开设荷兰语专业的院校。1965 年,中国传媒大学招收了第一届荷兰语班学生 22 人。

2000 年,国家教育部专门组织专家组对中国传媒大学非通用语本科人才培养基地进行了评估论证,并于 2004 年正式批准中国传媒大学为国家外语非通用语本科人才培养基地。2002 年,荷兰语专业恢复招生,之后在 2005 年及 2011 年相继招收了两届学生。为培养优秀的专业人才,我校荷兰语专业采取自主招生、提前录取的方式,坚持小班授课,力争为学生创造良好的语言学习环境。学制均为四年。如表 3.11 所示,从 1965 年至 2012 年,中国传媒大学荷兰语专业共招生 86 人。

表 3.11　中国传媒大学荷兰语专业招生人数表

| 招生年份 | 招生人数 |
| --- | --- |
| 1965 | 22 |
| 2002 | 25 |
| 2005 | 19 |
| 2011 | 20 |
| 总计 | 86 |

## 一、就业情况

总体来讲,中国传媒大学荷兰语专业学生的毕业走向主要分为两部分:一部分是在本科毕业后,凭借大学阶段打下的良好荷兰语语言基础,到中国国际广播电台等一线媒体从事新闻的编辑、采访、广播等业务工作,或去一些在对象国进行投资和贸易的企事业单位,进行语言类翻译以及文案整理工作,并在工作中不断完善专业知识。另一部分可以说是一定程度地改变专业方向,有侧重地利用大学阶段掌握的英语知识和技能,从事媒体类或外事方面的工作。学生的生活背景和大学前的教育背景各不相同,因此,对未来发展方向的选择也不会整齐划一。以中国传媒大学2005级荷兰语为例,通过学院与学生的共同努力,2005级荷兰语专业学生一次性就业率达到了100%。毕业去向包括外交部、商务部、中国国际广播电台、中国国际旅行社总社等,也有多名学生毕业后前往荷兰的顶级高等院校就读研究生专业。

表3.12 中国传媒大学2005级荷兰语专业毕业生毕业去向统计表

| 班级 | 人数毕业去向 | 人数 |
| --- | --- | --- |
| 2005级荷兰语 | 考研 | 1 |
| | 出国 | 5 |
| | 媒体 | 1 |
| | 机关部委 | 4 |
| | 国企 | 2 |
| | 私企 | 6 |
| 总计 | | 19 |

## 二、学生评价

为了解荷兰语专业的教学情况,中国传媒大学外国语学院分别对荷兰语专业的在校生、毕业生以及用人单位进行了问卷调查。

针对在校生的调查,主要是从"认为影响最大或最有帮助的教学环节"、"认为最重要的课程"以及"对教学管理的满意度"三个方面展开的。

通过调查分析,我们发现:关于对其影响最大或最有帮助的教学环节,选择"非通用语专业课"的最多,其次是"英语课";关于在校生认为最重要的课程,选择"非通用语专业课"和"新闻类课程"的学生最多,其次是"英语语言类课程",选择"文化类课程"的学生则相对较少;关于对教学管理的满意度,在校生对"学习风气"、"师德师风"和"对外交流活动"的满意度最高,对"教学管理"、"图书资料"以及"课程设置"的满意度也相对较高,而对于"专业知名度"的满意度则相对较低。

针对毕业生的调查,主要是从"认为在校学习对所从事工作的贡献"和"对学校教学的评价与建议"两个方面展开的。

毕业生对专业的教学评价比较客观,其关注点主要在与就业紧密联系的层面。被调查的毕业生大部分所从事的工作或多或少都与所学专业相关,他们认为学校的专业教育对于现在所从事的工作有很大帮助,对本专业教师的总体学术水平、教学质量和教学效果也比较满意。

在具体的课程设置上,与在校生的态度趋于一致,毕业生认为最有价值、对工作帮助最大的课程是"荷兰语专业课"和"英语课",从而有力地证明了双语人才培养模式下的课程设置在教学实践过程中的合理性和有效性。另外,毕业生还建议学校应该给学生创造更多的实习机会,从而帮助学生实现理论教学与实践的结合,更好地学以致用。

## 三、用人单位的评价

中国国际广播电台等荷兰语专业的用人单位对中国传媒大学非通用语特色专业的课程设置以及对本专业人才培养效果都比较满意,普遍认为培养的人才能够满足社会的需求。同时也指出,学校应该为学生创造更多的实践机会,为以后的工作打下坚实的基础。其次,依托学校的优势资源,开设一些顺应时代发展需要的、有关媒体应用的课程。最后,应加强学生对中文的掌握。如果没有一定的中文基础,就没法做到翻译的"信、达、雅"。

同时,通过电话和邮件采访,中国国际广播电台的刘倡和武鹏飞、比利时佳峰集团天津分公司的汪滢、中国建设银行的陈欣对我校 2005 级毕业生在工作中的"职业道德"、"事业心和责任感"、"积极主动性"、"团队协作精神"、"吃苦耐劳精神"、"组织能力"、"创新能力"、"专业知识"、"专业技能"、"学习和适应能力"、"实践动手能力"和"工作业绩"等层面进行了评价,评价分为"优秀"、"良好"、"称职"和"不称职"四个等级。具体统计结果如下:

表3.13  用人单位工作人员对中国传媒大学2005级荷兰语专业毕业生就业表现评价

| 序号 | 评价因素 | 被访者刘倡 | 被访者汪滢 | 被访者陈欣 |
| --- | --- | --- | --- | --- |
| 1 | 职业道德 | 良好 | 优秀 | 良好 |
| 2 | 事业心、责任感 | 称职 | 优秀 | 优秀 |
| 3 | 积极主动性 | 称职 | 良好 | 良好 |
| 4 | 团队协作精神 | 优秀 | 优秀 | 良好 |
| 5 | 吃苦耐劳精神 | 优秀 | 优秀 | 良好 |
| 6 | 组织能力 | 优秀 | 良好 | 良好 |
| 7 | 创新能力 | 称职 | 优秀 | 优秀 |
| 8 | 专业知识 | 优秀 | 良好 | 优秀 |
| 9 | 专业技能 | 优秀 | 良好 | 优秀 |
| 10 | 学习和适应能力 | 优秀 | 优秀 | 良好 |
| 11 | 实践动手能力 | 称职 | 优秀 | 良好 |
| 12 | 工作业绩 | 优秀 | 良好 | 良好 |
| | 综合评价 | 优秀 | 优秀 | 良好 |

# 第四章　匈牙利语专业建设

## 第一节　匈牙利语的历史和现状

一、概况

　　匈牙利语亦称马扎尔语,是匈牙利共和国的官方语言,属乌拉尔语系芬兰——乌戈尔语族。由于匈牙利处于非乌拉尔语言的包围之中,因此匈语中有许多词汇来自斯拉夫语、拉丁语、伊朗语和高加索语等。[①] 虽然属于同一语族,但匈牙利语和芬兰语关系较远,它们的亲属关系也只能根据历时语言学的背景来确定。一般来说,匈牙利语同芬兰语的距离,如同德语和波斯语的距离一样远。

　　在我国早期的译文中,匈牙利被称为"马扎尔",译自现代匈语的 MAG-YAR。定名"匈牙利"三个汉字已约定俗成。根据匈牙利的官方资料分析,"匈"字与"匈奴"无关,即今日匈牙利人并非匈奴人的后裔。这一严肃的历史争论虽未盖棺定论,但当代匈牙利官方倾向性的结论是:今日匈牙利人的祖居地在俄罗斯乌拉尔山脉西麓、伏尔加河和奥博河相交的三角地带。早在乌拉尔山祖居地时,匈牙利人已有自己的雏形语言。古代匈牙利语的主要近亲是芬语(即芬兰的芬族语言)和历史上的奥斯恰克语、沃克尔语。独立使用的匈牙利语文字最早见于公元 1200 年左右的一篇祭词和公元 1400

---

① 龚坤余:《匈牙利语教程》,外语教学与研究出版社 1998 年版。

年左右的《尤卡伊法典》。现代匈语是在 18 世纪末和 19 世纪初所开展的统一匈牙利语言文字的运动中形成的。自此所形成的匈牙利语是一种独特的、采用拉丁字母的拼音文字。它既区别于英、法、德、西等印欧语系和拉丁语系的各国语言,也与周围的斯拉夫语系各国、各族语言大不相同,可谓世界上独树一帜的小国难语之一。

匈牙利语的基本语调、语法和绝大多数词根都是在乌戈尔语的基础上发展起来的。乌戈尔语中有多种元音,长短分明,其辅音系也很发达,能够避免辅音群集和重叠。每个单词的重音固定在第一个音节上,容易掌握其规律。语调的起伏均匀,变化不大,乌戈尔语的这一特性决定了其运用灵活的特点。因此用匈牙利语创作的诗歌,韵律优美,简洁明快,同希腊语和拉丁语的诗歌一样美妙动人,所以匈牙利语被认为是世界上最生动、最美妙的语言之一。

匈牙利语语音的明显特点是元音的和谐现象。元音按发音部位的不同分 3 类,即后元音、前圆唇元音和前展唇元音,后元音和前圆唇元音一般不同时出现在同一个词中。单词重音落在第一个音节上。

匈牙利语属黏着型语言。语法范畴通常用加后缀的方法表示;名词有数和格的变化,但无语法性别;形容词和数词作修饰语时无须跟被修饰语一致。匈牙利语的日期按年、月、日次序,姓名是先姓后名,与汉语相同,这一点有别于欧洲的其他同语系语言,保留了独特的东方传统。[①] 匈牙利语中没有前置词,表示从属关系由格的形式来体现。这两个明显特点反映了匈语简明、概括力强的特点。匈牙利语中的动词有两种变位,一种是根据主语而变化的动词变位,另一种是根据宾语而变化的动词变位。

匈牙利语的词汇中既有来自突厥语族、高加索语系以及罗曼语族、斯拉夫语族的借词,也有来自西欧语言,特别是德语的不少借词。匈牙利语的字母由经过修改的拉丁字母组成,并使用一些变音符号,如加符号表示长元音等。字母表如下:

---

① 《外国使节看中国系列——匈牙利驻华大使:同庆建交 60 年》,http://www.china.com.cn/fangtan/zhuanti/node_7079117.htm,2013−05−11。

| A a | Á á | B b | C c | Cs cs | D d | E e | É é | F f | G g |
|---|---|---|---|---|---|---|---|---|---|
| a | á | bé | cé | csé | dé | e | é | ef | gé |
| [ɒ] | [aː] | [b] | [t͡s] | [t͡ʃ] | [d] | [ɛ] | [eː] | [f] | [g] |
| Gy gy | H h | I i | Í í | J j | K k | L l | Ly ly | M m | N n |
| gyé | há | i | í | jé | ká | el | el ipsilon | em | en |
| [ɟ] | [h] | [i] | [iː] | [j] | [k] | [l] | [j] | [m] | [n] |
| Ny ny | O o | Ó ó | Ö ö | Ő ő | P p | R r | S s | Sz sz | T t |
| eny | o | ó | ö | ő | pé | er | es | esz | té |
| [ɲ] | [o] | [oː] | [ø] | [øː] | [p] | [r] | [ʃ] | [s] | [t] |
| Ty ty | U u | Ú ú | Ü ü | Ű ű | V v | Z z | Zs zs | | |
| tyé | u | ú | ü | ű | vé | zé | zsé | | |
| [c] | [u] | [uː] | [y] | [yː] | [v] | [z] | [ʒ] | | |

## 二、形成与演变

公元5世纪，马扎尔游牧部落与古突厥部落有着密切的往来，古突厥语不可避免地会被马扎尔人所接受。马扎尔人在西迁过程中，曾在土耳其人的管辖区内生活，而土耳其人又是突厥的重要组成部分，所以马扎尔人的生活方式、军事组织与突厥人相似。于是从马扎尔人嘴里经常能听到突厥语词汇。匈牙利语中有关畜牧方面的词汇，如：公牛、阉牛、牛犊、猪、羊、奶酪等，均来自于土耳其语。马扎尔人曾与波斯人做生意，所以波斯语中的"集市"、"集市日"等也被吸收进来。

公元9世纪，马扎尔人定居后学会了农耕。所有的农耕技术都是斯拉夫人传授的，于是斯拉夫语中有关黑麦、燕麦、垄沟、稻草、草垛等农业词汇又被匈牙利语吸收。在土耳其统治下的150年中，匈牙利进一步受到了土耳其突厥语的影响，约有800多个常用词、俗语、人名、地名渗入到匈牙利语中。那时匈牙利人讲话会不时地蹦出一些土耳其语词。

从19世纪开始，匈牙利又长期受奥地利的殖民统治，奥地利统治者的民族语言——日耳曼语，又在一定程度上影响了匈牙利语。从此匈牙利语集突厥语、斯拉夫语、日耳曼语于一体，成为多种外来语荟萃的特殊语言载体。在奥地利殖民统治时期，匈牙利民族语言受到压制。当时以考津齐·费伦茨（Kazinczy Ferenc）为首，发动了一场语言革命。首先，他们在大学里设立了匈牙利语教研室，随后匈牙利语又成为中学生的必修课。在教育领域实行了语言革新后，匈牙利语逐渐摆脱了种种束缚，普遍地应用在行政及立法机构中。1836年,匈牙利语重新被规定为正式的法律用语。1844年,匈牙利语的使用权被恢复,并确认其为国语,以前不准使用民族语言的耻辱一页从此便从历史的篇章上被彻底地撕掉了。

现代匈牙利语经过10个世纪的演变,已包含了丰富的外来词汇,其数量之多,难以计算,大量的外来语汇成为匈牙利语的又一特色。

据统计,目前匈牙利95.5%的人以匈牙利语为母语。从世界范围来看,匈牙利语的使用人口有1400多万,其中匈牙利本土约有1000万,其余400多万分散在罗马尼亚、斯洛伐克、塞尔维亚、乌克兰、奥地利等国。[①] 匈牙利是个小国,面积93030平方公里,人口996.7万(2012年12月),[②]因此1400多万的数目就匈牙利语而言已经相当庞大了。匈牙利的主要民族为匈牙利族(马扎尔族),约占89.9%。少数民族有吉卜赛(约5%)、德意志(2.6%)、斯洛伐克、罗马尼亚、克罗地亚、塞尔维亚、斯洛文尼亚等族,原则上讲,匈牙利境内所有的少数民族都说匈牙利语。

匈牙利是个小国,但方言有15种之多。方言虽多,但差别不大。不像中国、德国、法国和西班牙等国,由于方言差别较大,往往使来自本国不同地域的人相互间无法沟通,有一种身处异乡的感觉。对于匈牙利人而言,无论来自何地,无论发音多么南腔北调,他们交谈起来都没有障碍。在匈牙利,辨别一个人的出生地,最简单的办法就是静下来同他聊上几句。论匈牙利方言的差别,其东北部地区与中部地区的方言差别算是最大的了。值得一提的是,不少匈牙利诗人更喜欢用方言创作诗歌,这样写出的诗作往往显得更加神秘、古朴、浪漫,富于民族情调。这些诗歌往往是以口头的形式被保存下来的,因此口语色彩浓重。

## 三、匈牙利文学

匈牙利文学是指以匈牙利语文写作的作品总体。匈牙利最早的文学是以拉丁文写成的宗教作品,约始于11世纪中期。后来以匈牙利语文写作的作品开始出现,它们几乎是清一色的宗教作品,且常为拉丁文的译作。

---

① 李丹琳:《列国志——匈牙利》,社会科学文献出版社2006年版,第19页。
② http://www.fmprc.gov.cn/ce/cehu/chn/xyljj/t64045.htm,2013-05-11.

11世纪末,匈牙利人改信基督教以后,为了适应欧洲文化发展的需要,拉丁文开始作为官方文字使用。最早的文学活动中心是修道院和宫廷。文学作品以手抄本传播,其内容大多是有关东方的故事。在匈牙利文学中,采用匈牙利文和拉丁文写作的现象,一直延续到18世纪启蒙运动时期。直到这时,作为文学语言的拉丁文才被废弃。

匈牙利文作为文学语言,经历了一个漫长的发展过程。最古老的匈牙利文的宗教文学作品出现于1200年,以《讣词》和《圣母马利亚的哀歌》为开端,一直到19世纪末才出现大量的匈牙利文文学作品。

匈牙利文宗教文学是在异教徒反抗教会的思潮斗争中发展起来的。已发现47种文献的手抄本,是有关匈牙利古代文学起源的重要资料。加斯帕尔·卡罗伊(？～1592)翻译的《圣经》、艾勒托西·希尔维斯特·亚诺什(1504～1555)翻译的《新约全书》,对匈牙利语言的运用和史诗的发展都起到了促进作用。16～17世纪,匈牙利人反抗土耳其侵略的斗争,成为这一时期匈牙利文学发展的动力。迪诺第·兰多什·斯波齐扬(1505？～1532)的史诗是匈牙利人反抗土耳其侵略的真实记录。这一时期,巴拉什·巴林特(1554～1594)在欧洲文艺复兴精神的熏陶下以战歌形式写作的抒情诗,表现了文艺复兴的"生命的喜悦",使他的诗产生了特殊的战斗力。

17世纪,匈牙利人民遭受哈布斯堡王朝和土耳其的双重压迫,于是加强国家团结和壮大军事力量以抗击外来侵略,成为文学创作的主题。军事家兼诗人兹里尼·米克洛什(1620～1664)的民族史诗《塞格德之危》(1645～1646),通过对塞格德的英雄们捍卫祖国的业绩的回忆,鼓舞人民反抗土耳其侵略的信心。这部史诗是在意大利诗人塔索的宗教史诗的影响下写成的。史诗结构比较松散,但是这也使作者有可能写出他认为最迫切的民族独立问题以及他自己对于道德的复兴观念。在此时期还出现了"库鲁茨"(十字军骑士)的民间诗,作者均为无名诗人。这些诗集中歌颂了拉科齐·费伦茨领导的民族解放运动。这些作品被称为抵抗时期的文学。

18世纪中叶以后,法国启蒙运动和资产阶级革命的进步思想在匈牙利得到了传播。进步的知识阶层主张解放农奴和使用匈牙利语言。他们在法国百科全书派的影响下,以大学教授马尔丁诺维奇·伊格南茨(1755～1795)为首,组成了进步的作家团体"匈牙利雅各宾党",鼓舞着许多作家为民族解放而献身。剧作家拜塞涅伊·久尔吉写的拟古悲剧《阿吉什》和鲍恰尼·亚诺什（1746～1845）写的《法兰西的变迁》，被认为是匈牙利启蒙文学的开端。作品表达了进步的知识阶层对法国大革命的向往与人类解放的信念。乔科诺伊·维泰兹·米哈伊（1773～1805）是匈牙利早期的现实主义作家，他最先学习民间诗歌的写实手法。他的抒情诗表现了诗人对祖国和人民的热爱，集中体现了启蒙时期文学的重要成就。法泽考什·米哈伊的长诗《牧鹅少年马季》(1815)塑造了劳动人民反抗地主阶级统治的机智勇敢的典型形象。考托纳·尤若夫（1791～1830）是匈牙利启蒙时期优秀的剧作家，他创作的悲剧《邦克总督》是匈牙利早期著名的剧作之一。

匈牙利的浪漫主义文学是在争取社会改革与民族独立的斗争中出现的。浪漫主义作家主张发展祖国文化和争取民族独立，表现了深厚的爱国主义思想；他们还反对古典主义的束缚。19世纪20年代，佩斯成为匈牙利文学活动的中心，出版了《祖国的晨曦》和《雅典论坛》等文学刊物，建立了科学院、基什—法鲁迪文学研究会，许多作家被选为院士和会员。他们的作品大多是歌颂匈牙利古代英雄的历史剧和史诗，表达了作者对祖国前途的关心。抒情诗方面，诗人采用颂歌、悼歌等形式反映了争取民族独立和社会改革的艰苦斗争。此外，还出现了一批文笔清新、情调哀怨的民谣。

19世纪末，匈牙利文学界分裂成两个对立的阵营：一方是美化现实的保守派作家，他们代表官方立场，崇尚陈腐的空谈，在文学活动中占领导地位；另一方是与官方对立的文学团体，他们关心社会改革，要求维护个人权利和发展诗人的想象力。这一派诗人中较有成就的是瓦伊达·亚诺什（1827～1897），他的抒情诗吸取了弗勒斯马尔蒂和裴多菲的艺术特点，形成了自己的独特风格。

现实主义作家米克沙特·卡尔曼（1847～1910）在小说中运用讽刺与幽默的手法，揭露现实的丑恶。他的小说《年轻的诺斯季和托特·玛丽的故事》(1908)反映了外国资本的渗透和国内阶级分化的过程；长篇小说《奇婚记》(1900)揭露了上流社会的无耻和堕落。在米克沙特的创作后期，可以看出他受约卡伊的浪漫主义的影响而又企图克服这种影响的倾向。他的现实主义的创作方法在19世纪90年代得到了充分的发展。

1908年出现了"西方社"的文学团体，并形成西方文学流派，它标志着匈牙利文学的复兴。这一流派的著名小说家莫里兹·日格蒙德（1879～1942）的作品反映了农村的贫困与落后，表现出作者急于改变这种状况的要求。

他在《七个铜板》(1908)、《饱吃一顿》(1910)等作品中,提出了只有民主和进步才能改变农村落后面貌的主张。他的长篇小说《火炬》(1917)、《亲戚》(1930)等,在匈牙利现实主义文学中占有重要地位。西方派著名诗人奥第·安德莱(1877~1919)认为,只要匈牙利能获得独立与民主,就能繁荣和富强。他的诗歌《向革命迈进》(1913)、《无产者儿子之歌》(1909)等,开始歌颂工人阶级,为匈牙利无产阶级文学作出了一定的贡献。同时期的另一位诗人巴比契·米哈伊(1883~1941)是具有保守观点的资产阶级唯美派诗人。科斯托拉尼·德热(1885~1935)是这一时期的印象派作家之一,他的作品具有浓厚的颓废色彩。尤哈斯·久拉(1883~1937)的诗带有感伤情调。

在十月革命的影响下,1919年匈牙利爆发了无产阶级革命,成立了苏维埃共和国。这时,无产阶级文学开始走上了健康发展的道路。但由于苏维埃共和国存在时间很短,留下的作品极少。

两次世界大战之间的文学在匈牙利文学史上占有重要的地位。这一时期是无产阶级文学的成长过程。苏维埃共和国失败后,许多作家流亡到柏林、维也纳,后来在苏联形成了匈牙利文学活动中心。伊列什·贝拉的《蒂萨河在燃烧》(1929)、《喀尔巴阡山狂想曲》(1939)、《祖国的光复》(1954),以及加博尔·安道尔(1884~1950)的报告文学,均为两次世界大战期间匈牙利流亡作家的代表性的作品。

1945年匈牙利解放后,许多流亡作家如伊列什·贝拉、盖尔盖伊·山陀尔、加博尔·安道尔等返回祖国,他们同长期转入地下的共产党员作家和民粹派作家(他们在政治上主张走第三条道路)之间增强了团结。解放初期出现了一批优秀的作品,例如萨博·帕尔(1893~1970)描写土地改革的《新地》和描写农业合作化的长篇小说《一寸土》。里德格·山陀尔的小说《参孙》,塑造了一个同地主进行斗争的英雄人物形象;维雷什·彼得的短篇小说集《考验》,描写了农民的新生活。此外,希蒙·伊斯特万、尤哈斯·费伦茨的诗歌作品,歌颂了农业合作化和工厂国有化以后生产发展、工人阶级以主人公身份管理工厂的事迹。解放初期的匈牙利文学创作有所发展。1956年发生"匈牙利事件",文艺界有人批评个人迷信,批评官僚主义,产生了一些动乱。60年代,先前一些被捕的作家获释,得到平反和恢复名誉,例如戴里·蒂姆尔等人又恢复了创作活动。他们同其他作家一道,为繁荣当代匈牙利文学作出了贡献。

匈牙利作家协会是作家、评论家和翻译家自愿组成的社会组织,协会的最高机构是代表大会,大会每5年召开一次。

## 第二节 中国传媒大学的匈牙利语专业

### 一、匈牙利语人才需求情况

国内对匈牙利语专业人才的需求领域比较广泛,包括国家新闻单位、国家部委、大型国有企业、高校和科研机构以及国际媒体和跨国公司等都有对匈牙利语专业人才的需求。

外交部、商务部、中联部、中国银行、总参谋部等相关政府部门和事业单位近几年都通过提前遴选和校园招聘的方式,招收了一批又一批匈牙利语专业毕业生。随着中匈关系的不断发展,这些单位对匈牙利语专业人才的需求也将进一步扩大。

在中国传媒大学外国语学院针对非通用语特色专业的用人单位所做的调查中,[1]国际台匈牙利语部负责人提到,匈牙利语在中国发展的历史虽然不长,但是速度很快,并且有着较为重要的地位。以国际台为例,2010年12月,匈牙利布达佩斯分台正式落地开播;2012年10月,国际台匈牙利语杂志《全景中国》实现了在匈牙利的本土化印刷和发行。随着国际台匈牙利语部的蓬勃发展,匈牙利语人才的作用愈加凸显,对匈牙利语人才的需求也将不断扩大。除国际台之外,新华社、央视网等媒体单位对匈牙利语专业人才,尤其是具备传媒素养的匈牙利语专业人才有着迫切的需求。

### 二、专业的历史和现状

自1961年将匈牙利语作为专业学习开始,到目前为止,国内开设该专业

---

[1] 中国传媒大学外国语学院在2008年对非通用语特色专业的用人单位进行问卷调查,其中对匈牙利语专业用人单位调查的是中国国际广播电台匈牙利语部。详情参见附录。

的高校仅有两所，即北京外国语大学和中国传媒大学。中国传媒大学匈牙利语专业隶属于中国传媒大学外国语学院欧洲语系，是中国传媒大学的非通用语特色专业语种。20 世纪 90 年代，经教育部特批，中国传媒大学开设定向培养小班，因诸多原因，毕业生未能从事本专业工作，之后非通用语招生中止。2000 年，为满足对外宣传、外交事业发展的需要，学校全面恢复了非通用语专业招生。经过几年的充分筹备和积淀，中国传媒大学终于在 2003 年 8 月成功开设匈牙利语专业，培养了许多匈牙利语人才：2003 级学生毕业后，除 1 人留校任教并成为青年骨干教师外，其余学生分别进入外交部、中国国际广播电台、匈牙利驻华使馆、路透社、中国社会科学院等单位，为各用人单位及时输送了新鲜的血液。

2007 年，中国传媒大学再度在全国范围内招收 16 名学生。这批学生 2011 年毕业后，有 4 人进入国际台工作，其余学生分别进入了中联部、中国银行、匈牙利驻华使馆、央视网等单位，在各自的工作岗位上发挥着重要作用。

2003 年至今，匈牙利语专业在中国传媒大学得到了空前的发展，毕业生人数增加，学科建设日益完善，教材体系初具规模。在依托中国传媒大学品牌优势和非通用语开办传统的前提下，匈牙利语专业秉承"立德、敬业、博学、竞先"的办学理念，坚持"全面规划、分层建设、逐步推进"的学科建设指导原则，适应社会对匈牙利语对外宣传、外交等人才的需求，积极提高教学层次，适时增加学科内涵和外延，坚持不懈地走培养复语型、复合型人才之路。在发展中，专业的学科定位日趋明晰：以本科教学为工作主体，以匈牙利语和英语学习为基础，结合新闻学、传播学、国际关系学、跨文化交际学的知识，结合对外传播的特点和规律，培养"外语突出、专业领先"的复语型、复合型人才。

到目前为止，中国传媒大学匈牙利语专业已经累积起丰富的教学资源，形成了一套较为完备的教学体系，主要开设精读、口语、视听说、口译、笔译、国情、历史、地理、文学选读、报刊选读等课程。

在培养模式上，中国传媒大学非通用语专业采用"3+1"的外延性办学新模式，即国内学习和国外学习相结合，课堂教学与课外实践相结合，学制为四年，其中国内三年，国外一年。其中，2007 级同学在大三时，全班同学都赴匈牙利学习，充分接触和了解了匈牙利文化，提高了语言实际应用能力。

在教学上，中国传媒大学匈牙利语专业一直坚持双语教学培养模式，坚持实行专业语言和英语双语培养计划，针对不同年级制定不同的英语教学方案，培养了一批既精通匈牙利语又熟练掌握英语的"复语型"人才；同时，借助学校为本科生开设的与传媒专业相关的双学位课程，鼓励同学们利用双休日辅修第二学位的课程，学习传媒相关专业知识，培养了一批既精通匈牙利语又熟悉传媒领域的"复合型"人才。

### 三、师资队伍

中国传媒大学匈牙利语专业教师队伍自成体系，相对稳固，层次清晰，结构合理。学校积极聘请国内高水平匈牙利语专家，吸引外国专家加盟，使之成为匈牙利语专业教师队伍的重要补充。学校坚持"三位一体"的教学模式，即"在职教师＋外聘专家＋外籍教师"。目前，匈牙利语专业有在职教师1人，为本校培养的2003级匈牙利语专业学生，毕业后留校任教；外聘专家1人，曾是国际台匈牙利语部的资深播音员、审译。此外，学院还聘请国内有关教学科研机构和外国驻华机构的著名专家、学者，他们基本都是来自驻华匈牙利使馆的工作人员、家属以及中国国际广播电台的专家。资深教授与年轻教师结合，中教、外教互补，教师的文化背景丰富、知识层次较高，教学任务分配明晰，师资培养任务明确，资深教师传、帮、带年轻教师，年轻教师在工作和学习过程中不断提高、完善专业知识。

陈煜，女，讲师，2007年7月毕业于中国传媒大学匈牙利语专业，同年留校任教。目前为外国语言学及应用语言学（跨文化交际方向）硕士在读。曾担任2007级匈牙利语专业班主任和任课教师，先后教授匈牙利语视听说、匈牙利语精读、匈牙利语高级听力、匈牙利语翻译、匈牙利语泛读等多门专业课程，同时还教授其他非通用语专业英语视听说、英语精读课程，并于2010～2011年度被评为优秀班主任。任职至今先后发表学术论文《浅论多媒体在匈牙利语教学中的应用》、《浅论在全球化背景下匈牙利语教学中的跨文化意识培养》、《中国留学生在匈牙利——文化休克问题研究》、《培养学生跨文化交际能力的匈牙利语翻译课教学模式初探》等，出版学术译著《汉语乐园》（匈牙利语版），并参与校级科研培育项目《欧洲"小语"国家语言文化传播与跨文化适应问题研究——以荷兰、匈牙利为例》以及国际台非通用语教材项目匈牙利语部分的主要编写任务。此外,作为主要撰稿人,参与了2008、2009、2011和2014版匈牙利语教学大纲的编写和修改工作。

曹慧清,女,副译审,原中国国际广播电台匈牙利语组主任,2003年起担任中国传媒大学特聘教授,先后培养了2003级、2007级匈牙利语毕业生,为国内首部《中匈大辞典》的主要撰稿人。

匈牙利语专业聘请的外国专家主要来自于匈牙利驻华使馆和中国国际广播电台匈牙利语部。

梅沙洛什·茹若(Mészáros Zsúzsa),女,匈牙利前驻华大使梅沙洛什·山多尔(Mészáros Sándor)的夫人,2004~2007年随夫驻华。

盖尔盖伊·噶尔(Gergely Gaár),男,资深匈牙利语外教,长期在华从事匈牙利语教学工作。

豪伊纳尔·拉斯洛(Hajnál László),男,曾任中国国际广播电台匈牙利语部专家。

### 四、学术交流

匈牙利语专业教师积极参加各种学术会议和专业研讨,不断加强与外籍教师的沟通与交流,分享教学经验,虚心学习借鉴,不断更新知识,将教学与科研相结合,积极参与国内科研立项,激发创新意识。

**表4.1 匈牙利语专业教师陈煜参加学术交流活动一览表**

| 时间 | 学术交流活动 |
| --- | --- |
| 2009年9月 | 作为国家留学基金委访问学者,赴匈牙利罗兰大学文学院匈牙利语系进行为期一年的学习、进修 |
| 2010年4月 | 参加匈牙利教育部与巴拉什学院组织的匈牙利语语言研究与发展年会 |
| 2011年12月 | 参加由教育部人事司和高等教育司联合举办的高校外语骨干教师高级研修班(跨文化研究与外语教学) |
| 2012年12月 | 参与、筹办由中国传媒大学外国语学院主办的"全国第四届话语语言研讨会" |
| 2013年11月 | 参加由中国跨文化交际学会主办的第十届中国跨文化交际国际研讨会 |

## 第三节　人才培养

多年来,中国传媒大学外国语学院不断摸索"复合型"外语人才的培养模式,坚持以培养既精外语又通新闻传播的优秀人才为目标,因此在近十年的发展壮大过程中,学院不断根据国家高等教育政策方针以及我院的教育战略目标积极调整、改进培养方案,尤其是自2008年外国语学院成立以来,为了顺应时代的需要和外语教学的发展趋势,走更加专业、专注的人才培养道路,学院分别于2008年、2009年、2011年、2014年修改了培养计划。在我院的人才培养方案上,当前匈牙利专业教学分为基础阶段和提高阶段,不同的教学阶段有不同的课程设置。基础阶段的课程设置,主要是对学生进行全面和严格的基本素质训练,培养学生实际运用语言的技能,课程设有精读、口语、视听说等,以训练学生听、说、读、写基本技能为主,打好专业语言基本功;提高阶段,在继续打好语言基本功的同时,进一步扩大学生的知识面,帮助学生全面了解对象国的政治、经济、文化和社会等领域的历史和现状,并着重训练学生的综合技能,使之具有准确而熟练的听、说、读、写、译能力,提高交际能力和调研能力,课程设有高级阅读、翻译、泛读、写作、高级听力、对象国社会与文化等。同时,为培养复语型人才,坚持英语教育四年不间断。

另外,针对匈牙利语应用范围相对较窄的特点,在高年级其他选修课和公共课程基本完成、数量减少的情况下,加强英语课程的教学,拓宽课程内容的覆盖面,加快教学信息量的更新,以满足专业基础好和偏重英语方向发展的学生需求,体现以人为本的教育思想。

在具体课程设置方面,匈牙利语专业的课程分为必修课和选修课。

匈牙利语专业的必修课包括公共基础课程、专业语言课程和专业英语。其中,公共基础课程主要是"马克思主义基础原理"、"中国现代文学与文化"等大学生政治理论课程和中国文学类课程;专业语言课程主要包括"匈牙利语精读"、"匈牙利语视听说"、"匈牙利语口语"、"匈牙利语泛读"、"匈牙利语高级阅读"、"匈牙利语翻译"和"匈牙利语写作"等专业语言类课程;专业英语类课程主要包括"英语精读"、"英语视听说"等。

匈牙利语专业的选修课包括专业方向课程、语言与文学、文化与社会及新闻与传播等方向课程。在学院所提供的至少40学分的选修课程中，学生需要选择至少26学分的课程。具体来看，专业方向的选修课包括"匈牙利语国家概况"、"匈牙利语高级视听"、"匈牙利语报刊阅读"、"匈牙利语文学选读"等；语言与文学类的选修课主要包括"英语辩论"、"欧洲文学研究"、"商务英语"、"西方文学名著选读"等；文化与社会类的选修课主要包括"英语语言与文化"、"中西文化比较"、"外交礼仪"、"欧洲历史概况"、"欧洲文化研究"、"欧洲影视作品赏析"、"欧洲宗教概况"、"欧洲媒体广告与经济"等；新闻与传播类选修课程主要包括"传播学概论"、"国际传播"、"公共关系"、"新闻理论"、"国际新闻编辑"、"国际新闻采写"、"英语报刊选读"、"英语新闻翻译"、"国际关系与中国外交"、"大众传播与国际关系"等。

同学们在学习专业课的同时，还可以辅修学校的双学位，如新闻学、传播学和电视编导等传媒相关专业。学制一般为两年，利用周六和周日全天上课。双学位课程结束后授予学士学位。此外，本专业还为学生创造了出国留学机会，主要对象国为匈牙利。

## 一、2014版匈牙利语专业培养方案

### ・培养目标

本专业培养具备系统的匈牙利语语言与文学基础知识，具有较强的匈牙利语语言综合运用能力和跨文化交际能力，掌握一定的新闻传播及经贸相关知识，熟悉匈牙利国情，能熟练运用匈牙利语在传媒、外事、教育、经贸、文化、科技等部门从事新闻、翻译、教学、管理、研究等工作的匈牙利语专业高级人才。

### ・培养要求

本着"宽口径、厚基础、高素质、强能力"的人才培养原则，本专业学生主要学习匈牙利语言、文学、历史、地理、政治、经济、外交、社会文化等方面的基本理论和基础知识，接受匈牙利语听、说、读、写、译等方面的扎实训练，掌握一定的科研方法，具有从事新闻、翻译、研究、教学、管理等工作的业务水平及较好的素质和较强的能力。

毕业生应获得以下几个方面的知识和能力：

(1) 具备正确的人生观和价值观，具备健康的体质和一名外语工作者应有的专业素养和心理素质。

(2) 掌握匈牙利语语言文学基本理论与知识，具备娴熟的匈牙利语听、说、读、写、译能力。

(3) 熟悉我国国情和匈牙利的文化、历史及国家现状。

(4) 具备较强的运用匈牙利语和汉语进行沟通及互译的能力。

(5) 第二外语（英语）具有较高水平和较强的应用能力。

(6) 熟练掌握国际新闻写作、编辑、评论等新闻业务技能。

(7) 熟练运用计算机，具备较强的获取信息、知识的能力，具备实践创新、独立解决实际问题的能力。

- **专业方向**：匈牙利语语言文学。
- **修业年限**：四年。
- **授予学位**：学士学位。
- **核心课程**：匈牙利语精读、匈牙利语写作、匈牙利语高级阅读、匈牙利语翻译。
- **学时与学分分配**：本专业学生必须修满180学分方可毕业。其中基础教育课程38学分，专业教育课程89学分，院级选修课程15学分，公共选修课程8学分，实践教学环节30学分。
- **实践性教学环节安排表（单位：周）**

表4.2　匈牙利语专业实践必修环节安排表

| 序号 | 课程编号 | 课程名称/英文名称 | 学分 | 周数 | 1秋学期 | 1春学期 | 1夏学期 | 2秋学期 | 2春学期 | 2夏学期 | 3秋学期 | 3春学期 | 3夏学期 | 4秋学期 | 4春学期 |
|---|---|---|---|---|---|---|---|---|---|---|---|---|---|---|---|
| 1 | 17001S | 军事理论与军训 | 3 | 3 | 3 | | | | | | | | | | |
| 2 | 17005S | 毕业实习 | 4 | 4 | | | | | | | | | | 4 | |
| 3 | 17006S | 毕业论文（设计） | 8 | 8 | | | | | | | | | | 4 | 4 |
| | | 合计 | 15 | 15 | | | | | | | | | | | |

表 4.3 匈牙利语专业实践选修环节安排表

| 开设学年学期 | 序号 | 课程编号 | 课程名称/英文名称 | 学分 | 周数 | 实践内容 | 开展形式(集中、分散、项目组、联合类) |
|---|---|---|---|---|---|---|---|
| 1夏学期 | 1 | 02001S | 实践:校园专业实践 | 3 | 3 | 言语综合训练、外语采访等 | 集中/分散 |
| 1夏学期 | 2 | 02003S | 实践:专业语言应用实践 | 2 | 2 | 情景外语训练、主题探究等 | 集中/分散 |
| 2夏学期 | 1 | 17003S | 实践:社会调查 | 3 | 3 | 社区调研、主题调研、参与式调研 | 集中/分散 |
| 2夏学期 | 2 | 02003S | 实践:专业语言应用实践 | 2 | 2 | 口语实战、翻译实务、言语综合训练、专业实习等 | 集中/分散/项目组 |
| 3夏学期 | 1 | 17003S | 实践:社会调查 | 3 | 3 | 社区调研、主题调研、参与式调研 | 集中/分散 |
| 3夏学期 | 2 | 02003S | 实践:专业语言应用实践 | 2 | 2 | 口语实战、翻译实务、言语综合训练、专业实习等 | 集中/分散/项目组 |
| 合计 | | | | 15 | 15 | | |

表 4.4 匈牙利语专业必修课程表

| 类别 | 序号 | 课程编号 | 课程中文名称 | 课程英文名称 | 学分 | 学时 | | | | 各秋季、春季学期周学时分配 | | | | | | |
|---|---|---|---|---|---|---|---|---|---|---|---|---|---|---|---|---|
| | | | | | | 理论教学 | 课内实践 | 实验上机 | 课外实践 | 1秋学期 | 1春学期 | 2秋学期 | 2春学期 | 3秋学期 | 3春学期 | 4秋学期 | 4春学期 |
| 基础教育课程 | 1 | 051045 | 思想道德修养和法律基础 | Moral Character Cultivation and Basics of Law | 3 | 32 | | | 16 | 2 | | | | | | | |
| | 2 | 051046 | 马克思主义基本原理概论 | Introduction to Principles of Marxism | 3 | 32 | | | 16 | | 2 | | | | | | |
| | 3 | 051047 | 中国近现代史纲要 | The Outline of Chinese Modern History | 3 | 32 | | | 16 | | | 2 | | | | | |
| | 4 | 051048 | 毛泽东思想和中国特色社会主义理论体系概论 | Introduction of Mao Ze-dong's Thought and Theoretical System of Socialism with Chinese Characteristics | 3 | 48 | | | | | | | 3 | | | | |
| | 5 | 05104S | 思想政治理论课综合实践 | Integrated Practice in Ideological Political Theory Course | 2 | | | | | | | | | | | | |
| | 6 | 051006 | 当代世界经济与政治（文科类、艺术类、经管类专业必选） | Contemporary International Economy and Politics | 2 | 32 | | | | | | | | | 2 | | |
| | 7 | 051015/21/22/23 | 形势与政策 | Current Situation and Policy | 2 | | | | | ★ | ★ | ★ | ★ | | | | |
| | 8 | 150001－4 | 体育 | Physical Education | 4 | 128 | | | | 2 | 2 | 2 | 2 | | | | |

（续表4.4）

| 类别 | 序号 | 课程编号 | 课程中文名称 | 课程英文名称 | 学分 | 学时 | | | 各秋季、春季学期周学时分配 | | | | | | | |
|---|---|---|---|---|---|---|---|---|---|---|---|---|---|---|---|---|
| | | | | | | 理论教学 | 课内实践 | 实验上机 | 课外实践 | 1秋学期 | 1春学期 | 2秋学期 | 2春学期 | 3秋学期 | 3春学期 | 4秋学期 | 4春学期 |
| 基础教育课程 | 9 | 160003 | 大学生生涯规划指导 | Guidance of Career-planning for College Students | 1 | 16 | | | | 1 | | | | | | | |
| | 10 | 160005 | 大学生就业指导 | Guidance of Employment for College Students | 1 | 16 | | | | | | | | | 1 | | |
| | 11 | 131001A | 大学计算机（文科类） | Fundamentals of Computer Applications | 3 | 32 | | 32 | | 2+2 | | | | | | | |
| | 12 | 131003 | 多媒体技术基础及应用 | Multimedia Technology and Application | 3 | 32 | | 32 | | 2+2 | | | | | | | |
| | 13 | 052056 | 普通逻辑学 | Common Logics | 2 | 32 | | | | | | 2 | | | | | |
| | 14 | 091147 | 汉语基础知识 | Basic Knowledge of Chinese | 4 | 64 | | | | | | | | 4 | | | |
| | 15 | 091070 | 中国古代文学名著选读 | Selective Reading of Famous Literature Works in Ancient China | 2 | 32 | | | | | | | 2 | | | | |
| | | | 小计 | | 38 | 528 | | | | | | | | | | | |
| 专业教育课程 | 1 | 025728 | 匈牙利语精读(1) | Hungarian Intensive Reading(Ⅰ) | 10 | 160 | | | | 10 | | | | | | | |
| | 2 | 025729 | 匈牙利语精读(2) | Hungarian Intensive Reading(Ⅱ) | 10 | 160 | | | | | 10 | | | | | | |
| | 3 | 025730 | 匈牙利语精读(3) | Hungarian Intensive Reading(Ⅲ) | 10 | 160 | | | | | | 10 | | | | | |

(续表 4.4)

| 类别 | 序号 | 课程编号 | 课程中文名称 | 课程英文名称 | 学分 | 学时 | | | 各秋季、春季学期周学时分配 | | | | | | | |
|---|---|---|---|---|---|---|---|---|---|---|---|---|---|---|---|---|
| | | | | | | 理论教学 | 课内实践 | 实验上机 | 课外实践 | 1秋学期 | 1春学期 | 2秋学期 | 2春学期 | 3秋学期 | 3春学期 | 4秋学期 | 4春学期 |
| 专业教育课程 | 4 | 025731 | 匈牙利语精读(4) | Hungarian Intensive Reading(Ⅳ) | 8 | 128 | | | | | | | 8 | | | | |
| | 5 | | 匈牙利语视听说(1) | Hungarian Audio Visual and Oral Course(Ⅰ) | 1 | 32 | | | | 2 | | | | | | | |
| | 6 | | 匈牙利语视听说(2) | Hungarian Audio Visual and Oral Course(Ⅱ) | 1 | 32 | | | | | 2 | | | | | | |
| | 7 | | 匈牙利语视听说(3) | Hungarian Audio Visual and Oral Course(Ⅲ) | 1 | 32 | | | | | | 2 | | | | | |
| | 8 | | 匈牙利语视听说(4) | Hungarian Audio Visual and Oral Course(Ⅳ) | 1 | 32 | | | | | | | 2 | | | | |
| | 9 | | 匈牙利语口语(1) | Oral Course in Hungarian(Ⅰ) | 1 | 32 | | | | 2 | | | | | | | |
| | 10 | | 匈牙利语口语(2) | Oral Course in Hungarian(Ⅱ) | 1 | 32 | | | | | 2 | | | | | | |
| | 11 | | 匈牙利语口语(3) | Oral Course in Hungarian(Ⅲ) | 1 | 32 | | | | | | 2 | | | | | |
| | 12 | | 高级匈牙利语(1) | Advanced Hungarian(Ⅰ) | 4 | 64 | | | | | | | 4 | | | | |
| | 13 | | 高级匈牙利语(2) | Advanced Hungarian(Ⅱ) | 4 | 64 | | | | | | | | 4 | | | |
| | 14 | | 高级匈牙利语(3) | Advanced Hungarian(Ⅲ) | 4 | 64 | | | | | | | | | 4 | | |
| | 15 | | 匈牙利语翻译(1) | Hungarian Translation(Oral and Written)(Ⅰ) | 3 | 48 | | | | | | | 3 | | | | |

(续表4.4)

| 类别 | 序号 | 课程编号 | 课程中文名称 | 课程英文名称 | 学分 | 学时 | | | 各秋季、春季学期周学时分配 | | | | | | | |
|---|---|---|---|---|---|---|---|---|---|---|---|---|---|---|---|---|
| | | | | | | 理论教学 | 课内实践 | 实验上机 | 课外实践 | 1秋学期 | 1春学期 | 2秋学期 | 2春学期 | 3秋学期 | 3春学期 | 4秋学期 | 4春学期 |
| 专业教育课程 | 16 | | 匈牙利语翻译(2) | Hungarian Translation(Oral and Written)(Ⅱ) | 3 | 48 | | | | | | | | | 3 | | |
| | 17 | 022115 | 匈牙利语翻译(3) | Hungarian Translation(Oral and Written)(Ⅲ) | 4 | 64 | | | | | | | | | | 4 | |
| | 18 | | 匈牙利语写作(1) | Hungarian Writing(Ⅰ) | 2 | 32 | | | | | | | | 2 | | | |
| | 19 | | 匈牙利语写作(2) | Hungarian Writing(Ⅱ) | 2 | 32 | | | | | | | | | 2 | | |
| | 20 | | 匈牙利文学 | Hungarian Literature | 2 | 32 | | | | | | | | 2 | | | |
| | 21 | | 英语精读(1) | English Intensive Reading (I) | 4 | 64 | | | | 4 | | | | | | | |
| | 22 | | 英语精读(2) | English Intensive Reading (II) | 4 | 64 | | | | | 4 | | | | | | |
| | 23 | | 英语精读(3) | English Intensive Reading (III) | 4 | 64 | | | | | | 4 | | | | | |
| | 24 | | 英语精读(4) | English Intensive Reading (IV) | 4 | 64 | | | | | | | 4 | | | | |
| | | | 小计 | | 89 | 1472 | | | | | | | | | | | |
| | | | 周学时 | | | | | | | 23 | 26 | 24 | 25 | 11 | 10 | 10 | |
| | | | 公共选修课 | | 8 | 128 | | | | | | | | | | | |
| | | | 学院选修课 | | 15 | 288 | | | | | | | | | | | |
| | | | 实践教学环节总学分 | | 30 | | | | | | | | | | | | |
| | | | 总计 | | 180 | 2416 | | | | | | | | | | | |

表 4.5 匈牙利语专业选修课程表

| 类别 | 序号 | 课程编号 | 课程中文名称 | 课程英文名称 | 学分 | 学时 | | | 应修学分 | 各秋季、春季学期周学时分配 | | | | | | | |
|---|---|---|---|---|---|---|---|---|---|---|---|---|---|---|---|---|---|
| | | | | | | 理论教学 | 课内实践 | 实验上机 | 课外实践 | | 1秋学期 | 1春学期 | 2秋学期 | 2春学期 | 3秋学期 | 3春学期 | 4秋学期 | 4春学期 |
| 专业选修课 | 1 | 024105 | 匈牙利概况 | Introduction to Hungary | 2 | 32 | | | | 任选不低于10学分 | | | | | 2 | | | |
| | 2 | 024111 | 匈牙利语泛读(1) | Hungarian Extensive Reading(Ⅰ) | 1 | 32 | | | | | | | | 2 | | | | |
| | 3 | 024112 | 匈牙利语泛读(2) | Hungarian Extensive Reading(Ⅱ) | 1 | 32 | | | | | | | | 2 | | | | |
| | 4 | | 匈牙利语高级视听(1) | Advanced Hungarian Listening Skills(Ⅰ) | 1 | 32 | | | | | | | | | 2 | | | |
| | 5 | | 匈牙利语高级视听(2) | Advanced Hungarian Listening Skills(Ⅱ) | 1 | 32 | | | | | | | | | | 2 | | |
| | 6 | | 匈牙利语高级视听(3) | Advanced Hungarian Listening Skills(Ⅲ) | 1 | 32 | | | | | | | | | | | 2 | |
| | 7 | 024107 | 匈牙利语报刊阅读(1) | Hungarian Newspaper and Magazine Reading(Ⅰ) | 2 | 32 | | | | | | | | | 2 | | | |
| | 8 | 024108 | 匈牙利语报刊阅读(2) | Hungarian Newspaper and Magazine Reading(Ⅱ) | 2 | 32 | | | | | | | | | | 2 | | |
| 学科选修课 | 9 | 023037 | 英语语言与文化 | English Language and Culture | 2 | 32 | | | | 任选不低于5学分 | | | 2 | | | | | |
| | 10 | 024130 | 中法广告文化传媒 | Cultural Communication about Chinese/French Advertising | 2 | 32 | | | | | | | | | | 2 | | |
| | 11 | | 国际新闻理论 | Theory of International Journalism | 2 | 32 | | | | | | | 2 | | | | | |

（续表4.5）

| 类别 | 序号 | 课程编号 | 课程中文名称 | 课程英文名称 | 学分 | 学时 理论教学 | 学时 课内实践 | 学时 实验上机 | 学时 课外实践 | 应修学分 | 1秋学期 | 1春学期 | 2秋学期 | 2春学期 | 3秋学期 | 3春学期 | 4秋学期 | 4春学期 |
|---|---|---|---|---|---|---|---|---|---|---|---|---|---|---|---|---|---|---|
| 学科选修课 | 12 | | 语言学导论 | An Introduction to Linguistics | 2 | 32 | | | | 任选不低于5学分 | | | | | | | 2 | |
| | 13 | 020060 | 欧洲影视赏析 | Analysis and Appreciation of European Films and Television Programs | 1 | 32 | | | | | | | | 2 | | | | |
| | 14 | 020018 | 跨文化传播概论 | Introduction to Cross-Cultural Communication | 2 | 32 | | | | | | | | | | 2 | | |
| | 15 | 020053 | 国际新闻编辑 | International News Editing | 2 | 32 | | | | | | | | | 2 | | | |
| | 16 | 021080 | 国际新闻编译 | International News Editing and Translating | 2 | 32 | | | | | | | | | | 2 | | |
| | 17 | | 西方文学名著选读 | Best Selections on Western Literature | 2 | 32 | | 2 | | | | | | | | | | |
| | 18 | | 英语散文名篇 | Appreciation of Classic English Essays | 2 | 32 | | | | | | | | 2 | | | | |
| | 19 | | 英语视听说(1) | English Audio Visual and Oral Course (I) | 1 | 32 | | 2 | | | | | | | | | | |
| | 20 | | 英语视听说(2) | English Audio Visual and Oral Course (II) | 1 | 32 | | | | | | | | | | | | |

## 第四节　课堂教学改革与教学成果

### 一、理念与成效

为适应时代发展和国家建设的需要,许多开设非通用语种的高等院校都在积极探索非通用语种人才的新型培养模式。全球化的今天,仅靠传统模式培养单一的外语人才,显然已经无法满足社会的需求和形势发展的需要。外语人才,尤其是非通用语种人才的培养必须走复合型模式。[①] 鉴于此,中国传媒大学匈牙利语专业整合现有资源,因势利导,创新教学思路与教学方法,收效甚佳。

在教学思路上,一方面加强学生文化意识的培养。匈牙利语专业教师充分意识到,匈牙利语作为母语以外的第二语言,在教学过程中,单单使学生掌握词汇、语法、句型等语言基本知识是远远不够的,要想毫无限制地与匈牙利人进行跨文化交流,首先必须具备跨文化意识。文化意识是灵活运用匈牙利语的保证。匈牙利语教学不应限于传授匈牙利语言知识,培养听、说、读、写这些基础语言运用能力,还应灌输学生文化意识,让他们了解匈牙利人是如何看待事物、观察世界以及如何用语言来反映他们的思想、习惯以及行为的。只有这样,学生才能得体地运用所学语言知识和技能,才能培养良好的情感态度和学习策略,引荐和学习匈牙利文化的同时传播和发扬我国文化,提高综合素质,培养跨文化交际能力,成为适应全球化发展的"复合型"匈语人才。[②] 另一方面,加强匈牙利语与传媒类知识的复合培养。这里所说的传媒类知识是指新闻学、传播学、电视编导、国际新闻学、国际关系学等学科的基础知识。如今的外语人才无论是从事口笔翻译,还是主持某项具体的涉外工作,外语的使用已不限于应付单纯的日常寒暄,往往要涉及某门专业知识,此时此刻,外语真正起到名副其实的语言工具作用。可以说,在今后,既懂专业又能熟练使用外语的人才会受到各行各业的青睐。除此

---

[①] 成同社:《非通用语种人才的复合培养》,《光明日报》2006年2月22日。
[②] 陈煜:《浅论在全球化背景下匈牙利语教学中的跨文化意识培养》,《高等教育在线》2011(7)。

之外，匈牙利语专业还注意加强培养学生实际解决问题的能力，强调和鼓励学生积极参加各类社会实践活动，引导学生克服实践中的困难，使之学习成长。

在教学方法上，中国传媒大学匈牙利语专业在教学过程中注重中国传统文化的熏陶，在向学生强调学习匈牙利语语言及相关文化的同时，注重中国文化的灌输。在传统授课方式的基础上，采用课堂游戏、多媒体教学等方式，充分调动学生的积极性，使之参与到整个教学过程中来。定期与学生座谈，了解学习和实践中遇到的问题，根据每个学生的兴趣和特质，因材施教。

通过几年时间的探索和改进，中国传媒大学匈牙利语专业取得了良好的教学成果。毕业生凭借扎实的匈牙利语和英语基础、较强的国际传播和跨文化交际能力，以及相对纯熟的工作状态，得到了各用人单位的肯定。

二、开放的课堂

中国传媒大学匈牙利语专业非常重视课堂教学和学生的实践锻炼相结合，坚持完善实践教学体系。外国语学院利用与国家部委、三大台（即中国国际广播电台、中央人民广播电台和中央电视台）、驻华机构和公司的资源，不断丰富实践教学内容，组织学生参加各类竞赛、社会公益性义务服务（如担任世界大学生运动会、奥运会以及国际会议的语言志愿者）、夏令营和社会调查等活动。此外，学院还积极为学生联系社会上各级各类的语言学校做兼职教师，联系电台、电视台主持节目，增加新闻工作实践。

匈牙利语专业的学生主要在国际台进行实习。比如2007级匈牙利语专业几乎全班同学都在中国国际广播电台匈牙利语部顺利地完成了毕业实习，大部分同学还提交了实习论文，由匈语部专家进行点评和打分。学生们在整个实习过程中都有指定的老师参与指导，对他们的实习质量进行监督，并及时作出评估。到2010年8月实习结束的时候，每位同学都可以看到自己实习以来积累的成果，主要是一系列成品节目，为今后的工作学习留下了一笔宝贵的财富。

## 三、学生活动

2014年2月匈牙利总理维克多·欧尔班访华期间，匈牙利语教师陈煜及研究生代表参与了欧尔班总理在社会科学院以及文化中心的演讲，并向总理进行了提问。

2010年5月我校匈牙利语师生在第九届"汉语桥"世界大学生中文比赛匈牙利赛区初、复赛中分别担任评委和志愿者；同月，我校匈牙利语教师陈煜参与策划并全程用匈牙利语主持了由中国驻匈牙利使馆和匈牙利教育部、匈牙利多所学校共同举办的"中文日"汉语推广活动。

2009年10月时任国家副主席习近平同志访问匈牙利期间，我校留学师生参与了中国驻匈牙利大使馆安排的接待准备工作、机场迎接队伍、主席接见及集体大合影。

2008年8月北京奥运会期间，我校匈牙利语专业师生分别参与了北京市外办奥运市长级高级贵宾团的接待、翻译工作以及奥运场馆、媒体村、奥运村的志愿向导、翻译活动，他们的工作受到了匈牙利代表队和相关组织单位的赞赏。

2007年我校外国语学院主办的"音乐无国界"全国中外大学生歌手大赛中，匈牙利语班受邀作为表演嘉宾，表演了匈牙利传统歌舞；同年12月15日，在外国语学院举办的"青春之歌"大型歌咏比赛中，匈牙利语专业的16名同学表现出色，并取得了很好的名次。

此外，从2003年我校匈牙利语专业开办至今，匈牙利语师生多次在国内及国外留学期间参加了由匈牙利大使馆、北京外国语大学、国家社会科学院、中国驻匈牙利大使馆教育处、匈牙利罗兰大学、匈牙利孔子学院、匈牙利巴拉什学院等机构组织、举办的各项大小活动，共计100余次。

## 四、"3+1"培养模式

匈牙利语专业师生校内外和国内外的交流活动层次多样，形式灵活，取得了良好效果。值得提及的是，2009年9月至2010年7月，全班学生在班主任陈煜老师的带领下，分两批完成了"3+1"留学，其中陈煜老师和班上五位同学为国家留学基金委公派留学生,这是同期各非通用语专业班级中唯一获得公派留学资格的班级。

"3+1"办学模式是中国传媒大学外国语学院及其前身国际传媒学院秉承"国际视野、理实并重、复合融通"的办学理念,针对非通用语人才面临激烈竞争的背景,积极提高教学层次,旨在为学生创造良好的母语环境,为了培养"外语突出、专业领先"的复合型、复语型人才,于 2001 年在全国率先开创的。"3+1"办学模式是指非通用语专业学生在就读期间,以"单位公派自费留学"的形式,赴对象国学习一年或进行 1~3 个月的短期游学,与合作学校实行学分转换。在该模式中,大一、大二的学习是基础,大三是关键,大四是提高和总结。学生大一、大二在国内的学习为第三年出国进修打下了坚实的基础。通过两年基础课程的学习,学生能够掌握所学外语的基本语法和句型,听力和口语得到提高,由此初步具备语言应用能力,为第三年出国做好充分的准备。大学三年级出国留学一年或进行 1~3 个月的短期游学,为学生全面提高外语水平和综合素质创造了有利条件。大学四年级是"3+1"模式的最后一年,对学生来说也是总结知识、进一步提高外语水平、自我完善的一年。学生回国后,把留学期间所学到的知识进行归纳整理,总结经验,查漏补缺,将感性认识上升到理性认识,进一步提高专业水平。通过开展丰富多彩的留学和游学实践,既加深了学生对所学语言的理解,增强了语言实际应用能力,也有利于增强学生对对象国的客观了解,使其在头脑中形成鲜活的印象和记忆,提高了继续学习该语言的兴趣,同时也为日后的就业和发展拓展了新的渠道。

## 第五节 招生与就业

2009 年之前,中国传媒大学匈牙利语专业采取自主招生方式,每隔四年招收一批学生,学制为四年,坚持小班授课,力争为每个学生创造良好的语言学习环境,使学生能学到原汁原味的匈牙利语。

2003 年,中国传媒大学自主招收了 14 名匈牙利语专业学生,其中大部分学生毕业后进入匈牙利语领域的相关单位工作。2007 年,中国传媒大学匈牙利语专业继续招收学生 16 人。从 2009 年起,中国传媒大学匈牙利语专业改为普通高考招生方式。

## 一、就业情况

为了让学生在竞争激烈的就业市场取胜,中国传媒大学外国语学院高度重视毕业生就业工作,一方面,明确班主任、辅导员各自在就业指导工作中的职责,每年组织毕业班班主任和辅导员参加学校就业指导培训,注重学生心理健康教育和就业指导观念的转变,根据就业数据变化及时调整就业指导工作,构建了一整套较为完善的毕业生就业工作指导流程;另一方面,不断加大对就业市场的开拓力度,组织对用人单位的调研走访,积极了解市场整体需求,以及相关行业的人才需求情况和吸引人才的主要政策。自2003年以来,匈牙利语专业师生主动对外事和外宣单位进行走访,有效地促进了相关专业就业机会的供给。

通过老师与学生的共同努力,2003级和2007级匈牙利语专业学生一次性就业率达到了100%,具体如表4.6和表4.7所示:

表4.6 中国传媒大学2003级匈牙利语专业毕业生去向统计表

| 班级 | 毕业去向 | 人数 |
|---|---|---|
| 2003级匈牙利语 | 中国国际广播电台 | 1 |
| | 外交部 | 1 |
| | 中国传媒大学 | 1 |
| | 社科院 | 1 |
| | 路透社 | 1 |
| | 使领馆 | 2 |
| | 北京市教委 | 1 |
| | 外企 | 1 |
| | 事业单位 | 2 |
| | 省电视台 | 1 |
| | 出国留学 | 1 |
| | 省公务员 | 1 |
| 总计 | | 14 |

表 4.7　中国传媒大学 2007 级匈牙利语专业毕业生去向统计表

| 班级 | 毕业去向 | 人数 |
|---|---|---|
| 2007 级匈牙利语 | 中国国际广播电台 | 4 |
| | 中联部 | 1 |
| | 北京市机关单位 | 3 |
| | 中国银行 | 1 |
| | 央视 | 1 |
| | 央视网 | 1 |
| | 文化产业相关单位 | 1 |
| | 使领馆 | 1 |
| | 攻读硕士 | 3 |
| 总计 | | 16 |

## 二、毕业生反馈

中国传媒大学外国语学院为了解匈牙利语专业的设置情况，于 2012 年分别对匈牙利语专业的毕业生以及用人单位展开了问卷调查。针对毕业生的调查，寻找了 16 名调查对象，调查内容主要包括"认为在校学习对所从事工作的贡献"以及"对学校教学的评价与建议"两大层面；针对用人单位的调查，以中国国际广播电台匈牙利语部主任王学军等作为问卷调查对象，考察用人单位对匈牙利语专业课程设置的评价。

（一）在校学习对所从事工作的贡献

关于"在校学习对所从事工作贡献"的调查，主要包括"毕业生所从事的工作与所学专业的关联情况"、"在校所学内容能否立即应用到工作中"、"认为影响最大或最有帮助的教学环节"以及"认为对工作有帮助的课程"等内容。

通过对调查结果的分析，我们发现在 16 名匈牙利语专业毕业生中，有 4 人选择"大部分时间运用汉语或英语"，10 人选择"大部分时间运用该语言，英语较少使用"，但是也有 2 人选择"根本没有运用该语言"。在实际工作中，有受访者表示，虽然能用到所学内容的一部分，但还是碰到了一些新问题。

## (二)对学校教学的评价与建议

关于毕业生"对学校教学的评价与建议"的调查,主要包括"对本专业教师评价"、"认为本专业人才能否满足就业需求"、"对本专业核心课程满意度"、"学校应该增加的课程"以及"对本专业双语教学效果的评价"等内容。

调查显示,匈牙利语专业毕业生对本专业教师总体教学情况的满意度比较高,对本专业的人才培养效果也比较满意,普遍认为培养的人才能够满足社会的需求。在课程设置上,毕业生认为满意度最高的是匈牙利语精读课,同时也表示希望学校增加"文化综合类课程"和"英语语言类课程",以更好地适应未来的工作。关于对本专业双语教学效果的评价,16位被访者都认为匈牙利语专业双语教学效果不错,"双语教学使学生具备一专多能的能力,能够提高在工作中的上手速度",但是被访者也指出,在教学过程中应该继续加强英语教学力度,"扩大英语专业课比例,四年都进行双语教学",并应对英语水平提出更高的要求,以便为就业打下良好的基础。

## 二、用人单位反馈

用人单位中国国际广播电台匈牙利语部表示,他们对中国传媒大学匈牙利语专业的课程设置和教学情况比较满意,认为毕业生综合素质普遍较高,业务能力较强,政治表现较好。毕业生能够将理论与实践相结合,将大学所学的课堂知识有效地运用于实际工作中,认真听取老同志指导,表现出较强的求知欲,并能够仔细观察、切身体验、独立思考、综合分析,灵活运用自己掌握的知识解决工作中遇到的问题。针对中国传媒大学匈牙利语专业的教学情况,用人单位提出了以下几点建议:

第一,强化学生的中文功底。如果学生没有坚实的中文基础,就无法正确理解中文原文,也就不可能正确地翻译;反之亦然。

第二,培养学生的时政敏感度。学校教育应引导学生关心时事政治,对时事政治不感兴趣的学生,无法适应传媒的需求。这样的学生仅仅是翻译工具,而不能成为用外语进行工作的专业人士。

第三,提高学生的综合外语能力。听、说、读、写、译五个方面的技能同等重要,在语言教学中应注意全面综合提高,避免出现"短板"。

第四,利用中国传媒大学的优势,重视新闻传播课程。

下编
# 对象国高等教育巡礼

# 第五章 巴西高等教育

## 第一节 巴西高等教育与留学政策

### 一、概况

巴西教育体系分为基础教育和高等教育两级,基础教育又分为初级教育和中等教育。初级教育相当于我国的小学和初中,中等教育相当于我国的高中。高等教育指各类大学,学制一般为四年。另外,在大学本科之后还有硕士、博士、博士后的学位攻读(见表5.1)。

表 5.1 巴西教育体系简表

| 教育程度 | 教育性质 | 教育年限 | 受教育者年龄 |
| --- | --- | --- | --- |
| 学前教育 | 非义务教育 | 6 年 | 0~6 岁 |
| 初级教育 | 义务教育 | 9 年 | 6~14 岁 |
| 中等教育 | 非义务教育 | 3 年 | 15~17 岁 |
| 高等教育 | 非义务教育 | 一般 4 年 | 18~22 岁 |
| 研究生教育 | 非义务教育 | 不定 | 不定 |

据统计,2003 年巴西共有高等教育机构 1859 所,其中大学 163 所,在校生共计 388.8 万人。著名高等学府有圣保罗大学、坎皮纳斯大学、巴西利亚大学、里约热内卢天主教大学等。

巴西的高等教育分为联邦、州立、市立、私立四类，前三类是公立学校。巴西大多数公立学校一年有两次入学时间，与很多欧洲国家一样。巴西联邦和州立大学一般实行免费教育。巴西的高等学府中，有不少是世界闻名大学，其中圣保罗大学的许多学科在巴西全国乃至世界都处于领先地位，巴西的第一台电脑就是这个大学的电信专业研制出来的。圣保罗大学实行教学与科研并举方针，在培养大批高级人才的同时，加强基础科学、应用科学和尖端科学的研究。

在联邦体制下，巴西的高等教育统一由联邦政府主管，中等教育由各州政府管理，幼儿和小学教育由当地市政府管理。实际上，各层次的教育还有相当数量的私立学校。

在公立大学相继成立的同时，私立大学紧跟其后，而带头的则是天主教会。在耶稣会（主管教育与行政事务）和一家民间协会（负责筹措资金）的共同努力下，巴西的第一所私立大学——里约热内卢天主教大学，于1940年宣告成立并得到政府认可。1941年开学，1946年各种手续齐备后正式挂牌，1947年获得了梵蒂冈罗马教廷的正式授权书。不久之后，在巴西其他大城市，如圣保罗、累西腓、阿雷格里港、贝洛奥里藏特等相继开办了天主教大学。

据有关统计资料，巴西私立院校学生在全国大学生总数中所占的百分比在40%～60%，也就是说，同期内每10名大学生中至少有4人就读了私立学校。私立大学的不断增加是巴西高等教育发展迅速的主要原因。而巴西教育部颁布的《2011年高等教育统计》（Censo da Educação Superior 2011）显示，2011年私立高校在校生人数为496万，约占高校在校生总数的74%；政府直属的公立联邦大学学生人数为103万，占比近15.4%；其余学生就读于州立公共大学。

尽管近年高等院校学生数量不断增长，2011年在校学生总数达670万，比上一年增长5.6%，但与全国18～24岁青年的总人口相比，2011年在校生人数仅占14.6%。这一比例不仅无法与其他一些新兴经济大国相比，甚至低于南美洲的多数国家。

此外，这一比例也没有达到巴西2011年开始执行的第一个全国教育计划目标的一半。根据该计划，2010年巴西高校学生数量应达到适龄青年人口的30%。

扩大高校在校学生人数是巴西高等教育目前所面临的第一大挑战。如何让更多的贫困人口、黑人和混血人接受教育，以及解决不发达地区的教育平等问题，也是巴西高等教育面临的重要挑战。

## 二、就业培训

作为发展中国家，巴西的高等教育普及程度不高，许多贫困家庭及偏远地区的青年人更是很难进入高等学府接受教育。低学历和贫困学生等弱势人群往往就业情况不佳。近年来，巴西在加强高等教育工作的同时，也加大了对失业青年的就业培训力度，积极着手解决低学历和贫困青年的失业问题。

拉美加勒比经济委员会、国际劳工组织日前发布的《拉美加勒比就业形势报告》显示，2012年拉加地区城镇平均失业率为6.4%，其中巴西由前一年的6.0%降至5.5%。但巴西的青年人并没有因此获得更多的就业机会。据巴西官方统计，15～29岁的巴西青年人有5000万，其中450万生活在极端贫困中。那些家境贫困、没有机会接受教育的青年人很难找到工作。有调查数据显示，巴西15～24岁青年人的失业率是24岁以上成年人失业率的3.2倍。[①]

国际劳工组织建议，发展中经济体要在消除文盲和技能培训等方面给予失业青年更多帮助。巴西政府早在2003年就推出了面向15～24岁、第一次就业的低学历青年人的"第一次就业计划"，主要通过部分减免税收或发放补贴等方式鼓励企业招聘无工作经验的年轻人；如果符合要求的年轻人想自己创业，政府还会提供低息贷款及经营方面的指导和培训。

该计划曾取得了一定效果，但不久巴西政府发现大多数企业依然希望招聘有经验的工作人员，于是在2008年推出了"帮助青年就业计划"。该计划主要由巴西政府向各个州市提供一定的财政援助，鼓励他们为当地18～29岁低学历和贫困青年提供职业培训，以满足用人单位的需要。同时，巴西政府规定，各个州、市至少应为30%接受此类培训的青年解决就业问题。巴西各个州、市将根据劳动力市场不同领域的需要为这些青年人选择合适的培训课程，保证他们接受培训后可以立即上岗。从2008年至今已有近45万名青年人参加培训，其中约24万人最后完成了培训，他们中的35%找到了

---

[①] http://news.xinhuanet.com/edu/2013-06/06/c_116050337.htm.

正式工作。此外,各级政府劳动局均设有专门的公共就业协会,充分利用各种媒体手段,建立人才库,随时跟踪劳动力市场的供求情况,为供求双方建立畅通的联系渠道。

巴西政府将投入 54 亿雷亚尔(约合 25 亿美元)为 15~29 岁处于极端贫困的青年人提供奖学金及培训机会,预计将惠及 4000 个城市的 42 万青年人。

### 三、留学政策

巴西大部分公立大学和私立大学均招收外国留学生,但是巴西高等院校的授课语言一般为葡萄牙语,所以申请留学巴西各大学,一般需要语言能力的证明,也就是巴西教育部认证的巴西葡语等级考试(Celpe—Bras)。该考试是针对外国人的语言测试,每年举办两次,分别在 4 月和 10 月。目前在中国有两个考点:中国传媒大学和澳门大学。希望留学的学生可以提早做准备。此外,一些大学也有针对外国人的语言课程,例如巴西南大河州联邦大学的对外葡语课程(Programa de Português para Estrangeiros)。学生可以提前申请此类型的语言课程。

巴西公立大学的本科教育和研究生阶段教育均免费,但是语言课程收费,费用根据所选课程而定。私立大学一般收费较高,但是也有很多奖学金项目,例如私立大学对成绩优秀的学生免除部分或全部学费,而公立大学对排名靠前的学生也会每月提供补助等。此外,大学一般还设有教学、科研的助理岗位,让学生在辅助工作的同时得到补贴。

另外,巴西政府每年向与巴西签订教育、文化或科技合作交流协议的发展中国家提供一定数量的留学生奖学金名额,该奖学金面向研究生或博士生。奖学金包括免除学费和注册费,以及每月大约 900~1400 雷亚尔的生活费。具体可通过查询网站 http://www.capes.gov.br/index.php 获取信息。

## 第二节　巴西著名高校简介

### 一、南大河州联邦大学(Universidade Federal do Rio Grande do Sul – UFRGS)

南大河州联邦大学位于巴西南大河州首府阿雷格里港市,是巴西历史悠久的高等学府之一。该校前身是成立于 1895 年的药理暨化学学校。之后,该校又成立工程学校,以及医学院、法学院、农学及动物医学院、哲学院、文学院等十余个二级学院,并于 1934 年更名为阿雷格里港大学。1947 年,该校合并了佩洛塔斯市法学院和牙医学院及圣玛利亚市药理学院,更名为南里约格兰德大学。1950 年 12 月,该校进入联邦高校系统,成为南大河州联邦大学。目前,该校成为巴西联邦大学系统中的杰出名校,论文发表数居巴西联邦大学系统第一位,科技成果数居第二位。

目前,该校拥有 6 个校区,占地面积共 21948.812 平方米;有 27 个教学单位,其中包括 13 个研究所、10 个学院及 4 个专科学校。共设有本科专业 89 个,本科生 27595 人;硕士专业 71 个,硕士研究生 5212 人;博士专业 69 个,博士研究生 4470 人。教师共 2570 人,其中拥有博士及以上学位者为 2086 人,占 85.7%。

从 2005 年起,南大河州联邦大学与中国传媒大学建立了合作关系,两校实现学生互换。中国传媒大学外国语学院葡语专业学生大三赴该校文学院对外葡语教学部学习一年,而对方也派出学生来我校学习中文。此外,中国传媒大学葡语专业先后有 4 名教师赴该校攻读硕士及博士学位。随着两校合作关系的深入发展,2011 年 4 月,中国传媒大学与南大河州联邦大学共同创建了巴西第四所孔子学院。

## 二、里约热内卢联邦大学(Universidade Fedral do Rio de Janeiro – UFRJ)

里约热内卢联邦大学成立于 1920 年,最初的校名为里约热内卢大学,1937 年更名为巴西大学。1965 年该校进入联邦大学系统,更名为里约热内卢联邦大学。

里约热内卢联邦大学在科学、艺术及文化领域的教学及研究成绩斐然,得到了巴西国内外的认可。2013 年的《泰晤士高等教育世界大学排名》将其列为巴西高校第三名,拉美高校第八名。

该校的主校区有两个:一个是位于 Praia Vermelha(红海滩)的老校区,占地 100976.9 平方公里;另一个是 Cidade Universitária(大学城),占地 5238337.82 平方公里,里约科技园即建立在大学城校区内。此外,还有几个教学及科研单位分布在周边城市。

根据 2011 年该校公布的数据,巴西里约热内卢联邦大学共有在校本科生 42009 人,远程学生 2843 人,硕士研究生 5933 人,博士研究生 5102 人。教职工人数 3853 人,其中有 3046 人拥有博士学位。

里约热内卢联邦大学由 6 个中心、大学技术办公室、科技与文化论坛及大学城议政厅构成。6 个中心即健康科学中心、科技中心、数学与自然中心、法律及经济中心、哲学及人文科学中心、文学及艺术中心。每个中心下属不同的学院或机构。比如,健康科学中心致力于生命科学的教学与研究,下设 3 个附属医院、3 个实验室、2 个技术学校、3 个学院及 13 个研究所。该校具体开设院系及专业信息请查询网站 http://www.ufrj.br/pr/conteudo_pr.php?sigla=UNIDADES。

### 三、圣保罗大学(Universidade de São Paulo – USP)

圣保罗大学成立于 1934 年,是巴西规模最大的一所公立大学,也是巴西著名高等学府之一。2010 年上海交通大学公布的世界 500 强大学排名,圣保罗大学排在第 143 位。2013 年,该校生命科学课程被英国"Times Higher Education(2012－2013)"评为世界第 50 位。

圣保罗大学拥有 42 个教学及科研单位,共设 240 个本科专业、239 个研究生专业,在校生总数为 57000 余人。圣保罗大学在多个城市拥有不同的校区、博物馆及诸多研究中心。

圣保罗大学是一所国际大学。学校设立之初,外籍教授即扮演重要角色。而在全球化背景下,圣保罗大学也加速了国际化进程,扩大师生交流规模,进一步提高了该校的综合实力,为巴西及世界的发展作出了贡献。

### 四、坎皮纳斯州立大学(Universidade Estatual de Campinas – UNICAMP)

坎皮纳斯州立大学是巴西公立大学中的佼佼者,但因为是州立大学,在中国还不为人们所熟知。该校以优秀的科研能力闻名巴西,承担巴西全国 15% 的科研任务,研究生人数占学生总数的 48%,是一所研究型大学。

该校成立于 1966 年,坐落在距圣保罗市约 90 余公里的坎皮纳斯市。虽然成立时间较短,但却有深厚的教学科研传统。上世纪 60 年代,坎皮纳斯市所在的圣保罗州工业产能占全巴西的40%。坎皮纳斯州立大学成立的初衷是为培养适应工业发展的合格人才,在成立之初,便吸引了200多名外籍专家及来自巴西诸多名校的180多位教授加入教学队伍。

坎皮纳斯州立大学拥有3个校区、22个教学及科研单位,其中有10个研究院、12个二级学院。此外,还拥有2所附属医院、23个跨学科研究中心及2所技术学校。大学共有教师1739名,其中,拥有博士学位者占99%。该校拥有本科专业67个,在校生18026人;硕士专业55个,硕士研究生5249人;博士专业60个,博士研究生5984人。同时还拥有1066个培训课程,学生数量达到7000余人。

该校的22个教学单位分别是:艺术研究院,生物研究院,计算机研究院,经济研究院,语言研究院,哲学与人文研究院,物理研究院,地球科学研究院,数学、统计和计算机科学研究院,化学研究院,医学院,应用科学学院,教育学院,体育教育学院,农业工程学院,市政工程、建筑与城市化学院,食品工程学院,电力工程学院,机电工程学院,化学工程学院,牙医学院,科技学院。

## 第三节 中国传媒大学葡语专业学生留学报告集锦

### 一、留学的日子[①]

2012年8月6日,已经在中国传媒大学外国语学院学习葡萄牙语两年的20位"小葡萄",搭乘阿联酋航空奔向了那个大家期盼已久却略显陌生的拉美桑巴之国——巴西。

初到巴西,爆棚的新鲜感和好奇心让我们忘却了旅途的劳累,既顾不上夏天和冬天的季节转换,也忽略了黑白的时差颠倒。收拾完自己的行李,在各自的小家里安顿好之后,我们迫不及待地去了解和融入巴西的生活。

天有不测风云,具有巴西特色的罢工让我们早早地体会了一把巴西式的"自由",只可惜遇上的第一次罢工是联邦警局和大学,这导致我们的各种证件不能在联邦警局办理,而大学里也无法办理我们的学生卡和公交卡。不过这

---

① 2010级葡语班留学报告选段。

个小小的插曲并未影响同学们对巴西生活的向往。

在随后的日子里,我们没有忘记出国前对老师和家长的承诺,新学期开始后便迅速地投入到紧张而又有趣的学习生活中。虽然已经有两年葡语功底,但是想要真正听懂巴西人讲话、无障碍地与他们交流并非易事。在课堂上大家主动与来自世界各国的同学进行互动,下课后也主动与巴西当地的学生和华侨联系,了解更多与巴西相关的信息,适应巴西葡萄牙语的口音,为自己日后的学习和生活打下了坚实的基础。

除了罢工以外,让我们印象深刻的就是巴西的节假日了。巴西每年的节假日多达 12 个,更让我们兴奋不已的是,巴西的暑假竟然长达三个半月之久。于是,巴西的自由再次给我们提供了一次次旅游的机会。在暑假期间,一些同学去了巴西利亚、圣保罗、里约热内卢、萨尔瓦多等城市旅游,还有一些同学去了乌拉圭、阿根廷、秘鲁等拉美国家,可以说是纵观大千世界,尽享拉美风土人情。

当然,也有很多同学并没有选择用整个假期去旅游,而是选择了实习,有的同学去圣保罗做跟巴西足球有关的体育实习,有的进到了巴西机械公司学习企业管理,还有的同学奔波在不同的展会之间做展会翻译,以提高自己的翻译水平。

总体上来讲,巴西一年的留学生活让我们体验到了巴西的自由,也在对比东西方文化差别的同时提高了自身的葡语水平和职业技能,同样,这一年的生活也让我们念念不忘,受用终身。

## 二、学习篇:对外葡语课程[①]

8月初我们一班 22 位同学到达了愉港,稍作休息,就以一个小测试(按照同学们当时的葡语水平进行分班)开始了我们大三这一年的学习之旅。

PPE 为我们设置的课程可谓"多姿多彩"。除了基本的精读课、写作课之外,还

---

① 2009 级葡语班留学报告选段。

有很多以培养学生实际应用能力为主要目的的课程,比如 Projeto、戏剧课、演讲课、论文写作、故事课,此外还有巴西电影、巴西文学、巴西音乐、巴西文化等等,让我们在学习语言的同时,从各个角度更好地认识巴西,培养各种情景下运用语言的能力。

在这里,想重点介绍一下几门在中国课堂上少有接触的课程。

- Projeto:在这门课上,同学们在老师的帮助下,共同出谋划策,做出一个成果来,比如博客、视频、展览等等。
- 戏剧课:同学们和老师一起练习一些戏剧的基本技巧,比如发声、气息和一些基本动作,而不是单单讲一些戏剧的理论知识。最后大家一

图 5.1　2010 级葡语班师生留学合影

起编一出戏剧并公开表演。对于我们来说,这是一个很不错的体验。这门课被同学们亲切地称为"体育课",因为"运动量"会比较大。相对来说,这门课也比较有趣。
- 论文写作:这门课相对来说很有挑战性,学术性比较强。对于大多数人来说,应该是第一次接触毕业论文吧。另一方面,也为我们大四的毕业论文做了一定的准备。
- 故事课:特色在于生动多彩,而且会有不少戏剧界的演员来课堂指导。各国的学生聚在一起,讲故事、编故事,最后形象地表演出来。

一年的时光快乐而短暂,转眼所有课程已经结束,回首这一年的学习生活,感慨颇多。我们收获了什么?

第一,口语水平的提高。通过课上课下学习,大家或多或少地在口语水平上都有提升。

第二,知识的丰富。课堂上,巴西文化、巴西电影、巴西音乐等等,丰富了我们对巴西的认识,与朋友们的交流纠正了不少我们对巴西人的一贯想法。

第三,提高学习能力。在巴西的课堂上,更多的是学生自己的探索和老师的指导,在知识上没有绝对的对与错。老师不是维基百科,而是帮助学生提出问题、思考问题的人。学生在课堂上更有自主性。刚开始这对我们是

一种挑战,但是大家在这点上做得越来越好,也得到了老师们的认同。

第四,丰富了与人交流的体验。很多学习内容需要我们离开教室在外面做采访,与别人交流,然后总结交流结果。

总的来说,大家在这一年的学习生活中都有所进步,不管是在量上还是在质上。在愉港学习的这一年令我们终生难忘。

## 三、生活篇:那一年,破茧成蝶①

蓝蓝的天,眼看着我们这 22 个人,独立的新生活即将在大西洋岸边启程。

我们对家的依恋就像一张网,密密层层的,总是会在不经意的时候跳出来,慢慢地袭上心头,笼罩着我们。每逢佳节,或是生病,才意识到,我们离家很远了,这一程,没有亲人的陪伴,没有老师的指引,日子,得自己过,学习,得自己抓。

正因如此,那一年的生日,格外特别,仅仅长大一岁,却是一个质的飞跃,飞过青涩与无知,来到成人的世界,挥洒青春。

简简单单的独立生活,从自己买菜做饭开始,从超市的一把抓到集市的精挑细选,从价格的未知到心中有数。再也不是等候在电视机前,听到母亲的一声吆喝后来到餐厅,而是择菜、洗菜、烧菜一个人完成,饥肠辘辘时唯一的依靠就是自己,垂涎三尺时唯一的解决方式还是依靠自己。那一年,我们破茧成蝶,我们长大了。

三年前,踏入大学校园,却没有真正踏出家门。那一年,我们哭过、痛过,曾经害怕,曾经无助,曾经在发烧时泪眼蒙眬,曾经在过年时归心似箭。我们因为房屋问题而焦虑,因为安全问题而紧张,因为资金问题而争吵,所有的遗憾、失落与痛楚,在那一年,汇聚成了每一天。但是苦难,让我们成长,当我们必须自己面对、自己解决时,毛毛虫开始孜孜不倦地塑造自己的重生。终于,我们拥有了轻盈的彩衣,绚丽动人。

困难与挫折似乎是成长的必修课,独立前,我们是那被包裹了一层又一层的蚕茧,隐忍了一冬,穿过漫长的黑夜,展翅而飞!

---

① 选自 2009 级葡语班留学报告。

独立的一年,我们在一起,将平淡的日子过出意义,将枯燥的日子过出精彩,将布满荆棘的道路走出一路畅通。

原来,我们能行,从做饭到打扫,从旅行到处理问题,像是一部旧电影,直到剧终的时候,才发现四周亮起耀眼的灯。

图 5.2　留学生活

就这样,不知不觉,我们真的长大了,不仅是面庞,更是一颗日益坚强的心、敢于担当的心和淡然超脱的心。

几年后,几十年后,是否还会想起,那一年的巴西,那个青春飞扬的年代,我们成熟而快乐的笑脸。

## 四、实践篇:实践活动①

在繁忙的学业之外,我们运用专业优势并结合广院的特色,在巴西举办了几次旨在促进两国间文化交流、增进彼此了解的活动。在活动中我们得到了成长,同样的事情在国外实现难度远大于国内,一个陌生的环境,一切都不熟悉,国情不同,文化习惯有差。将同样的办事流程搬到国外并不行得通,尤其是在我们并不能熟练表达的情况下,词不达意时有发生。但是从另一个侧面来讲,我们也以不同的视角了解了一个完全不同的巴西,在解决问题的过程中领略了蕴藏在其中的异域文化。

记得在做春节晚会的时候,我们第一次遇到了租场地要付音乐版税的情况。在查询了相关资料后,我们发现使用的曲目并不在他们的版权曲单之列。这样的版税是不合理的,但是俱乐部经理要求我们取得政府的证明,这要我们去市政府做辩解方可实现。第一次站在市政相关负责人面前为应得的权利做辩论,用并不流利的葡语据理力争,但是我们做到了,取得了市政府的许可,为此我们省下了将近 2000 块的预算。通过辛亥革命成就图片展、南大河州华人华侨春节联欢晚会以及孔子学院的开幕式等活动,我们得

---

①　2009 级葡语班留学报告选段。

到了历练，了解了在国外举办一场活动需要具备的条件。无论是租场地、服装、音响设备以及海报设计，还是节目策划、具体实施和应急处理，我们都力图自己解决，人的潜力往往在逆境中方会被最大限度地激发。

所有成绩的取得都是大家共同努力的结果，我们共同经历了那样一个过程，同心协力、攻克难关，收获的除了实实在在的证书外，更弥足珍贵的是友谊跟信任。也许在这个过程中，我们也有过争吵或是不愉快，但是时间终究会告诉我们，这样的一种经历将给我们留下怎样一种怀念，它将成为我们心底挥之不去的共同记忆。

**五、旅行篇："更加迷茫，但完全值得"**[①]

想起来深觉惭愧，在巴西的整整一年里竟然只写了一篇日记，当初在朋友面前信誓旦旦说要写满一年的博客，然后出一本类似于《去他的巴西》那样的游记，最后当然是半页的草稿都未成形。事实是我这一年里甚至都没写过可以连成段落的中文。明明有更多时间用来胡思乱想，用来走神和分心，在上课的时候，在逛超市分辨每种食材的名称和作用的时候，在等一锅米饭煮熟的时候，在等车的时候，然而，面对天塌下来都不会慌乱的巴西人，自己的生活跟着就自然慢了半拍。花很多时间读书做摘记，逛书市在成堆的旧书中挖出葡语版的《情人》，抑郁的杜拉斯在这个直肠子国家不受欢迎，巴西人更爱理智的海明威和狄更斯。

旅行的意义在于暴走和欣赏，在南美游荡发现还多了一项重要的内容就是坐无止境的长途汽车。旅行时果断是火车党，在巴西自动成了长途汽车的忠实粉丝。某天下午经过的安宁小镇，整齐排列的小平房都有令人窝心的彩色屋顶，小镇汽车站拐出来的那个转角，有一个老人坐在木凳上晒太阳；从乌拉圭回巴西的夜车上，凝视着夕阳一点点没入地平线，原野上默默吃草的牛羊和我一样不愿回家，夜晚降临，繁星满天延伸至地面，认真看着这些的我不舍得入睡。和小玉还有日本女孩 Aya 从伊瓜苏坐夜车回来，清晨临时停靠在一个车站，从下车的地方可以看到远处地平线刚升起的太阳，一片安宁美好的景象，附近已经有一些稀稀落落的人群在等着坐最早的一

---

[①] 2008 级葡语班留学报告选段。

班汽车去上班或上学；米纳斯吉莱斯的高原郁郁葱葱，山顶弥漫浓雾，汽车犹如驶在众云之上。和琛哥坐一天一夜的车去萨尔瓦多，经过干燥的东北内陆，沿途大片广漠草原，烈阳直照，鲜有绿色，不时能望见巨石岩块孤独伫立，不景气的小镇，沿公路住的人家都开了提供汽车配件和修车业务的小店铺，但总体经营惨淡，大多时候只能坐在门口无神地盯着公路的另一端。

基于没有可参照的笔头资料，这一系列夹杂插叙和倒叙的混乱记录只能依靠回忆进行。

(一) Salta

夜晚在大集市里用蹩脚的西班牙语和商贩讨价还价买了便宜的登山包，回旅馆的路上，看到印第安人乐队在街心花园搭了舞台演出，听众反响热烈。在巴西，印第安音乐人总显得廉价且不被重视。我停下来挤在人群里疲惫地听着，还记得看见前方一对白人夫妇抱着他们的小儿子认真地听了很久才慢慢走开，两人都背着旧得邋遢的帆布包，穿着帽衫，牛仔裤拖在地上磨破了裤脚，并不是当地人。那些貌似令人乐不思蜀的歌曲却让我想起苏格兰风笛的忧伤音色，都是从广阔大地和森林深处传来的声音，恰似行走在路上的羁旅人心中的片片思绪。

从 Salta 回布宜诺斯艾利斯的路上一直在下雨，南美的长途汽车总是不紧不慢，定会左拐右绕荡过好几个小镇，途经无数条萧条的街道，简陋的平房上涂鸦分布，最多的是切·格瓦拉的头像。一个穿长裙的女孩抱着蛋糕匆匆穿过马路，走过关着门的理发店。在一个朴素的汽车站，看到一大家子在送别他们的儿子，妹妹和姐姐一遍一遍地拥抱并亲吻她们的兄弟，其他人则站在一旁不时地拍拍即将离家的年轻人的肩膀说些祝福的话语，那个对着车窗不停地抛出飞吻、哭得满脸通红的一定是母亲。这个画面我记得很久、很久，足以使我想起很多人和很多事，那些克制的亲密、犹豫而希冀的眼睛、不回头的寂寥，我们以为往前走再往前走就是未知的幸福，很多东西却遗失在身后再不能挽回。大巴驶出车站，两旁是无边无际的原野，雨水的浸润让树丛更显青翠，我望着前方无尽的公路，满心惆怅和温柔，得出一个无力的结论：旅行的意义或许就是回家。大巴里依旧放着西班牙语配音的好莱坞电影，我就在似懂非懂的话语里睡过去又醒过来。

## (二)布宜诺斯艾利斯

后来几天发生的事情包括:回到布诺,出了人头攒动的 Retiro 车站,带着神圣的心情端详这英国人留下的建筑杰作,有种繁华褪去的凄凉。另外,我经常自得其乐地回忆起某天夜晚和琛哥、园子竟然从女人桥一路走到这里,走到快疯掉,买完去往各自目的地的车票后向门口卖热狗的大叔询问回五月广场的公车,他抬起头指着快要启动的一辆车大叫"马说马说(mayo mayo①)",我们慌慌张张跳上车的情景。在高级饭店前向一个高级绅士问路,他却操着外国口音告诉我他也迷路了。回到大都市,想念那个安第斯深处的 Salta 想得快窒息,奔到雅典人书店买了一本关于它的画册。最后一个晚上,又走了一遍佛罗里达大街(Avenida Florida),迎面而来的流浪歌手、探戈舞者和街头杂耍师依旧落寞着,在那家自觉比 Freddo 还地道的冰淇淋店里坐了一会儿,往旅馆走的时候路过中央饭店,店门依旧关着,透出那种属于老上海的暖粉色灯光,气氛很暧昧,后来温故《春光乍泄》的制作特辑,里面说住在附近的老华侨还是会在每晚聚到这里打麻将,或者清出一块空地跳交谊舞。

在旅行快结束的时候,整个人却变得胆小,仿佛勇气不多不少全用完了,背着巨型登山包走在熙熙攘攘的人群中,心里怕的是永生永世流落异乡。

## (三)番外篇

还有很多细节:早晨抵达里约,一上出租车就领略到司机之间卡利欧加口音的豪放街骂,犹如 globo 电视台里上演的肥皂剧情景。已经有心理准备,但还是被那片著名海滩在无人的清晨也能展现其小清新的一面惊艳到。还有伊帕内玛的落日,美得令人发指。三个亚洲女孩在深夜的海滩富人区发疯。在安第斯遇见骑摩托游阿根廷的胡安;青旅房间里半夜闯入把我惊醒的漂亮女孩,后来我们很小声地聊天,次日清晨她很麻利地收拾好行囊,给了我一堆美好祝福后又匆匆上路了;在安第斯山深处的小镇停留一晚,午后坐在西班牙修道院的小庭院里发呆,烈日打在雪白的围墙上,鸽子很肥,

---

① "五月"的意思。

飞不高，旁边的大胡子爷爷喝着马黛茶。在当地的市场吃路边摊，土生印第安老板的小女儿对我兴趣甚浓，转着滴溜溜的大眼睛贴过来蹭我的手臂。英语导游娜奥米，一个努力赚钱的单亲妈妈，陪我一起见证静默而肃然的安第斯：天堂般纯净雪白的盐湖；回旅馆的路上，汽车沿着玉米田向前飞驰，一起听《加州旅馆》之类的老歌，聊各自的梦想，记得她那坚毅的眼睛闪着微光，其实和她相比，我的梦想都只是浮云而已。在萨尔瓦多的老城区见到两百年前的圣弗朗西斯科大教堂，静静地站在夕阳的余晖里，每天傍晚虔诚的信徒都会聚集于此进行数小时的祷告，现在我闭上眼睛，也能想象出教堂的钟声和唱诗班的歌声，只是入夜时灯火通亮的广场上狂欢的人群以及热闹的小酒吧再也见不得；还有那个落魄的冒牌导游，在他的带领下度过的混乱的一天，其实如今想起来也是旅行中最精彩的一幕……

还有很多很多，无法即时回忆起或无法轻易描述的情景，痛恨自己不断衰退的文字表达能力。但是回忆都是自己的，所以也不用害怕。总体来说我们的人生都很匆忙，赶着呈现自己的价值，抑或赶着去争取与自己价值相匹配的东西。感谢这一段游学生活，暂且算作是我的间隔年（GAP YEAR），让我得以用来审视自身的生命轨迹并以此展望未来。相信所经历的一切都应该有理可据、有迹可循，那么这一年的故事无论悲喜都是有意义的。

很久以前有人告诉我旅行是寻找不到答案的，它只会让你多了选择，甚至更加迷茫。虽然"梦想"这个词在这个社会是一个抽象遥远的概念，当我回到中国第二次看完《摩托日记》（*diário de motocicleta*），内心依然充满希望燃起时的那种激昂，如同年轻的 Evita 坐在从潘帕斯大草原上呼啸而过的汽笛火车上时的心情。当你问我巴西这一年有什么收获，我说，我更热爱世界。虽然依旧迷茫，但完全值得。

感谢 2008 葡语班的同学们，在这一年里给我陪伴、援助和鼓励，和我并肩在不同的旅途上前进，希望亲爱的你们永远年轻、永远热泪盈眶。愿你们的道路漫长，充满奇迹，充满发现。愿那里有无数个夏日的早晨。

不过，夏天来到的时候，我就要回家了。爱你们。

## 六、思考篇：巴西教育[①]

在巴西的一年留学时光已经过去，其中有许许多多的记忆留在脑海中。一年时间，不短也不长，然而，这一次的留学经历却令人难忘。从初来乍到时的陌生、不安，甚至焦虑，到逐渐了解这个国家之后的熟悉、适应和好奇，再到习惯了它的生活方式，这一切，在国内我是不可能经历的。这样的留学经历必然会成为一种财富，因为通过这一年，我们既收获了知识，也开阔了视野；既看到了国外的风景，也了解了巴西的文化。

也许，在国外的人都会有这样一种感觉，就是国外的一切似乎与国内的都大不相同。是的，中西文化的差异实在太大，我们有不同的生活方式、思维方式和价值观。而在与来自不同国家的同学们的接触过程中，我对中西文化差异的感受更深了，这种差异几乎渗透到了生活的各个方面。事实上，正是这些区别使得国外生活变得更具有吸引力，也让大家更愿意去了解这种与中国不同的文化和社会。

同样，这一年，在巴西，在南大河州联邦大学，我感受到的是一种不一样的教育方式。巴西的课堂与国内是大不相同的，它让我们中国学生感到很新鲜，但也会让我们在一开始的时候有点不适应，甚至不知所措。有时我在想：为什么老师不讲课，而是将几乎整堂课的时间都用于讨论？当然，我也经常质疑，这样的讨论究竟能学到什么？事实上我相信，绝大部分的中国学生都会有我这样的疑惑。其实大家都知道，中西方的教育方式是不同的，西方国家注重课堂上的交流，而我们注重的是知识的传授。

当然，由于时间和课程的局限，我了解到的只是巴西高等教育其中的一小部分，但是我认为它可以作为整个巴西教育的缩影。和其他西方国家一样，巴西的课堂注重的是意见和观点的交换，而不仅仅是老师告知信息、学生接收信息这样一种模式。师生之间的距离是比较近的，二者更像是朋友。巴西的课堂就是各种观点的碰撞之地，并且老师对于各种不同的见解也是持一种兼容并包的态度，甚至于在考试中，各种不同的观点都是可以被接受的，只要言之有理。

---

[①] 2010级葡语班留学报告选段。

然而,对于巴西的教育,很多当地人并不觉得乐观。他们有自己的理由:有人认为巴西教育的条件及设施并不完善,需要尽快解决这个问题;有人认为巴西对教育的投资太少,因而对政府产生不满,以至于发起游行或罢工;有人认为巴西国民对于教育的重视度不够,需要改变当前大家对教育的态度。当然,原因还有很多。不过,当一个社会对教育的未来加以重视并且采取措施去改善教育条件的时候,它的发展也就指日可待了。

其实在我看来,无论是中国教育还是巴西教育,都有自己的特点。没有哪种教育体系是完美的,只要适应本国的实际情况就是最好的。中国有自己的教育方式,以知识的传授为特征的中国教育基于我们数千年的传承,因为中国文化与社会中的很多问题是不可能通过课堂的讨论解决的,而是需要学生在获得基本的知识之后,自己去思考,去感悟出深刻的道理。而巴西是一个年轻的、充满活力的国度,这就使得巴西的课堂需要和这个国家一样有朝气,一样活跃。中巴的教育体系、教育方式不同,但是我们都可以通过一个国家的教育或者课堂去感受那里的文化气息,去领略这个国家的文化风采,同时去思考这个国家的未来。

# 第六章　意大利高等教育

## 第一节　意大利高等教育与留学政策

意大利的高等教育有着悠久的历史，早在中世纪时，就已经出现了大学，建于1088年的意大利博洛尼亚大学是欧洲历史最悠久的大学。意大利的高等教育在其千年的历史发展过程中，为欧洲乃至世界的科学发展作出了重要的贡献，也为世界上其他大学的创建提供了参考和标准。进入近代，意大利的高等教育经历了一系列的变革，呈现出更现代化、更具活力的新面貌。

近代的意大利高等教育一直采取中央集权的决策体系，到20世纪60年代，要求改革和教育平等的呼声日益高涨。意大利政府于1969年颁布了第910号法令，取消大学的入学考试，大学向所有持有高中毕业文凭的意大利人和外国人敞开大门，但后来对医学、建筑学等一些专业设入学考试名额限制，由此消除了不同的高中毕业文凭升入大学的差别。

从20世纪80年代末开始，意大利在增加高等教育自主权方面采取了一系列的改革措施，包括财政、行政管理、教学管理等多个方面。1989年意大利颁布了168号法令，规定成立专门的意大利大学科学研究与技术部（Ministero dell'Università e della Ricerca Scientifica e Tecnologica，MURST），并第一次改变了国家对大学的职能，赋予大学自主规定章程和管理院系的权利。1990年意大利颁布了第341号法令，该法令对大学的学位体制做了改革。按照此法令，引入了一种新的学位，即大学文凭（DU：diploma universitaria),也称为短期本科(laurea breve),相当于我国的专科,它的修业年限既不得短于两年,也不可超过三年,课程也仅是在大学原有的课程范围内进行,而不是形成一个独立的体系。这个短期本科主要是针对某些特定的行业领域而进行的职业教育,它与本科的区别不仅在修业年限上,在课程内容的专业化程度上也有区别。短期本科的课程由每个大学自行决定。这个法令结束了意大利的单一教学体系,真正开始了在体制上的实质性改革。之后意大利于1997年颁布了第127号法令,采取更严格的措施对大学的行政管理部门、决策和管理程序进行精简,赋予大学更多的自主权。同时在财政体系和发展计划体系方面也进行了变革,尤其是赋予每个大学自主设立本科课程和大学文凭课程的权利,并可以自主确定专业培养方向、选择老师;建立国家大学评估机制,以增强大学的竞争力,保证高等教育质量。

1999年,欧洲29个国家在意大利博洛尼亚签署了《博洛尼亚宣言》,标志着"博洛尼亚进程"正式启动。该宣言的主要内容包括:建立容易理解、具有可比性的学位体系,建立一个以两阶段模式为基础的高等教育体系,建立一种学分累积和转换机制,促进师生和学术人员流动,提高欧洲高等教育的质量,促进欧洲范围内的高等教育合作。作为欧洲高等教育改革计划之一,"博洛尼亚进程"的目标是整合欧洲的高等教育资源,消除各国之间学生流动的障碍,确定欧洲范围内高等教育系统的共同框架,提高欧洲高等教育在全世界范围内的吸引力。

意大利的高等教育改革在"博洛尼亚进程"的推动下达到了一个顶峰。按照"博洛尼亚进程"的学分转换体系,意大利也开始采用学分制。学分制不仅有利于增强学生的流动性,缩短毕业年限,而且有利于推行终身教育,同时对与所学专业相关的工作经验给予了一定的学分认可。实际上,学分(credito formativo universitario,CFU)就是学生应完成的学业量的衡量标准,它不仅涵盖了学生在校内的课程量,而且也考虑到了学生自修的任务量。一个CFU相当于25个学时,其中学生自我研修的时间不得低于一半。学生需参与的教学活动主要是为了保证对学生的文化和职业教育,包括课程、会议,由老师指导的实践、实习、实验或者去工厂或研究中心的参观,而个人研修包括课下自修、写课程论文和毕业论文以及其他练习。一个学年需完成60个学分。教育部规定了为获得学位需完成的总学分数,而每个大学可以自行决定每门课程的学分数。

改革后，意大利的大学体系形成了"358"式的三级学位体系，即：大学本科为三年，需完成180学分，取得本科学位（laurea），属于第一级高等教育；硕士为两年，需完成120学分，即共五年取得硕士学位（laurea specialistica o laurea magistrale），属于第二级高等教育；博士为三年，需取得硕士学位后才有资格申请读博士，因此共八年取得博士学位（dottorato di ricerca），属于第三级高等教育。但医学、外科学、牙科学、兽医学和药学按照欧盟的统一规定，一律为五年制，选择这几门专业的人需经过入学考试，完成五年制的课程后直接获得硕士学位。

除了这三级学位体系，意大利高等教育还引入了一级硕士（Master di primo livello）和二级硕士（Master di secondo livello）。一级硕士主要是在某些特定的学习领域提供更深入的职业教育，面向已取得本科学位的人，可以是已参加工作的人，属于第二级高等教育；二级硕士是面向取得硕士学位后的人的高级教育，属于第三级高等教育。这两级硕士的学期分别为一年，至少完成60学分，但取得一级硕士和二级硕士的人不可以申请读博士学位，因为一级硕士和二级硕士不是国家颁发的文凭，而是由大学颁发的。

学位体系的改革是意大利大学进行的最深刻的一次变革，并初见成效，它缩短了取得学位的年限，降低了辍学率，毕业的平均年龄也有所下降；同时通过引入实践经验的要求和提供跨学科的学习机会，将文化知识学习和职业技能相结合，提供多层次的教育体系，为学生在国内和国际的流动提供便利，提倡终身教育，使教育满足社会经济文化需求。它使得意大利的高等教育变得更具灵活性和多样性，与世界接轨，增强了意大利高等教育学位与其他国家的兼容性和可比性。

2004年中右政府教育部部长莫拉蒂（Morrati）签发了第270号部长令，引入了所谓的"Y"系统，即本科第一年为基础教育，学习结束后分成双轨：学术轨和职业轨。学生被分为两个培养方向：一个是以就业为目的，偏向专业学习，即职业轨；另一个是以继续研究为目的，偏向理论和方法学习，即学术轨。但这两个方向都不影响学生毕业后继续硕士学位的深造。

2006年中左派政府上台，但并未取消原有改革，而是进行了调整，规定"Y"体系的改革必须在2011年内完成。另外提出了一些新的规定，如对考试科目的数量进行限制，规定本科最多20门课，硕士最多12门课；所有的大学都要保证至少有一半的教师是终身教师；学生在换专业和转学校时，已取得的学分应得到承认,各个大学都应以统一的标准来决定学生已取得的学分有多少是有效的,并且有效学分不得低于已取得学分的一半;此外还有如加强对青年研究人员的培养,建立一个独立的评价机构并依据其评价给各大学分配资金、改善学生的条件、增加国家对教育的投入等等。2006年11月第286号法令成立了国家大学和科研体系评估机构(Agenzia Nazionale di Valutazione del sistema Universitario e della Ricerca,ANVUR),该机构独立于行政管理机构,对得到公共拨款的公立或私立研究机构和大学的质量进行外部评估,如此以保证大学和研究机构的教学和科研质量。

参照"博洛尼亚进程"进行高等教育改革后,意大利大学体制更加灵活,更加关注社会的变化,适应社会的需求,并且注重教学改革的实现,意大利的大学更加开放,更便于外国留学生来意大利求学。面对中国这个巨大的留学市场,意大利于2005年由意大利大学校长联合会发起,开始面向所有中国学生推行马可波罗计划(Marco Polo),密切意大利与中国之间的学术交流,巩固两国间业已存在的稳定关系。

总共有50多所国立大学参加了这个计划。按照马可波罗计划,中国高中毕业生可攻读意大利大学三年制本科课程,大学毕业生可攻读意大利大学两年制硕士课程。

之后,意大利教育部于2009年制订了图兰朵计划(Turandot),这是一项专门针对中国艺术、音乐、美术和设计类学生的官方计划,以吸引更多的中国学生到意大利学习。该计划为具备中国和意大利政府合作背景的官方留学合作项目。通过该项目获签的中国学生将在意大利接受六个月的语言培训课程,在课程结束之后,如果通过了最终的语言考试,即可在意大利国内预选的艺术类院校注册。

申请马可波罗计划或图兰朵计划需具备的条件是:如就读本科课程,应具备高中毕业证书且高考文化课成绩不低于380分;如就读硕士课程,应具备学士学位证书。

意大利大学正以其独具特色的魅力吸引着世界各地的学生来此求学,并以一种越来越积极的姿态参与到世界教育的合作与竞争中。

## 第二节  2001级意大利语专业学生留学报告集锦

### 一、留学概况[①]

　　金秋九月,我们圆满地结束了在意大利为期一年的留学生活,重新回到熟悉的母校开始了大四最后阶段的学习。恰逢我校校庆五十周年及校名更改为中国传媒大学的双喜临门,怀着无比激动的心情,我们用手中的笔和相机记录下过去一年里我们所共同经历的酸甜苦辣,在回味这美好经历的同时也希望能够留给学弟学妹们可供借鉴的经验,用我们的留学成果作为献给母校五十年华诞的礼物。

　　2003年10月,受母校中国传媒大学派遣,我们2001级意大利语专业一行26名同学,怀着激动又忐忑的心情离开了首都北京,到达意大利佩鲁贾开始了我们为期十个月的学习生活。

图6.1　佩鲁贾学联全体成员在梵蒂冈圣彼得广场

---

① 作者:杨晓囡。

2002年中国传媒大学与佩鲁贾外国人大学建立了友好合作关系，并制定了一系列文化教育交流的方案，签订了留学协议。2003年10月中国传媒大学第一批本科三年级的意大利语专业学生赴佩鲁贾进修学习，此次留学是两校之间友好合作的第一项重要内容，它为今后两校进一步的教育和文化交流奠定了基础，也为国内非通用语教育的国际化树立了典范。

虽然在国内已经学习了两年意大利语，可初到意大利，我们还是发现自己的听说水平比较薄弱。意方先为我们安排了水平测试，根据成绩将大家分入1、2、3三个等级就读。两个月后进行了阶段性学习考核，大家都在短时间内取得了进步，特别是意大利语听说能力有了大幅度提升，受到了老师们的普遍好评。2003年末，学院的领导千里迢迢来到意大利探望我们，并同外国人大学的校领导进行了会谈，双方领导还特意为我们和意大利籍学生组织会餐，增进两校学生之间的交流。经过一段时间的学习，大家的意大利语水平有了质的提高：在听力、口语上有了显著的进步，在语法运用上比以前更加纯熟，在对意大利文化的了解上也越来越深入。在学校组织的级别结业考试中，我们以优异的成绩全体通过考试，用行动证明了中国当代大学生的实力。接下来的时间，大家根据各自的情况继续完善自身的知识结构，以更大的热情迎接新的挑战。

异国的学习对大家意大利语水平的提高有很大的帮助，同时对即将走向社会的我们来说也是不可多得的锻炼机会。在意大利生活的10个月里，我们不仅是求学的学生，更是融入当地社会独立生存的个体，我们不仅代表着我们自己，更代表着中国新一代大学生。在学习和生活中我们得到了前所未有的收获，同时也经历和体验了在国内不曾有过的困难和挫折。这些经历不仅是对我们的磨炼，更是我们人生经历中一笔不可多得的财富。

祖国和母校给了我们出国进修的机会，意大利为我们提供了锻炼的环境。这次短暂的意国留学经历必将成为我们服务于两国友好交流的基石，在今后的学习和工作中，我们将会更多、更深地接触和了解意大利，为国际传播事业作出贡献！

## 二、意大利风光[①]

位于市中心的13世纪建成的马焦雷大喷泉(Fontana Maggiore)使佩鲁贾的11月4日广场(Piazza Ⅳ Novembre)显得更加气势磅礴,与众不同。这个壮观的大喷泉于1277年建成,上面装饰有《每月劳作》《亚当和夏娃》和《伊索寓言》中的一些场景,也是古老的供水系统的一部分。用这样杰出的艺术品来装饰喷泉,可见这个供水系统对中世纪城市的生存是多么至关重要。

图6.2 著名的马焦雷大喷泉

图6.3 意大利街头风景

在喷泉的北面是一座哥特式教堂,台阶上人与鸽子和谐相伴。从广场一直走下去便是万努奇大街(Corso Vannucci),不管是白天还是晚上总是人涌如潮。大路的右边是旧宫(Palazzo dei Priori),又称市政厅。在市政厅内有翁布利亚国家美术馆(Galleria Nazionale dell'Umbria),里面藏有居住在

---

① 作者:高鹏。

翁不利亚的杰出艺术家的作品。

大街的尽头是 Giardini Carducci,这里有佩鲁贾另一种美丽景色,你可以欣赏到星光闪烁下的山脉。

### 三、意国风情①

图 6.4　意大利风光

留学的日子是漫长的,但又是充满新奇挑战的。正如古语所说:不入虎穴,焉得虎子。虽然意境微妙了点儿,但其中敢于融入的胆识和精神却是异曲同工。

意大利是个浪漫古老的国度,有着光辉灿烂的历史和文化,我们有幸来到这里亲自体味,是一种缘分,更是一种历练。来到这里半年的时间虽然不算很久,但我们感受到的气息和风土人情却是五彩缤纷、难以忘却的,这其中包括意大利的民俗民风、历史古迹、饮食文化等等,而我想说的是意大利的传统节日,因为节日也是一种文化底蕴的体现和写照。

意大利有很多传统佳节,大多与宗教有关。大体上分两种:一种是全民的节日,举国欢庆,如圣诞节、复活节、主显节、圣母升天节等等;还有一种是地方性节日,区域内的庆祝方式,如威尼斯的面具节、西耶那的赛马节、佩鲁贾的巧克力节等等。这些节日的形式让人眼花缭乱,叹为观止。

记得刚来佩鲁贾的时候正逢一年一度的秋季巧克力节。我们这些好奇的同学纷纷涌进人群去"入乡随俗"。来到市中心的集市上一看,大家都惊呆了。一座座像蒙古包一样的白色帐篷展现在眼前,人们在兴致勃勃地品尝各种巧克力,而店主则热情地招呼南来北往的游客。我们也按捺不住美味和激情,融入这画卷中。一排排的巧克力看得我眼花缭乱,种类多

图 6.5　意大利巧克力

---

① 作者:郭彬彬。

达上百种：黑巧克力、白巧克力、牛奶口味的、Cacao 口味的、原味的、椰子味的；形状也是千奇百怪：有宗教人物图案的、动物图案的、长筒的、方形的；颜色更是不用说，光包装纸的样式就足以征服购买者的眼球。一摊一摊地挤过去，看着自己渐渐鼓起来的口袋和瘪下去的钱包，只能慨叹欧洲人真的很会做生意。

在巧克力王国里众多的品牌中，我最有感触的还是佩鲁贾的招牌巧克力——Baci! 这个品牌对于佩鲁贾乃至意大利来说都可以算是 Principe。它的发展经历了很多阶段，由刚开始的样式、味道、名字，到如今风靡整个欧洲的独特魅力，都让人感叹它的智慧含量和常青树地位。Baci 是由纯巧克力和果仁做成的，形状很可人，味道纯正浓郁，外面包装以蓝色星星图案主打，十分抢眼。在意大利的各个城市、各个角落，我们都可以窥探到它的身影。尤其是情人节到来的时候，Baci 的身份和地位更是不可替代。

图 6.6　佩鲁贾的招牌巧克力——Baci

图 6.7　巨大的 Baci 模型

走到"蒙古包"的尽头，可以发现有个巨大的 Baci 模型，是由数千个小的 Baci 巧克力堆砌而成的，它已然成为巧克力节的灵魂所在。往来的观光者更是络绎不绝，大 Baci 模型一下子成了佩鲁贾的一处人为景观，而长龙形的"蒙古包"和购买的人群则构成了这里又一道亮丽的、充满巧克力味道的风景线，让人振奋不已。我们从未见过如此盛大的、独具匠心和充满奇异特色的佳节。大家满载而归的不仅仅是口袋里的巧克力，更多的是对意大利传统节日的感叹和联想。

是的，透过眼花缭乱的节日盛典，我们需要思考的很多。为什么这样的饮食节日可以绵延至今？这无疑是背后饮食文化力量的推动和人们心中对标志性事物的珍惜崇拜的体现。为什么这样的节日可以吸引除了本国以外的众多游客？这是否与除了商业技巧以外的原因有关？为什么意大利的"国有"品牌可以这样坚不可摧，是保护得当就能做到的吗？很多很多问题值得我们去思考、去比较。也许节日的内涵不在于它有多么盛大、多么著名、多么周而复始，而在于它引发我们的思考，和它本身所拥有的智慧一面。

感谢巧克力节给我们的一切收获，让我们在异国真正地去体会了一次"意"国风情。

## 四、梦开始的地方①

我曾记得出国前自己是去是留难以决定时的无奈与彷徨；也曾记得看见父母拱手掏出多年积蓄时我的沉默与感伤；也不忘大家千辛万苦、历尽波折地办理出国手续，并不畏严寒彻夜守候在使馆门外的那些日日夜夜；亦不曾忘记父母亲戚送别时的难舍难分；更难忘记当飞机穿越阿尔卑斯山脉时的新奇与欢喜……

所有的一切历历在目，犹如昨夜的一场梦，梦醒时分，却发现岁月无情。我们实在抓不住时间的定格，转眼之间，我们已走过了在意大利留学的九个多月。在这些喜怒哀乐堆积的日子里，风雨兼程，有许多不曾体会过的经历。或许一次次的磨炼与考验，都是人生路上一座座小小的里程碑，而人就是在这些或浅或深的足迹中得到锻炼的。

你说我身体里遗传着流浪的鲜红，注定要背起行装，峰回路转，不远千里，漂泊远方，为了求学，为了转变，更为了一个梦。意大利——曾经不知重复多少遍的名字，如今自己亲身零距离地踏上了这方净土。她的一切，就像尘封已久、亘古千年的谜，散发着无穷无尽的魅力与诱惑，而我们就像是年轻的探险者，一步步地揭开她神秘的面纱。

陌生的国度、陌生的城市、陌生的人群，对我而言，一切都将从零开始。在这条没有终点的起跑线上，我不清楚该用怎样的速度才能跟得上这世界变化的脚步。但我清楚地记得初到佩鲁贾的那段日子，生活就已掀起了层层波澜，一切都没有像我想象的那样风平浪静。我住的地方距离大学要步

---

① 作者：戴勇。

行 20 多分钟。房间不算大，里面陈列着简单的家具，条件还算可以，唯一不满的是那些发霉肮脏的枕巾床单。我好几次向房东提出要求，但迟迟没有回音。有好几夜，我就是这样穿着衣服睡觉的。这也罢了，可是刁难的房东又提出一些无中生有的苛刻要求，一气之下我毅然决定换房。生活就是这样等待创作的黏土，全掌控在自己的手中。生活又是等待勇敢尝试的试金石，经过一次次的磨炼，从啃面包的日子到烹调可口饭菜的过程，难道不是一种长进吗？

远离父母，自己独立生活，这并不是一条鲜花铺满的道路。后来发生的一件重大事情让我大彻大悟，明白了生活原来是一门必不可缺的学问。一天，我和几个同班同学出去郊游，回来的时候发现钱包离奇失踪了。我把它放在贴身的背包里，而且背包从未离过身，唯一可能就是拿照相机时给顺掉了。我陷入恐慌和不安中，挂失后才知道 VISA 卡里少了 200 多美元。悔恨、自责、沮丧、无助，所有的不安如同一场暴风骤雨向我袭来，有种窒息的感觉。我不敢相信自己的疏忽大意酿成了这场本不该有的悲剧。手上的现金除了交付学费和房租外，剩下的为数不多。那段阴暗的日子生活过得窘迫。从此，我无论做什么总保持一颗谨慎的心，这就是生活带给我的财富。

我不知道这一连串的不幸是不是上天有意的安排，还未得以喘息，人生路上又竖起了一道屏障。开学初的水平测试，我意料之中被分在了一级。两年的国内学习生活似乎过得浑浑噩噩，心里十分矛盾，前面的路突然变得如此渺茫，我自己也不清楚这沉痛的代价将会有怎样的一个结果。回首过去的岁月，一路走来才发现与同行的人隔着一条不可逾越的鸿沟。就在人生的岔路口，思想斗争不止一次萦绕着我，我选择了迎难而上，一步一步踏实地往前走，何必过多地遗憾过去。我坚信，风雨过后必有美丽的彩虹，总有东山再起的一天。因为这里是我梦开始的地方，有梦就有希望，而勇气与信心是唯一一座能够跨越的桥。一级课程所讲的语法简单枯燥，但老师把重点放在听说方面，而我的薄弱环节就在于此。一个月下来，我能用简单地道的意大利语和别人交流了，听力也提升得很快，这使我相信语言环境真的很重要。

2003 年末真的发生了很多事，冷静思考之余，我没有把人生挫折当成上天的惩罚，而是当成人生的考验，从中我又找回了谨慎、独立、自信、开朗。

2004 年初的两个多月，生活过得有点平淡，我已习惯这里的生活，其间又换了一次房,因为近300美元每月的房租实在是太奢侈了。同房的室友大都是意大利人,平时和他们交流的时候,他们会纠正我的语法错误。这里的学习环境得天独厚,除了有优秀的老师、优良的教学方法外,三级的文化课让我们走出了课堂,参观了博物馆、企业工厂、旅游景点等等。这对于开阔我的视野、拓宽知识面,有着不言而喻的作用。空闲的时候,我喜欢旅游,无论是有"露天博物馆"之誉的罗马,还是有"文艺复兴摇篮"之誉的佛罗伦萨,无论是有"亚得里亚海上珍珠"之誉的威尼斯,还是有"世外桃源"美称的翁布利亚,它们都给我留下了难以忘却的印象。我爱上了意大利,有种像对恋人的无限眷恋。

留学的日子转眼就结束了。春暖花开,春去春又回,有着无限的畅想与爱怜。一年之计在于春,把握好生活的每一刻,一定会创造出人生美好的神话。

过去的时光,日日夜夜,点点滴滴,起起落落,早已深深地印入我的记忆深处。我离开了自己的过去,有了一条更加确定的路。梦开始的地方,有自己前进的方向,就算迷茫,就算彷徨,也还要去闯。一路走来,才发现梦的答案一直在自己手上,只有自己才能让自己发光。

## 五、衣食住行[①]

意大利的时装,在世界上久负盛名,它以传统的手工精巧、用料讲究、款式新颖而著称。意大利时装业的发展,几乎可以和巴黎形成较量。难怪只有意大利的时装编辑才会如此夸海口:"范思哲和阿马尼是我们当今的米开朗基罗,他们用服装圆了我们的梦。其他任何东西都不是现代的,只是为了给我们遮体而已。"

我爱穿、爱逛街,到哪里旅游也不忘去当地的服装店逛一逛,买上几件心仪的衣服,哪怕价格"匪夷所思"令我空手而归,也可以享受非常。在我眼中,设计精良的衣服是一件件美轮美奂的艺术品。在拿到来意签证的那一刻,我欣喜若狂,终于有机会亲自领略意大利服装文化的一二了。

在罗马,当我站在西班牙广场前,看着蓝天白云映衬下更显壮丽的建筑

---

① 作者:李炜乐、张帆、滕芸、成静。

物，还有台阶上坐满的来自不同国家、不同肤色、穿着各异的人们，不禁联想起在这里的T形台上，光鲜靓丽的模特走秀的场景，让我第一次感受到了这个时装之乡的魅力所在。在米兰，多摩（Duomo）后身的步行街就是米兰城的灵魂，大大小小的时装店、鞋店和散落其间的咖啡馆。法国的时装以款式著称，意大利则是以品牌而闻名。在名为蒙特阿波利（Montenapoleone）和圣安德烈（Sant'Andrea）的两条小街上，云集了 Emporio—Armani, Fendi, Alfred Dunhill, Hermes, Gucci, Prada, Versace 这类顶级名店。在这里，可以买到刚刚在秋冬时装发布会上见到的新款时装和皮具，难怪买者络绎不绝。当然这些衣物自是价格不菲，动辄都要几百、上千欧元。这种是贵族购物。真正的Shopping，还得回到刚刚提到的那条宽大的步行街上。这里也有一些颇具声誉的成品时装店，如 Max&co, Maxmara, United Colors of Benetton, Motivi, Sisley 等等。

来意一段时间以后，我对意大利的服装文明有了更深层次的理解和感受。意大利人以自己的服装设计为荣，他们注重服饰，穿衣服讲究合体；注重服装的色泽和款式，上衣、裤子和皮鞋的颜色搭配讲究协调，服装的颜色和样式要与自己的肤色与性格相适应。他们逢年过节，或者去剧院观看演出，或者前往亲戚、朋友家做客，衣着总是十分讲究。一般妇女穿戴、打扮得都很漂亮，她们喜欢穿裙子，很少

图6.8　意大利时装

图6.9　琳琅满目的意大利皮鞋

穿长裤。服装款式很多,颜色各异,无奇不有。中老年男士也穿红色上衣、碎花衬衫,并且他们习惯在不同的场合穿不同的服装。可以说,在意大利,外表就是一切。

我生活在翁布利亚的首府佩鲁贾,一座静谧的山城,Centro 也就是巴掌大的一块地方,可是服装店却种类齐全。趁打折的时候,我也会时常买些袜子、衬衫、T 恤之类的东西,设计都很简约,可穿在身上却很抬人气质。Bata 的鞋店我经常光顾,那里的鞋材质好,穿着也特舒服。哪怕是普普通通的一家小店,静静地观赏一番也别有风味,不仅装修很精巧,服装摆设也是别具匠心。

最后,不能不让我提到的就是 MaxMara。

意大利的时装品牌多不胜数,并且每一个都是响当当的世界品牌。在众多的品牌里,MaxMara 已经成为意大利时装王国的领军人物。MaxMara 品牌的创造者——阿基勒·马拉莫蒂(Achille Maramotti)继承了他们家族对于时装的热爱,于 1951 年推出了第一个 MaxMara 品牌系列。当时的设计简洁、线条明快、轮廓清晰,得到了时装界的认可。

随后,阿基勒·马拉莫蒂又于 1969 年推出了名为 Sportmax 的时装系列,这是专为 18 至 30 岁的年轻女性设计的时尚系列,剪裁同样简洁、优雅,大受欢迎。这一系列的推出为阿基勒·马拉莫蒂家族赢得了荣誉,同时也为 MaxMara 品牌的发展打下了坚固的基础。

图 6.10　意大利时装秀

图 6.11　意大利著名时装品牌——MaxMara

图 6.12　意大利比萨

发展至今，MaxMara 已经稳固地立于世界时装舞台。它历久弥新的款式、精致考究的面料、无懈可击的剪裁，以及完美的品质，都已成为 MaxMara 品牌的象征。

品尝过国际连锁的 Pizzahut，体味过北京东单的意大利餐馆 Rita，如今能够身临其境地感悟意大利美食文化，不失为一种享受。然而，这种享受在我到达意大利的初期并未得到充分的体现。那段日子，由于刚刚离开祖国，一种对家乡菜的思念抑制住了对意式美食的好奇，所以更多时间是和同学们一起烹食中餐。大家在一起相互切磋着各自在出国前现学的拿手菜，相互交流着中国源远流长的美食文化，这种在饮食起居方面的锻炼是我们这些同龄人在国内所未曾经历过的。只是偶尔会在路边的 Pizzeria 买上一张 Pizza 来满足一下胃口的饥渴。直至 11 月初随同外国人大学的旅行团观游威尼斯时才首次真正意义上零距离接触意式 Pasta。没想到这第一次竟然闹出了笑话。当时我们在所寄宿的三星级宾馆共进晚餐，由于是第一次参加学校组织的这种活动，对宾馆所提供的包括晚餐、早餐式的服务缺乏了解，担心只是一种服务形式，不会是那种正式的家宴。当热情的服务员端上正宗的意大利 Pasta 时，尽管大家都在尽力掩饰，以免露怯，但还是表现出了前所未有的欣喜。在相互交换了 Buon appetito 后，我们便开始了到达意大利后这最幸福的时光。没想到刚吃到半饱时，服务员又盛上了第二道肉食。看着那略显殷红色的鲜嫩小牛排，以及威尼斯特有的海鲜，大家相视一笑，交换着那稍显悔恨、无奈且贪婪的目光。吸取了前面的经验，我们不约而同地放慢了咀嚼的速度，品味着这美好幸福的时光。

经过那一段调整适应性的锻炼，11 月开学后，紧张的学习生活占据了我的大部分时间。我逐渐感受到了自己的懒惰，从先前的米饭加炒菜，过渡到 Pasta 和 Spaghetti，由以前的一日三餐减少到一日两餐。只有到了周末，才想起来改善生活，做一些自己想吃的东西。其间，我和几个朋友聚到一起包过饺子、包子，蒸过馒头，炖过猪蹄……但大都仅仅局限于传统中餐，对意大利美食文化的接触仍然有限。虽然有时和朋友去意大利餐馆开开洋荤，但那种品尝只是表面的。经验告诉我，想要感受其实质，只有深入意大利人的家庭,近距离地和他们生活在一起。于是我尝试着找房,幸运地和三位意大利的大学生住在了一起。碰巧他们也对中国美食情有独钟,我们时常聊起各国的饮食,虽然在一起仅仅生活了两个多月,但我已经学会了几种 Pizza 的烹饪方法。此外,我还在他们的影响下迷上了咖啡,对葡萄酒的饮用也由先前的不懂乱饮到现在能够鉴别其优质程度。这种入乡随俗式的转变才是我此次留学收获的精髓。这两个月,我不仅在语言的听说能力方面有了惊人的进步,同时在饮食习惯上也觉得自己更"西化"了,并且随之发福。当然我们在相互的交流中也存在着由文化或生活习惯的差异所导致的"冲突",如中国人喝热水,意大利人吃生 Pancetta,因为我们有着各自不同的饮食文化和生活习惯,所以也就不再勉强了。

第二年春暖花开之际,我也开始了自己的旅游计划,每到一座城市都会按照朋友们的建议去尝试一些当地著名的 Pizza、Dolce、Gelato……力求全方位感受意大利的美食文化。

图 6.13 意大利美食

直到现在我还清楚地记得来到佩鲁贾的第一个晚上……那已经是夜里 11 点多了,我们四个女孩拖着疲惫不堪的身体乘出租车来到了预先安排好的住处。我强打起精神敲了敲门,意外的是开门的不是房东,而是那间房子的住户。当时我们四个女孩完全惊呆了,不知道发生了什么,更不知道该如何解决。在这陌生的环境里,想到我们四个头天晚上就要露宿街头,眼泪瞬间滑落了下来。一个中国姐姐的出现帮我们摆脱了困境。她帮我们打电话叫来房东,原来是地址写错了,这成为我们留学生活的第一个小插曲。

随着生活上日渐习惯,慢慢地发现找房子有其特殊的一面。首先,佩鲁贾是个大学城,所以房屋的出租率很高。当地人大都有两套房子,一套在郊外自家享用,另一套位于市内出租。房客除了外国人还有相当一部分意大利学生。因为学生太多了,房源供不应求,房价高得惊人。

记得我搬的第二个家,仅仅一个单人间不包括水电气费就要 330 欧元/

月,离学校步行20分钟。这样的房价可能是略高了一些,但整体来讲,单人间是很难找到低于250欧元的。不仅如此,房子的条件也都很一般,换句话说,不管房子的条件有多差,为了挣钱房东都会出租的。在我找房的过程中,一个单人间给我的印象最深:那里没有窗户,屋里除了一张床、一个小写字台,根本容不下第二个人。看到这样的房子,我的心都凉了……那一幕我永远都不会忘记。

在佩鲁贾找房子主要有两个途径。一个是每周三、周六出版的名叫Cerco & Trovo 的报纸,上面登载了有关二手物品买卖、找工作的消息,其中一版是房屋出租专栏,一般只介绍房屋位置和条件却不注明其价格。另一个途径就是学校公告栏贴的小纸条,我现在住的房子就是通过它找到的。一般来说,贴纸条的都是意大利的学生,他们喜欢几个人合租一套房子,然后再找人分别租出去。不过这种情况他们大都会在求租者中挑选他们满意的,所以需要很强的耐心,结果往往都是杳无音信。

当然找房子的过程也不都是灰色的。我曾经在找房问路的过程中认识了一位意大利老先生。他不仅给我指路,还亲自带我到了目的地。我们边走边聊,既锻炼了我的意大利语口头表达能力,又学到了许多书本上学不到的知识。现在有时在上学途中还能看到他在散步,老先生总是很热情地和我打招呼,我们因此也成为不错的朋友。

一个人出国在外,需要很多的生活技能,要学会如何生存,这是我最大的感悟。通过找房子,我也体会到了生活的不易,更感触到了自己需要锻炼的还有很多很多……

出国前,曾经暗下决心,到佩鲁贾后要"一心只读圣贤书",绝不到处旅游,可当飞机降落在罗马机场的那一刻,我就被这异国风情所深深吸引了。在佩鲁贾休整了几天,我便开始了我的意大利之旅。

**罗马,梵蒂冈**

清晨坐大巴出发,太阳冉冉升起,天空蔚蓝得不见丝毫杂色,公路两旁是绵延不断的果园和橄榄林。按捺不住内心的喜悦,因为三小时后,我们将到达意大利的首都"永恒之城"——罗马。

我们在梵蒂冈下车,气势宏伟的圣彼得广场映入眼帘。广场呈椭圆形,两侧由两组半圆形大理石柱廊环抱,地面是由黑色小方石块铺砌而成的。广场四周每根石柱柱顶142尊神采各异的圣人雕像,仿佛在为每一个前来朝拜和观光的人祈祷。广场正面的大圆屋顶的建筑就是世界上最宏大、最壮丽的圣彼得教堂了。我们仿佛走进了一座宗教圣殿。虔诚的信教徒们有的在默默祈祷，有的在暗自忏悔，还有的因为看见圣彼得的骨灰盒而轻轻拭泪，气氛十分感人，让我深深感受到了宗教在西方人眼中的神圣不可侵犯！

图 6.14　圣彼得广场

出了教堂，穿过天使古堡，我们便到了少女喷泉。按习俗，如果背向喷泉往水池中投一枚硬币，可以重回罗马，所以又称"许愿池"。在那清澈见底的水中，闪闪发亮的，不单单是一枚枚的硬币，更是人们心中一个个美好的愿望。坐在我对面的是一对情侣，男的正拿着戒指向女的求婚，女的喜极而泣，此情此

图 6.15　罗马斗兽场

景，既浪漫又温馨。我想水池中一定有一枚硬币承载着他们天长地久的美好愿望。

去罗马当然不能不去被誉为世界第八大奇迹的斗兽场，它是罗马帝国的象征，也见证着罗马帝国的兴衰。如今的斗兽场，虽残缺不全，但仍不失雄伟壮观的气势。每当想到这座巍峨壮观的圆形建筑是用来让角斗士与猛兽搏斗并供贵族取乐时，我就不寒而栗。

**佛罗伦萨**

还记得历史教科书中说"佛罗伦萨是文艺复兴的诞生地"，没想到真的有幸一睹它的真面目。去时是雨天，给这座文化古城平添了一丝忧伤的色彩。

穿过幽静的大街，两旁的建筑显得严肃而庄严。突然间，你会看到 19 世纪大教堂，外墙由淡绿白色大理石砌成，按几何图案装饰起来，呈现出一派欢乐气氛，与旁边的钟楼相对应。接着向南走便到了市政广场，它是文艺复兴时

代辉煌艺术的象征,仿佛一座露天雕塑博物馆,最著名的莫过于美术三杰之一的米开朗基罗的《大卫》,曾在电视上、书上见过无数次的画面终于真实地出现在眼前。

### 威尼斯

来意大利后常听人说意大利有三个地方最值得去:威尼斯、罗马和佛罗伦萨。水都威尼斯排行第一必有其独特之处。在车上颠簸了五个小时,好不容易才到。天公不作美,下起蒙蒙细雨。乘"TAXI"——汽艇到城内,整座小城仿佛都置身于水中。走在精巧别致、风格各异的小桥上,好羡慕那些穿着长靴在水中漫步的人,那应该别有一番滋味吧。

图 6.16　威尼斯

第二天,艳阳高照,波光粼粼的海面倒映着蓝蓝的天空。坐在汽船顶上,晒着太阳,吹着海风,看着一只只装饰漂亮、两头尖翘、月牙形的冈朵拉(Gondola)从旁边驶过,船夫戴着草帽,身穿白底红条衬衣,边划边唱,歌声悠扬动听。威尼斯城内的水已退回海边,成群的鸽子在广场上悠闲踱步,等待游人喂食。

### 米兰

或许是受电影《嫁个有钱人》的影响,我一直向往时尚之都米兰。出了火车站,我不禁感慨这不愧是一座大都市,车水马龙,一片繁忙的景象。记得文化课上老师说过,去米兰不去Duomo大教堂就不算去过,我的第一站就是直奔市中心的Duomo广场。教堂巍峨壮丽,样式奇特,顶上有135座大理石尖塔,远远望去,仿佛浮现于空中的尖塔之林。广场北面是用彩色玻璃覆盖的米兰走廊,两侧店铺林立,热闹非凡。走廊中间的地面画着一头牛,据说鞋跟踩着牛角逆时针旋转两圈,可以重回

图 6.17　米兰 Duomo 大教堂

米兰,四周站满了来自各国、各种肤色的游客,看来大家都梦想有一天再回到这个繁华地区,故地重游。

作为球迷,我当然不会错过梦寐以求的地方——圣西罗(San Siro)体育场了。参观了博物馆,对国际米兰、AC米兰又加深了一些了解,还与维埃里、特拉帕托尼的蜡像合影,第一次零距离接触。在工作人员的带领下,我们参观了整个球场、球员休息室和采访区。坐在空荡荡的看台上,我闭上眼想象着场内正在进行着国际米兰和AC米兰的同城之战,身边无数球迷在呐喊助威。

图6.18 那不勒斯街景

### 那不勒斯

那不勒斯(Napoli)是意大利著名的海湾之一。去时是3月,没能去海滩一边欣赏美景,一边享受太阳浴,还好住的旅馆在海边。清晨起来看日出,阳光如金子般洒满海面,蓝天、海水、高山、小楼像一幅油画,美丽得让人觉得不真实,怪不得俗语说"见了Napoli,死了也甘心"。

图6.19 那不勒斯海湾

进入那不勒斯市内,名胜古迹很多,如世界著名的国立考古博物馆、王宫、圣卡罗歌剧院、新古堡等。

### 留学指南

佩鲁贾地处意大利的绿色心脏——翁布利亚大区,它的建市时间要追溯到公元前9世纪,可谓历史悠久。环城城墙是伊特鲁斯式的建筑,城市地形与中国重庆市相似,以山地为主,气候温和湿润,但四季的气温与北京基本持平。

佩鲁贾之所以有"意大利小联合国"的美誉,主要是因为佩鲁贾外国人大学的存在。佩鲁贾外国人大学历史悠久,是意大利资格最老的教授意大利语、传播意大利文化和文明的高等学校,是外国人学习意大利语的最佳选择。1992年2月17日,佩鲁贾外国人大学被意大利政府正式定格为正规高等院校,设置意大利语言和文化系、语言科学学院和比较文化学院。该校除设置意大利语语言和文化课程外,还有四个三年制本科班,招收外国学生和意大利学生:

- 外国人学习意大利语言文化班(ILIS)
- 全球传授意大利语言文化班(PLIM)
- 广告技术班(TEP)
- 国际通讯班(COMINT)

除此之外还有一个两年制的外国学生意大利语教学法研究生班,招收外国籍和意大利籍学生。

对于大多数中国人而言,普通科五个等级的学习,是学习和强化意大利语的最佳选择。一至四级的学习期限均为三个月,分别列为初级班、加强班、中级班和提高班,五级为六个月,属于高级班。此外,四、五级除了学习基本的意大利语语言和练习以外,还另外分设三个方向,即语言、文化和技术—经济。学生可根据自己的水平和志向报取感兴趣的专业学习,但在入学之前需要参加水平测试进行分级。各个等级具体的开班时间为每年的1月7日、4月1日、7月1日和10月1日,全年都可以报名。就读时间达到规定学习期限者,可以参加考试。考试均在每季度第三个月的月末进行,内容包括笔试和口试。考试合格者可获得相应各等级的证明或证书。只有最终通过五级考试者,才能获得毕业证书。此外,为了丰富同学们的课余生活,学校还组织了丰富多彩的活动,如讲座、报告会、电影、观光游览意大利的主要艺术城市等。

对于已经到达意大利的学生,可以直接到学校一层的学生关系办公室(Ufficio Relazioni con lo Studente)进行咨询,工作人员将告知具体的报名手续和上课情况。对于尚在国内想要来佩鲁贾留学的学生,可直接前往北京意大利大使馆文化处领取佩鲁贾外国人大学的最新教学计划安排,或登录大学网站http://www.unistrapg.it 予以查询。

住宿:对于首次留学佩鲁贾的人而言,可以通过 Atena Service 来找房,它是一家集各项服务于一体的住房中介公司。而对于那些在佩鲁贾有过生活经历的人,则可以通过 Cerco & Trovo 广告栏的帖条来找房,这样既经济又实惠。

通讯：佩鲁贾上网方便，其中 Informa Giovani 是由政府设立开办的，每天提供最多半小时的免费上网时间。另外还有一些网吧是需要付费的。联通国内的电话，如果有固定电话，得利卡和 PT SHOP 卡是最佳选择，5 欧元通话约 180 分钟；若没有固定电话，话吧经济实惠，8 欧分/分钟。

购物：佩鲁贾有三个商业区，购物方便，有市中心的 Corso Vannucci，有乘 9 路车可直达的 Warner Village，有乘 4 路换乘 80 路可到达的 Collestrada(Ipercoop)。

## 六、我的被盗经历[①]

来到佩鲁贾已有六个月了，从先前的完全陌生到现在的基本熟识，其间关于佩鲁贾的是是非非我也有所耳闻，只是未有一件事情发生在我身上，故未曾有所体会。可最近接二连三发生的一些事，使我对佩鲁贾的印象大为转变。这里我想讲一件小事，一吐为快，也希望大家有所提防。

2004 年 3 月的一个星期五，早晨我在窗外的鸟鸣声中醒来，温暖的阳光洒满整个房间，又一个没课的上午。躺在床上突然想起最近要交房租，伸手摸来钱包，只有几个孤零零的钢镚儿躺在里面。于是起身洗漱，塞了口早点便出门向市中心走去。太阳当空，万里无云，心中自然也是格外清新。市中心 Duomo 前的台阶上坐着几个年轻人，他们悠闲地享受着生活，很是惬意。我心中暗想，如果在中国我也能像他们这样，真不知第二天还有没有饭吃，苦笑一声便径直走向意大利商业银行。我从同学那里得知这个银行换汇比较合适，汇率偏低而且手续费也相对较少。银行里人很少，我走向一个空闲的柜台，礼貌地问了当天的汇率，不算很高，我便掏出 300 美金连同护照一同递给了银行工作人员。他接过护照看了一下国籍，又看了一下美金，用一种很奇怪的眼神看了我一下，顿时我心里有点不舒服。接着，他头也不抬地用一种很不耐烦的口气问我："只换三百，对不对？"我点点头，随后便是一阵沉默。一段漫长的等待后，我接住窗口递出的 236.9 欧元和一张回单，头也不回地走出了银行。走到门口我突然想起有同学说过这里有时计算会出错，过后要自己算一遍对照一下。疑虑中我便把钱顺手塞在上衣的口袋里，左

---

① 作者：周淼。

手拿回单,右手拿手机,边走边计算。走出银行大门还不到5秒钟,我突然被一个人撞了一下,回头一看是一个中东国家的中年男子,正冲我笑着说"对不起"。我下意识地摸了下钱包还在,便还以微笑,转身走了。到了Fontana前,计算完毕,结果和回单上没有出入,我心中暗笑自己多疑,想把回单和钱一同放起来,可左摸右摸不见钱的踪影,这才恍然大悟,刚刚那个男子原来是个"高人"。从前听过这里的小偷"很有能耐",能"伤人"于无形,可那么久都相安无事也就放松了警惕,这次是真正领教了他们的功夫。无奈事已至此,带着满心不快,我转身向家走去。虽然这只是件小事,丢的钱也不太多,但其间发生的"小插曲"使我明白了很多。我也希望大家能以我为例,多加防备,不要再发生类似的事件。回头想想"人非圣贤,孰能无过",特别是在紧急关头,人的本能就会蒙住理性的眼睛,使人做出自己都不敢相信的事。或许这次的小偷正是饥肠辘辘,难于生存,往常对慈善事业我也不会捐出那么多钱,这次可能也是上帝安排。这样,用阿Q精神安慰一下自己,也就不那么心烦了。

## 七、我的心路历程[①]

### 2003—10—13

天还大黑着,我们就出发了。凌晨五点多,我们的大巴装满了行李,载着我们激动又兴奋的心情,开往首都机场。

填表、申报、托运……我们没有太多的时间和家人朋友道别。家人不时地嘱咐着已经说过多次的话:好好照顾自己,努力学习,有空给家写邮件、打电话,注意安全……穿过了安检的那道闸门,我们只能远远地看着送别的人们向我们招手,有的妈妈已经落泪了。这一别就是十个月啊!

匆匆地,我们踏上了起程的飞机,在飞机上度过了漫长的十几个小时,我们的心情既兴奋又不安。即将到达梦想中的国度,但是,未来的十个月对于我们来说一切都是未知。

到达罗马已经将近下午五点。长途的飞机旅行和六个小时的时差,使我们十分疲惫。又经过三个小时的车程,我们才到达佩鲁贾,终于熬到了住

---

① 作者:高鹏。

处,简单地整理了一下。转眼我们就到了一个完全陌生的国度,觉得一切都那么不真实。我们在意大利的生活就这样开始了。

## 2003—10—14

太累了,我们美美地睡了一觉。我和其他两个女孩一起住在 Via San Girolamo 的一个橄榄园里。拿着地图,以外国人的身份走在佩鲁贾的大街上,也开始了和意大利人打交道,我们不停地问路,终于找到了外国人大学。

晚上,由于不熟悉路,我们在黑漆漆的山路上摸索了三个小时才找回家。没有一个行人,没有路灯,只有时不时开过的汽车。在路上,我们三个互相鼓励着,笑得很苦,但是眼泪始终没有掉下来。我们告诉自己不能哭,因为在国外,哭是不能解决任何问题的。我们靠意志支撑着自己……

## 2003—10—21

来到佩鲁贾已是第二个星期了,开始习惯作为一个白人世界的外国人,开始习惯每天走将近两个小时的山路往返于家与学校之间,开始习惯独立与期盼……

## 2003—11—02

这个星期,我们去了罗马、佛罗伦萨、威尼斯。而我最喜欢的还是威尼斯,当我坐在船上,吹着海风,看见海天相接的时候,我觉得在大海面前,好多事情都变得渺小了,真的感觉到海阔天空。

## 2003—12—24

圣诞节到了,第一次过一个真正意义上的圣诞节,有两个星期的圣诞假期,好多同学都出国旅游了。今天是平安夜,班里的同学来我们家,我们包了很多很多饺子,大家玩了一个晚上,很开心。圣诞节对于西方人来说,是全家团聚的日子。我们在异国他乡,和同学们在一起就相当于是与家人团聚,那种感觉真的很……难以形容!

## 2003—12—31

晚上我们一起去了一个 Bar,那里很热闹,当新年钟声敲响的时候,所有的人都一起举杯欢呼,不同的语言、不同的种族,互相敬酒说着"Buon anno"。过了午夜一点,我们径直去了市中心的广场,那里有乐队在唱歌,所有的人都在广场上跳舞,地面上都是被砸碎的酒瓶,我们混在人群里,一起跳,不管认不认识,所有的人都拉着手。我们一起唱,一起叫,一起跳,完全融入在意大利人的庆祝方式里。我们跳到四点多,很累,但是很开心!

## 2004—1—15

在国外才三个多月,但是却发生了很多的事情,吃了不少苦,也受了不少委屈。但是在这种情况下,一切事情都必须自己去承担,必须学会坚强。我学到了很多东西,也看清了很多事情,长大了不少。在国外真的很不容易!

这里突然变了天,山城的风很大。前两天飘了很大很大的雪花,只是不能积在地上,天晴了,没有下过雪的痕迹。真的很想念家乡下的很大很大的雪,怀念家乡白色的冬天。其实很想家……

## 2004—1—21

春节到了,但是在这里却没有一点过节的气氛。春节应该是和家人一起度过的,我们在国外,大家在一块感觉就是亲人,都是兄弟姐妹,相依为命。大家来到我家,一起包饺子,一起守岁。第一次没有和家人一起过年,不过这个春节却过得很特别……

## 八、链接意甲[①]

意大利足球甲级联赛至今已经有一百多年的历史了,有着"小世界杯"之称。在来到意大利之前,我就下决心一定要亲眼看看闻名已久的意甲。

初来乍到意大利,通过日常生活中的了解,不得不承认,在意大利,足球已经深入到了每个人心里。在我所认识的人中,每两个人中就有一个是球迷。由于在意大利在家里看联赛是需要付费的,所以每逢周末,作为球迷,能去的地方只有两个:酒吧和球场。

在意大利,大部分的酒吧在周末都会转播当天重要的比赛,以此来吸引顾客。在国内的时候,我也曾经在酒吧和球迷们一起看过球,大家一边喝着啤酒,一边看球,一边发表自己的看法。意大利的酒吧有些不同。由于周末看球的人实在太多,几乎每个酒吧都会在下午三点的时候开门营业,这时候的顾客基本上就只剩球迷了。相比较而言,意大利的球迷比中国球迷火爆多了!他们在酒吧看球绝对不会像中国球迷那样看到不好的球骂、看到好球欢呼这么简单,他们会把酒吧当成自己球队的另外一个战场,一点也不夸张。我曾看见比赛即将开始前就有球迷在电视机前给自己的球队加油,仿

---

[①] 作者:张斯瑜。

佛球队能听见一样。开始我还不大明白,感觉这里的球迷挺傻的,在这里加油,球员能听见吗?有什么用吗?后来意大利朋友告诉我,酒吧里的球迷并不都是一个球队的,他们这么做是为了告诉身边的球迷,我是哪个队的拥护者,表明一下自己的立场。而这仅仅是开始,精彩的还在后面。球赛开始后,整个酒吧里的喊叫声此起彼伏,贯穿整场比赛。听他们说话,感觉球迷真的很可爱。球队进攻的时候,他们会一个劲地喊"加油";防守的时候,就会目不转睛地盯着屏幕,连脚趾头都攥紧了!个别球迷还会在防守成功后,在胸前画十字架,祈求主保佑自己的球队。如果自己的球队进球了,那酒吧可就热闹了,球迷们的欢呼声几乎要把屋顶都掀翻了。有时候,还会有球迷开始唱自己球队的歌,旁边的同胞就会跟着他们一起唱。而丢球的球队,球迷会骂一句,然后就保持沉默了。如果自己的球队追上来了,长时间的沉默又会像炸弹一样突然爆发,欢呼声此起彼伏。

而去球场看球则又是另外一种气氛。一般来说,意大利的球票市场还是比较规范的,我曾在佩鲁贾看过几场球赛,没有遇到过所谓的"黄牛"。我每次都是去售票窗口买票,但是重要的比赛就不一样了。比如,我专门去米兰看了一场米兰的德比大战。比赛的球票很不好买,而这时,

图 6.20　意甲赛场

就只能从"黄牛党"手上买票了。一般来说,下午三点开始的比赛,中午十二点左右球场里就已经有球迷了。特别是在球门后面的铁杆球迷区,他们从中午就开始在那里等着,可见意大利球迷的热情度有多高。当然,这也不排除球迷看球想占据一个好座位的因素。因为球票上面虽然标有座位号码,但实际上,没有人对号入座。随着比赛越来越临近,球场慢慢地被球迷填满了。球迷们纷纷拿出自己的行头,最为普遍的,要数围巾了,几乎是人手一个,其次就是属于各自球队的各式各样的旗帜。几个带头的球迷拿着麦克风,连着大喇叭,带领着球迷们为自己的球队欢呼喝彩。如果说在酒吧看球基本上还是个人行为的话,那么去球场看球的球迷,大部分都是全家一起行

动。最为常见的,当属爸爸和儿子。小孩从头到脚一身自己球队的打扮,特别可爱。在球员入场的时候,爸爸通常会给孩子逐一介绍球员,如数家珍地报出每一位球员的资料。孩子就是在这种环境下,成长为了下一代的球迷。

其实不管是在酒吧也好,球场也好,我都能体会到意大利球迷那种对球队百分之百的忠诚。他们数十年如一日地支持一支球队,全心全意地为球队付出。无论在哪里,他们都会为自己的球队加油、呐喊。

对于广大球迷来说,经过百年考验的意甲,就像一瓶百年陈酿一样,味道浓郁而纯粹。球迷们爱看意甲球星们身上所散发出的优雅的气质,更爱看那充满地中海蓝色的艺术足球。

图 6.21 AC 米兰队巴乔的球衣和"荷兰三剑客"合影

## 九、留学印象①

有些东西如果没有亲身去感受和体会的话,很难具体形容其中的滋味。就像出国之前无法想象在另一个有着古老文化氛围的国度里学习的浪漫一样,真的在国外了,一切化为最生活化的柴米油盐酱醋茶,以及最实际的学习上的艰难进取。

当艺术史的教授始终用他那一成不变的语调讲课,带着略显厌倦、疲惫的神情,面对我们一群外国学生和意大利学生,从不带半点同情心地尝试减慢他的语速,或尝试用一些更浅显易懂的词汇,我只能睁大眼睛,竖起耳朵使劲地听,一堂课下来已然精疲力竭,然后忧心忡忡地带着支离破碎的笔

---

① 作者:张洁。

记,翻着有关的"天书",瞎忙一阵。

其实我要说的和文化有关。虽然我构思良久,但发现这并非我之无名小辈所能及的范畴,我在心里拱手将这一题目交还给那些专业的学者们,决定把自己几个月以来感受最深的所见所闻与大家分享。

艺术课纵然有难度,奇怪的是,我发现自己从未缺课。除了珍惜用欧元交的学费以外,还有就是一种全新的文化知识在吸引我。语言上的难关成了一种挑战,而我,喜欢上了这种挑战。其实,这里的老师(这么说只能将艺术史的教授除外了)一般都很注重在课堂上与学生的互动,你可以问所有与课堂有关或无关的问题,只要是能够帮助你提升的有意义的问题,老师们都会很耐心地解释。即便有时候很多学生的问题让老师们无从回答,但他们还是耐心地寻找答案,然后用最简单的词汇来解释。这样的方式带动了课堂的气氛,它是活的,是有生命的。

四级练习课有一位年轻男教师,大家很容易猜到他是一个典型的意大利男人,风趣、幽默、热情。他的课是随意的,虽然他常常有不备课的嫌疑,却一直让我们感到开心、充实。对比另一位女教师(中年的、较为传统的女人),有板有眼地上课,每堂课固定三四页的练习、阅读对话,井然有序,固然可以受益匪浅,条件自然是回家后背下所有她教会你的单词。那位男教师是南方人,热情激昂,在他的课上,语法不再枯燥,看似很随意地讲解,却足以证明他是个有能力和潜力的人。他喜欢让我们说、听我们说,和我们像朋友一样地聊天。作为一个学习外语的学生,说的欲望是很强烈的。他有魔力让原本活跃的人更闪耀,让原本腼腆的人变得活跃,这比要求我们每天背诵一百个单词给我们的收获要大得多。

我无意对比国内的课堂,其实如果是一个研究精密仪器的、需要绝对严肃态度的理科课堂,我相信我们普遍东方人的态度肯定会比自由个性惯了的西方人要端正。可能是受到从小一直以来升学压力的影响,当我在这里真正感受到学习可以那么自由快乐的时候,对比油然产生。我认识一个德国女孩,她正在上大学,向国家申请了奖学金到国外游学。她说她的国家很鼓励这样的学习方式,条件是他们只要在工作的时候回报国家。这样的现象在欧洲的大学是很普遍的。她已经回国了,今年的七月份,将到智利学习半年。欧洲的学生会三四门语言是极度平常之事。想到学校在国内创新性地把我们一批学习外语的学生送到国外,固然外界众说纷纭,但积极的结果是很明显的:除了专业方面的提高外，我们的思想和心胸也在一定程度上受到了异国文化的影响，我们将受益一生。

有个经历，倒可以较具体地说明东西方的文化差异。我的同屋有过泰国人、德国人，现在是一个英国人。从她们的生活习惯和性格特性上，东西方的差异可见一斑。

搬进这间屋子之前，泰国姐姐领我参观了我们的"家"。她整理得井井有条、干净整洁，就像她的为人一样，衣着朴实却很亲切，甚至让我有一见如故的感觉。相处不到一个星期，我们就有两三个晚上聊天到深夜。可能由于同是亚洲人的缘故，又是邻国，文化有相通之处，我们有很多共同的话题，很多时候，竟有一些很自然的默契，沟通起来十分自在开心。我们的人生观在大多数时候也是一样的，当然还有很多在小事方面的看法也惊人地相似。这是在后来我和西方人同屋时明显地对比出来的。但是她在合住方面的细节上却容不得有半点含糊。在我搬来之前，她已经将所有的橱柜、衣架等公用的东西全部对半分好了，而在之后的生活当中，我们亦小心遵守这样的绝对公平制。这也是一个避免矛盾的好方法，同样也很符合亚洲人的性格。两个礼拜下来，我们几乎把对方当成是家人了，出门都互通去处，平时多了一份如家人般的嘘寒问暖。有一回周末，我与朋友相约去迪厅。在这里，迪厅是年轻人的天堂，每到周末的午夜，都会有大巴在大学门口接送去迪厅的学生。泰国姐姐知道我是第一次去这样的场所，显得十分担心，语重心长地嘱咐我要小心，第一次当开眼界，最好不要有下次了。我很感激，怀着这样的心情去了迪厅。后来，由于她的学校离这座城市太远，她无法忍受每天赶早班的火车上学，于是她搬到了一个离校很近的城市。临走前的那晚，她嘱咐我："Pina，下个星期你该好好学习了，这个星期你的社交活动太多了……"她其实提前走了一天，我没来得及回家送她，看到空荡荡的屋子，我哭了……

我很难想象接下来会搬进什么样的、哪个国家的人，是否还会有人像泰国姐姐一样好相处，我甚至有点害怕，待在朋友家里不愿回去。夜深了，我终究要回家，看到多了一些陌生行李的房间，我有种自己的家被侵犯了的感觉。看到她放在桌上的字典，我猜到她是个德国人。第二天我们的公寓开Party，我们大家都喝了些酒，然后我们去了一家可以跳舞的酒吧。德国姐姐（她们都比我大）显得有点兴奋，不停地跳啊跳，不时地拉着我一起，还高兴地叫着我的名字。我同样开心，却也不免有些担心。这个热情活泼的姐姐使我有点动摇德国人都是严肃、刻板的看法。接下来的日子，我逐渐喜欢上她。她学习的时候，充分地将德国人认真的共性淋漓尽致地表现出来；看电视的时候，她喜欢随意地躺在床上，摆出所喜欢的各种姿势，时而肆意地大笑，像小孩一样纯真无邪，时而专注，似乎想听懂所有的内容，不时地查查字典，她的学习方式是自由的。我们的晾衣架不用那么规整地划分，谁都没有说，但如果谁没有用的话，另一个人就可以用，而我们也从未发生矛盾。我们聊天，彼此对对方的国家文化有着浓厚的兴趣。我们的观点有很多的不同，却不冲突，从她身上我看到了西方人的洒脱自由、讲究个性的特质。

现在的英国姐姐，我们相处亦融洽和谐。越习惯与别人同住的生活，我们的关系就越像"君子之交淡如水"。我们不喜欢互问去处，因为我知道西方人注重隐私，同样也尊重别人的隐私。她们的事，有兴趣的时候自己会说，不用你问。你要去玩通宵，她们也从不嘱咐你，她们也玩，而且玩得更疯。在她们的眼里，迪厅并不是危险的地方，而是一个可以让她们张扬个性、肆意发泄的只属于年轻人的地方，就像所有的游乐场一样，自然要有警惕，却不必太过紧张，或偏见地定义它。

其实，一个人、两个人的事，并不能全面地说明文化差异的深刻内涵，但却能反映其文化背景，因为一个人所表现的往往出自一个根深蒂固的文化土壤。

写了不少也写得很散，仅希望借此与大家分享我这几个月的心得。

## 十、留学后记

我们只是众多海外留学生中渺小的个体，在这里用我们自己的语言讲述着我们的故事。这次短暂的留意学习生活对于我们这群年轻的大学生而言是既平凡又伟大的。平凡是因为我们在日常的学习生活中逐步积累了意大利语言、文化等各方面的知识，丰富了自己的生活阅历，这将成为今后我们走向社会的宝贵财富；伟大则在于我们每个人都在接受着新的锻炼，是在挑战自我方面作出的新的尝试，无形之中提高了自己各方面的能力，具有伟大的人生意义。这次旅意留学报告一方面是对我们意大利学习生活的真实写照，另一方面也是我们的学习成果总结。借此机会再次感谢母校，感谢所有关注过我们的领导和老师，在这里将它作为我们献给母校——中国传媒大学五十华诞的礼物。

表 6.1　2001 级意大利语专业学生留学期间重要活动记录

| 时　间 | 事　件 |
| --- | --- |
| 2003 年 10 月 13 日 | 意大利当地时间下午 5 点钟抵达罗马机场,全班 26 名同学踏上意大利国土,并于当日晚上 10 点抵达佩鲁贾。 |
| 2003 年 10 月 14 日 | 佩鲁贾外国人大学秘书处主任 Betti 教授与我们会面,并安排秘书向我们详细讲解了如何办理入学手续,还向同学们赠送了当地地图、学习用品等。 |
| 2003 年 10 月 17 日 | 外国人大学的 Berrettini 教授为全体同学进行了入学测试。 |
| 2003 年 10 月 18 日 | 游览欧洲的"永恒之城"——罗马。无数保存完好的历史遗物和风格迥异的欧洲建筑使同学们大开眼界,也使我们更加喜爱意大利这个古老的国度。 |
| 2003 年 10 月 19 日 | 享誉世界的"巧克力节"在佩鲁贾隆重开幕,来自世界各地的巧克力商家和游客云集佩鲁贾,同学们也纷纷加入这盛大的民间活动中,在体味欧洲特有的民俗文化的同时,也对佩鲁贾这个古老的城市有了进一步的了解。 |
| 2003 年 10 月 25 日 | 参观文艺复兴的发源地——佛罗伦萨,欣赏文艺复兴时期人文主义的珍贵艺术作品。 |
| 2003 年 11 月 1 日至 2 日 | 佩鲁贾外国人大学组织同学们到水城威尼斯进行参观旅游,闻名世界的水城使同学们流连忘返。 |
| 2003 年 11 月 9 日 | 为了联络感情,同学们自发组织抵达意大利后的第一次班际联谊性会餐。 |
| 2003 年 11 月 22 日 | 大学的文化课老师组织同学们参观佩鲁贾附近的一个酒厂,了解意大利享有盛名的葡萄酒工艺;下午又对一个橄榄油制造工厂进行了参观。这次参观使同学们对意大利特有的乡土民情有了进一步的了解。 |
| 2003 年 12 月 15 日 | 由蔡帼芬老师和杨秀文老师带队的校领导团来到佩鲁贾,与佩鲁贾外国人大学的校长进行了会晤;下午召开了茶话会,领导和老师们带来了母校对同学们的问候。 |
| 2003 年 12 月 16 日 | 佩鲁贾外国人大学校长 Bianchi 教授专门为全体同学举行了一次与意大利学生交流的见面会,并邀请大家共进午餐。校长亲自到会,向同学们表示了致意和欢迎,出席交流会的还有校内很多知名的教授和老师。据悉,这是该校为数不多的有校长亲自参加的见面会。 |
| 2003 年 12 月 22 日 | Berrettini 教授为同学们进行第二次学习水平测试,并对同学们在抵达意大利后两个多月里学习成绩的进步给予了高度评价。 |
| 2003 年 12 月 25 日 | 西方的圣诞节,同学们迎来了开学后唯一的一个假期。部分同学选择出游,并与法语班和西班牙语班的同学相聚欧洲。 |

(续表6.1)

| 时　　间 | 事　件 |
|---|---|
| 2004年1月5日 | 意大利的复活节,同学们自发组织了第二次聚餐会,以中国传统的饺子寄托"每逢佳节倍思亲"的情感。 |
| 2004年1月21日 | 时值国内除夕,同学们到当地中餐馆会餐,与当地华人共庆新年,并观看了中央电视台的春节联欢晚会。 |
| 2004年1月23日 | 意大利使馆学生联合会对全体同学发出邀请,组织大家春节会餐。席间,学联主席贺坤英对同学们留意期间的良好表现给予了肯定,并带来了中国驻意大利使馆文化处对同学们的新年问候。 |
| 2004年3月14日至15日 | 大学组织同学们游览意大利最大的港湾——那不勒斯,同时参观了著名的维苏威火山和活化石庞贝古城。 |
| 2004年6月17日 | Berrettini教授对同学们进行了最后一次能力水平测验,并逐一对每位同学留意一年来的学习情况进行分析和总结,面授学习经验。 |
| 2004年7月2日 | 第一批回国的12名同学启程,我们的留学生活以同学们的陆续回国进入尾声。 |
| 2004年8月4日 | 最后一批同学离开佩鲁贾,留学生活圆满结束。 |

图 6.22　意大利街头风景

图 6.23　2001级意大利语专业学生留学纪念

## 第三节　2010级意大利语专业学生留学报告集锦

### 一、初识意大利

从中国到意大利,既是一段地理距离的跨越,也是一种文化习俗的改变。文化习俗具体对我们来说,其实就是衣食住行。

房子方面,来意大利前我们所有人通过中介公司找了房子,三个月后有一多半的同学脱离了中介,自己找到了房子。房价依据条件和入住人数各有差别,通过中介公司需要交房屋中介费用,自己找房则不需要,但两者都需缴纳相当于一个月房租的押金。而押金不是所有同学都拿得回来。

在意大利的这十个月里,那些住在中介介绍的房子里的同学,一开始并没有发现什么问题,但是到后期越发地发现房子存在很多弊端,反倒是那些放弃了与中介合作、自己去找房子的同学,住得又好又划算,所以建议大家还是不要嫌麻烦,多跑跑多找找,一定能找到最适合自己的房子。在佩鲁贾找房子主要有两个途径:一个是到处张贴的租房广告;另一个就是每周二、周五出版的报纸(casa trova),这个需要自己打电话联系看房,不过也是锻炼口语的好机会,所以推荐大家用这个方法。

刚到意大利的第二天我们就得面临吃什么的问题,有的同学用带来的食物凑合了几天,有的同学开始自己摸索着做饭了。食物的原材料,像肉和蔬菜,都可以从大部分超市买到,好处是有定期的折扣,比如市中心的 Coop、Meta' 以及 Monteluce 的 Todis,肉当然也可以从专门的肉铺(macelleria)买,好处是种类多,而且可以叫老板把肉切成适合的大小,这样就给我们省时间了。

大超市一般位于离市中心较远的 Monteluce,市中心只有两个小型超市,价格也相对较贵。各大超市一般都有打折信息,可以集中购物。

关于娱乐,学校每周四都有免费电影观看,同时会不定期组织各种活动,需要大家留意公告栏。

说回做饭的事儿,对于第一次下厨的同学来说,做饭是一件好玩的事儿,因为新鲜有趣。刚开始一般是一起合作做饭,后来实行轮流做饭的方式,每人一餐,或者就各吃各的了。

上课当然还是我们的主要活动。通过入学考试后,大部分同学从 B2 读起,也有同学是 C1。上课时间也随着水平的提高显得越发紧凑,B2 多以口语和写作练习来复习旧知识以及初步了解意大利文化,C1 分为语言、文化、经济方向,语法开始进行系统性讲解,C2 结合自己的兴趣和能力选修课程学习。

在市中心大教堂的台阶上,随时随地都有人在那里休息聊天,大家不妨闲暇时去散散步,交交朋友,也算是学习生活的一部分。

图书馆的图书杂志是提高自己的课外阅读能力和了解时事的好办法。佩鲁贾外国人大学的图书馆在 Prosciutti,同时市中心还分散着佩鲁贾大学的各个图书馆。在图书馆借书需要办卡,而期刊则可以在馆内直接阅读。

## 二、关于旅行三两事

大西洋的和风缓缓吹拂,文艺复兴的光辉闪耀世界;优美的海滩、蜿蜒的河流、高耸的雪山,自然之美与人文之美汇集在这个"西方日落的地方"。

世界上有一种古老的文明,叫欧洲文明。而在欧洲文明中,除了璀璨的希腊之外,恐怕影响最为深远的就是罗马。罗马帝国吞并了希腊,却继承了希腊的文化;而帝国衰落后,罗马天主教会又一定程度上保护和发展了古希腊、古罗马的文化成果。而后城邦繁荣、文艺复兴亦源于佛罗伦萨,如此一来,使得亚平宁半岛沉淀了大量的欧洲文化财富。这个半岛在历经诸多历史演变后,近现代统一为一个国家,就是意大利。

意大利,这个位于欧洲南部的靴子型国家,在艺术、科学和技术上拥有悠久的传统,拥有 47 项世界遗产并位居世界第一。意大利有着人们耳熟能详且数不胜数的旅游城市和景点,不仅有古罗马时期的辉煌历史、文艺复兴时期的灿烂杰作,还同样有着不容错过的热情阳光沐浴下的海边村落、充满圆舞曲曼妙旋律的中世纪小城。不管你走到哪一个角落,相信都能感受到它厚重而令人震撼的人文气息。

首都罗马是一座历尽沧桑的古城,古竞技场、万神殿、许愿泉、圣彼得大教堂,时时颠覆着我们对历史与现实的种种认知。

佛罗伦萨这座徐志摩笔下的"翡冷翠"之城,则是艺术爱好者的天堂。

徜徉在城中，就仿佛进入了一个以文艺复兴为主题的巨大博物馆。

水城威尼斯是文艺复兴的精华、世界上唯一没有汽车的城市，上帝将眼泪流在了这里，却让它更加晶莹与柔情。

而西西里这块意大利靴尖上的宝玉，拥有迷人的地中海风光、沧桑的古建筑遗迹以及欧洲最大的活火山，不愧是意大利的美丽之源。

能游走在这个国度是一件十分幸福的事情，望着不远处的小舟在圣马可广场流离，在圣母百花大教堂种下自己心中的那束玫瑰，在罗马古遗址缅怀逝去帝国的辉煌，在米兰教堂广场追逐今日的时尚，在小城古道让时间慢慢流淌。

作为享誉全球的旅游胜地，在意大利的出行也是十分方便的。纵横交织的交通网遍布了这个国家的各个角落，飞机、火车、公交，不管是哪一种都方便快捷。

火车，无疑是比较经济实惠而又方便快捷的出行方式。意大利的主火车站一般都坐落在较为繁华的老城中心，不需多番辗转便能到达。在火车站里可以通过窗口和自助售票机购买车票，并且有精确的站台和时刻表可供参考。需要注意的是，有时候开车之前要用站台边上的打票机进行打票。如果遇上转车的情况，转车的间隙时间往往十分短暂，需要提前注意时间和站台。到旅游目的城市后，可以通过公交和地铁到达各个景点，一张单票一般是70分钟之内有效，也可以选择购买时效更长的通票。意大利的中心城区往往都不大，想要深入了解当地风俗人情的，可以购买一张城市地图，步行游览。意大利人一般都十分热情友善，很乐意为你指路。

火车票可以在官网上购买，值得注意的是，并不是所有的银行卡都支持网上支付，最好使用信用卡；另外，尽早做好旅游计划也是必要的，这样便可以在官网上买到打折车票，与原价相比，能够节省下很可观的一笔开销。在这里还要推荐一下瑞安航空，欧洲很有名的廉航，意大利很多城市都有它的航线，尤其是可以从佩鲁贾机场直接飞往意大利南部，票价也很便宜，既省钱又省时。由于夏季是意大利的旅游旺季，尤其是南方的海滨城市，无论是宾馆住宿还是吃喝玩乐，花费均有所提高，因此应尽量避开旅游高峰期，不失为明智的选择。但在这里需要注意的是，也不要一味地将行程提前，许多旅游景点、旅游项目等在冬季是不对外开放的，如果不想错过的话就赶在春季出游吧。

如果计划靠飞机完成整个旅游,因此定行程、刷机票便显得尤为重要。可以将行程根据机票的价格进行安排,大致列出想要游玩的国家或城市,从出发地开始,根据机票价格以及时间的合理性选择第一站目的地,以此类推。另外,如果时间充裕的话,欧洲通票也是可以考虑的,具体信息可以到官网上查询。

游走于不同国家,尤其是我们并不很熟悉的一些国家,其中的困难和麻烦自然不会少。下面列举一些我们经常遇到的问题以及建议:

对于大多数中国留学生来说,如何节约预算是大家首要考虑的问题。其实欧洲许多国家和中国一样,只要提前安排好行程,还是可以找到廉价的机票和酒店的。一般来说提前一至两个月预订机票最划算。欧洲有很多航空公司可以提供廉价机票,如 Ryanair、Easyjet 等等;酒店住宿一般提前一个月左右可以得到比较优惠的价格,但还要视旅游淡旺季而定,个人更推荐大家体验欧洲的青年旅社,经济划算而且可以结交很多朋友。

欧洲的火车票普遍很贵,不过大部分国家会提前发放特价票,只要多留意我们还是可以找到意外的惊喜。

另外,在欧洲无论是坐火车或是坐公交车,经常需要打票(有专门的机器),在车上会有检票员抽查,如果不幸忘记还要缴纳"巨额"罚款。

货币兑换是另外一个问题,欧盟有很多国家,但是欧元区却不大。东欧和北欧基本都有自己的货币,在外旅游最头痛的问题也许就是货币换算。给大家的建议有两条:尽量少在机场兑换货币(很不划算)和使用信用卡(国内的欧元卡在非欧元区也可以使用而且手续费很低)。

初来乍到,防盗和安全工作一定要做好,尤其是在火车上,或者是在深夜,要看管好自己的随身物品,警惕周围环境,欧洲许多国家的治安并不比国内好。

最后提醒大家,出行之前一定要把交通信息查好。我们身边有过同学走错机场或者坐错火车的例子,造成了很多不必要的损失。

## 三、"逃离"广院新学法

还记得初到意大利时那种夹杂着对即将开始的异国生活的期待与兴奋和对未知一切的隐隐担忧的复杂心情,转眼间,一年的留学生活便已结束了。

在意大利的学习从分级考试开始。我班 18 名同学全部达到 B2 或以上的水平。紧接着展开的课程留给同学们印象最深的便是与国内迥异的课堂风格——老师风趣幽默,授课形式丰富多样,重视学生的课堂参与度。这对于习惯了单一的"教与授"教学方式的中国学生来说,显得既新鲜又充满挑战。在老师们的耐心引导下,经过一段时间的调整和适应,同学们很快都有了或多或少的收获。

我们在国外的学习生活和国内的有很大的不同。国外的学习环境相对比较轻松,每天的课程安排也很宽松。相比国内从早到晚的课,在国外的一年,我们可算是"尝尽甜头"了。我们在国外的一年中要完成 B2、C1 和部分 C2 的课程学习。作为基础的 B2 课程,课时较少,老师教授的也是相对基本的知识。在欢快的课堂上,没有所谓的老师和学生之分,反而更像是一群朋友在聊天。进入 C1 课程,学业会加重一些,老师会有意地加深对我们语法的训练以及对一些专业的文化、经济、语言的学习。从 C1 到 C2 是个很大的跨越,因为 C2 课程非常专业,相比之前的课程更为难懂。虽然这些课程看似将我们的学习生活塞得满满的,压得我们有些喘不过气,但是不得不说,国外的老师与生俱来的幽默感完全感染了我们,一天一天的学习更像是享受而不是受压。

各个级别结束时都需要通过考试才能继续更高一级的学习。与国内不同的是,这里的考试多以口试为主,在考查学生知识掌握情况的同时,也锻炼了学生的沟通和表达能力。笔试部分当然只能靠平时的学习,而面试更像是与任课老师的一次面对面交流。如果平时在课堂上认真听讲,考试基本不成问题。在这样的环境下,通过这一年的学习,大家的意大利语水平无疑提高了不少。

四、洋节嗅洋味

说到意大利的传统节日,作为欧洲天主教的发源地和中心,意大利无疑对西方世界文明有着举足轻重的影响。对于意大利人来说,比较重要的节日是圣诞节、复活节。

在圣诞节期间,意大利全国都洋溢着节日的气氛。意大利的圣诞节有着自身的特色。比如叫做"Presepe"的展示,它以耶稣诞生时的马厩为背景,展现了圣母玛利亚、三圣人送礼的经典场景。在圣诞节期间,全国大大小小的广场、商店都会摆上规模不一的 Presepe 以庆祝节日。在圣诞假期的最后,1月6日,还会有主显节(Epifania)的各式活动,届时会有老巫婆形象的意大利自创圣诞老人(Befana)给各家各户的小孩子分发礼物。可是传说只有好孩子才能收到糖果,而坏孩子只能拿到一块煤炭哦。

相对而言,复活节的假期则要短得多,具有更强的宗教意义。作为巧克力国度的复活节彩蛋,味道也绝对是一流的。意大利就是这样一个怀着对于天主教上帝的敬意,以自己独特的方式庆祝节日的国家。

在佩鲁贾,最著名的要属当地的巧克力节。也许多多少少局限于佩村那本来就不大的面积,平心而论,这个节日规模本身并不是很大。虽规模不大,但架势十足,各大巧克力厂商真是无所不用其极地在圈领地、博眼球,把自家拿手产品纷纷搬来,当然这也就造福了游客和当地居民——众多的试吃和奖品。在节日期间,游客把小小佩村的主干道挤得水泄不通,各个展柜前摆满了琳琅满目的巧克力,到处都散发着一股让人不禁幸福微笑的甜蜜气息!

不管是什么节日,意大利人都会摆出盛大的集市,也许只有在这个时候,才能让整座城的居民们倾巢而出,享受节日带来的欢乐。而作为美食国度,意大利更是会利用不同的节日做出完全不一样的糕点和甜点来满足味觉盛宴。

除了这些大型传统节日之外,意大利每一座城市还都会在一年中的某个特定日期放假一天,作为对该城镇的守护圣人的纪念日。比如在佩鲁贾,每年的1月29日便是 San Costanzo 的纪念日。

独在异国的生活经历成为同学们人生中难忘的一段。自己动手做饭、自己联系租房、自己外出旅游、离开父母的庇护独自与各色人等打交道……这一切都是同龄人在国内极少有的经历。其间的确遇到过很多困难,但也正是这些困难,加速了我们的成长,是我们人生中的一笔宝贵财富。

一年的交流学习已经画上了句号,但我们相信,这短短的一年,一定会在每一个同学的心里和未来的生活中都留下浓墨重彩的一笔。

# 第七章　荷兰高等教育

## 第一节　荷兰高等教育与留学政策

### 一、荷兰高等教育体系

荷兰的高等教育机构有三大体系：分别为研究型大学（Universiteiten），以教学和科研为主；应用技术型大学（Hogescholen），以培养应用型人才为主；以及国际教育学院（International Onderwijs），即面向国际学生的国际教育大学。

荷兰一共有 14 所政府资助的研究型大学，其中 3 所理工大学，一所农业大学和一所开放大学。研究型大学主要负责在良好的学术氛围中提供以研究为主的课程，主要培养学者或科研工作者。本科学制为三年。在 2012～2013 年《泰晤士报》世界大学前 200 排名中，荷兰 14 所研究型大学中有 12 所榜上有名，因此荷兰也成为英国、美国以外入榜最多的国家。这类大学的规模各不相同，在校生人数从 6000 至 3 万人不等。在这类学校里读书的学生总计约有 20.6 万人。

荷兰一共有 41 所应用技术型大学。应用技术型大学更注重对应用型人才的专业培养，本科学制为四年。其开设的课程更注重实践，侧重于培养学生对知识的实际运用能力，为学生将来从事某一行业做准备。实习是整个教学计划的有机组成部分，学生通过实习获取实际工作经验。规模较大的应用技术型大学共有 2 万到 3.9 万名在校生。这类学校的在校生人数总计在 37 万人左右。

国际教育学院主要是为留学生开设各种课程，一般用英语授课，包括短期课程、硕士课程，有些还提供博士课程。学习期限为一至两年，所占比重较小。这种教育体系起初是为满足发展中国家的需求而设，因此所用的语言都是英语。如今国际教育不仅由专门的国际教育高等院校提供，而且已延伸到三大类教育体系的各级水平教育之中。通常这类院校的课堂规模很小，而且参与者都拥有不同的文化背景，授课教师大都具有在发展中国家工作的丰富经验，这一切都为不同文化间的知识交流提供了方便。

目前，经中国教育部认可的荷兰研究型大学有 14 所，应用技术型大学有 41 所，国际教育学院有 2 所，具体名单如下：

表 7.1　荷兰高等教育体系

| | | |
|---|---|---|
| 荷兰研究型大学 | 鹿特丹大学 | Erasmus University Rotterdam, EUR |
| | 内梅亨大学 | Radboud University Nijmegen |
| | 格罗宁根大学 | Rijksuniversiteit Groningen, RuG |
| | 代尔夫特理工大学 | Technische Universiteit Delft, TUD |
| | 埃因霍温理工大学 | Technische Universiteit Eindhoven, TU/e |
| | 莱顿大学 | Universiteit Leiden |
| | 马斯特里赫特大学 | Universiteit Maastricht, UM |
| | 屯特大学 | Universiteit Twente, UT |
| | 乌特勒支大学 | Universiteit Utrecht, UU |
| | 阿姆斯特丹大学 | Universiteit van Amsterdam, UvA |
| | 蒂尔堡大学 | Universiteit van Tilburg, UvT |
| | 阿姆斯特丹自由大学 | Vrije Universiteit Amsterdam, VU |
| | 瓦格宁根大学 | Wageningen Universiteit, WUR |
| | 奈尔洛德商业大学 | Nyenrode Business Universiteit |
| 荷兰应用技术型大学 | ArtEZ 艺术大学 | ArtEZ Hogeschool voor de Kunsten |
| | 阿姆斯特丹艺术学院 | Amsterdam School of Arts |
| | 荷兰职业农学院 | Christelijke Agrarische Hogeschool |
| | 艾德基督应用科学大学 | Christelijke Hogeschool Ede |
| | 斯坦顿大学 | Stenden Hogeschool |
| | 温德斯海姆应用科学大学 | Christelijke Hogeschool Windesheim |
| | 艾因霍恩设计学院 | Design Academy Eindhoven |

(续表7.1)

| | | |
|---|---|---|
| 荷兰应用技术型大学 | 方提斯大学 | Fontys Hogescholen |
| | 里特维尔学术学院 | Gerrit Rietveld Academie |
| | 海牙大学 | Haagse Hogeschool |
| | 格罗宁根应用科学大学 | Hanzehogschool, Hogeschool van Groningen |
| | 哈斯丹波西专业大学 | HAS den Bosch |
| | 荷兰应用科学大学鹿特丹学院 | Hogeschool INHOLLAND |
| | 艾文斯大学 | Hogeschool Avans |
| | 萨尔逊高等专业学院 | Saxion Hogescholen |
| | 莱顿应用科学大学 | Hogeschool Leiden |
| | 南方大学 | Hogeschool Zuyd |
| | 鹿特丹应用科学大学 | Hogeschool Rotterdam, HRO |
| | 阿姆斯特丹应用科学大学 | Hogeschool van Amsterdam, HvA |
| | 汉恩应用科学大学 | Hogeschool van Arnhem en Nijmegen, HAN |
| | 荷兰皇家美术学院 | Royal Academy of Art, The Hague |
| | 乌特勒支应用科学大学 | Hogeschool van Utrecht, HU |
| | 乌特勒支艺术学院 | Hogeschool voor de Kunsten Utrecht, HvK |
| | 泽兰应用科学大学 | Hogeschool Zeeland |
| | 库达兹艺术大学 | Codarts, Hogeschool voor de Kunsten |
| | 万豪劳伦斯坦应用科学大学 | Van Hall Larenstein |
| | 旅游物流应用科学大学 | NHTV Internationale Hogeschool Breda |
| | 莱瓦顿北方应用科学大学 | Noordelijke Hogeschool Leeuwarden, NHL |
| | 应用科学与教师训练大学 | STOAS |
| | 蒂尔堡商学院 | TiasNimbas Business School |
| | 荷兰商学院 | Business School Netherlands |
| | 诺腾邦商学院 | Business School Notenboom |
| | Driestar应用科学大学 | Driestar Hogeschool |
| | 鹿特丹商学院 | Europort Business School |
| | 鹿特丹航运与运输大学 | Fondation STC Group/Netherlands Maritime University |
| | 艾迪斯斯汀应用科技大学 | Hogeschool Edith Stein |
| | 威腾堡应用科学大学 | Hogeschool Wittenborg |
| | 海牙酒店管理学院 | Hotelschool the Hague |

(续表7.1)

| | | |
|---|---|---|
| | 阿姆斯特丹经济学院 | Hogeschool voor Economische Studies Amsterdam, HES Amsterdam |
| | 韦伯斯特大学 | Webster University, University of Applied Sciences |
| | TIO 应用科技大学 | TIO University of Applied Sciences |
| 国际教育机构 | 水教育学院 | UNESCO—IHE Institute for Water Education |
| | 马斯特里赫特商学院 | MSM (Maastricht School of Management) |

## 二、学位制度

凡是受过高等教育的学生,如果完成大学阶段的学习就可以获得学士学位,如果完成研究生阶段的学习就可以获得硕士学位。

大学以及高等专业教育大学都有学士和硕士学位授予权,国际教育学院提供硕士课程,但没有学士课程。研究型大学与应用技术型大学的学位制存在区别。研究型大学授予学士学位的条件是学生必须完成三年全日制学习,要求的重点是学术课程;而应用技术型大学授予学士学位的条件是学生必须完成四年全日制学习,强调实用技术和应用科学。由于学科的差异,研究型大学硕士课程要求的学习时间为一至两年,而应用技术型大学的硕士学位课程一般在一到一年半的时间。

但博士学位只有研究型大学硕士才可以申请,应用技术型大学与国际教育学院均不能继续博士学位的学习。

独立研究是每个学习项目的重要组成部分。获得硕士学位的学生可以通过一个被称作 Promotie(深造)的过程继续攻读博士学位。这个过程要求学生必须在获得硕士学位后,在大学教授的指导下进行四年的专门研究。学生只有根据自己的研究计划撰写学位论文,并且通过了答辩委员会的公开答辩才能获得博士学位。

表 7.2 荷兰院校类型及相应授予的学位与学年

| 院校类型 | 学位与学年 |
| --- | --- |
| 研究型大学 | 博士：4 年<br>文科硕士(MA)：1～2 年<br>理科硕士(MSc)：1～2 年<br>文科学士(BA)：3 年<br>理科学士(BSc)：3 年 |
| 应用技术型大学 | 硕士(M)：1～2 年<br>学士(B)：4 年 |
| 国际教育学院 | 博士(仅一个学院授予)：学年不定<br>文科硕士(MA)：1～2 年<br>理科硕士(MSc)：1～2 年 |

(一)学士学位

1.应用技术型大学

应用技术型大学设有本科学位，涵盖了经济学、医疗、美术、农业等方向。

在确定课程的内容和结构方面，应用技术型大学的自由度较高。应用技术型大学针对不同学生开设了荣誉课程、主修课程、辅修课程以及半工半读课程。其中，半工半读课程是指选择这类课程的学生可以先学习一段时间，然后工作一段时间。大多数本科课程由一年的预科学习和三年的正式学习组成。

课程注重培养学生所需的技能和能力，帮助其将来在相关领域就业。教学计划包含课堂教学、课题研究和小组任务。此外，学生还有机会通过实习积累实践经验。

表 7.3 获取应用技术型大学学士学位的时间及所需学分

| 时间 | 学分 | 所获学位 |
| --- | --- | --- |
| 4 年 | 240 | 【你就读的专业】学士<br>如：工程学学士 |

## 2. 研究型大学

研究型大学设有本科学位,涵盖了经济学、行为和社会科学、语言和文化、工程/技术、自然科学、法律或医学等方向。另外也可以选择由多个高校提供的文科领域的跨学科课程。

研究型大学的本科课程旨在帮助学生为研究生阶段的学习和将来的就业做准备,及培养某个传统领域的学术研究能力。

课程的内容可以很宽泛,也可以很具体。一些高校要求学生兼修主修和辅修课程。所有专业的学生都需要学习研究方法这门课程,并撰写学士论文。

表7.4 获取研究型大学学士学位的时间及所需学分

| 时间 | 学分 | 所获学位 |
| --- | --- | --- |
| 3年 | 180 | 文科学士或理科学士(BA/BS)<br>具体取决于就读的专业 |

### (二)硕士学位

## 1. 应用技术型大学

应用技术型大学研究生课程的首要目标是增加学生的知识并增强其专业技能。这类院校注重提升学生的职业素养、科学分析能力,并帮助其踏上未来的管理和领导岗位。

应用技术型大学的课程分为全日制和走读制。但大部分课程都是走读制的,这样学生可以投入到具体的工作中,将理论应用于实践,并将实践体验带回课堂,与老师和同学探讨。很多课程要求学生开展应用研究,具体取决于学生的实践内容。

学时最短的研究生课程学时为一年(60个学分),其他课程的学时在一年半到四年之间(90~240学分)。

表7.5 获取应用技术型大学硕士学位的时间及所需学分

| 时间 | 学分 | 所获学位 |
| --- | --- | --- |
| 1~4年 | 60~240 | 【你就读的专业】硕士<br>如:建筑学硕士 |

## 2. 研究型大学

研究型大学研究生课程的首要目标是向学生传授必要的知识,培养学生的分析能力,使其将来能在某个具体的领域或跨学科领域开展独立研究。

硕士课程分为学术类、研究类和教师培训类。学术类硕士课程旨在提供高级培训,帮助学生就业;研究型硕士课程旨在让学生参与科研;教师培训硕士课程旨在让学生未来能在各级中等教育机构任教。

硕士学位课程最短历时一年(60学分),研究型硕士课程、教师培训硕士课程和工程学、数学、自然科学和农学方面的硕士课程学时为两年(120学分)。医学方面的高级课程,如医学、牙科、兽医学、药剂学等,学时为三年(180学分)。

表 7.6 获取研究型大学硕士学位的时间及所需学分

| 时间 | 学分 | 所获学位 |
| --- | --- | --- |
| 1~3年 | 60~180 | 文科硕士或理科硕士(MA/MS)学位 具体取决于就读的专业 |

### (三)博士学位

攻读博士学位至少需要花四年的时间进行原创研究和撰写论文。在此期间,博士生要与其导师进行精诚合作。攻读博士学位的过程并不是一个学习过程,而是一个认真开展研究的过程。在荷兰,博士研究生通常为带薪雇员。

博士生要么就读于研究生院,要么就读于研究院。研究院由研究型大学与科研机构联合创办,而研究生院由高校自己创建。这两种教育机构为学生提供了充满活力的研究氛围、量身定制的研究项目,还定期举办大师讲座、学术会议和研讨活动。在荷兰,研究型大学、科研机构和企业都可开展研究,但只有研究型大学可颁发博士学位,另有一些与研究型大学密切合作的科研机构也可接纳博士研究生。

由于学术水平很高,在荷兰获得的博士学位非常受人尊敬。在研究人员人均论文发表数和科研论文影响力方面,荷兰均名列前茅。

## 三、荷兰高等教育质量监控体系

荷兰的高等教育在世界范围内享有很高的声誉,这得益于荷兰拥有一套完善的全国性的高等教育质量监控体系。荷兰的教育、文化和科技部负责教育的相关立法。荷兰弗兰德认证机构 NVAO 负责相关认证。学生只有顺利完成经过认证的学位课程之后才能获得学位证书。经过认证的课程名单将被刊登在高等教育课程注册中心(CROHO)的网站上。

学位课程结束时,学生可以获得学士、硕士或博士学位。荷兰高等教育认证体系的目标是为了保证各门课程能够达到最高标准。荷兰高等教育与研究法案要求荷兰各个综合性大学和应用技术型大学所开设的全部学位课程都必须达到相关的标准。只有达到这些标准的学士和硕士课程,才会得到 NVAO 的认证(如官方认可),而博士课程则需要得到相应大学的认可,无须由 NVAO 进行认证。即使没有经过 NVAO 的认证,荷兰的院校也可以开设经过其他国家相关机构认证的学士、硕士等课程,只要该学位已经得到了所在国的认可。例如,荷兰的一些应用技术型大学就开设了类似经过英国大学认证的学位课程。某些专业课程学习结束之后,学生可能不会获得任何学位,但会得到相应的证书或文凭。由于这些专业学习不颁发学士或硕士学位,因此不能向 NVAO 递交认证申请。但这并不意味着这些课程的质量无法得到保证。如果该课程是某一已经获得认证的硕士课程的一部分,则其质量保证是通过对主要课程的认证实现的。对另外一些非常特殊的专业课程来说,质量监控则是学校自己的责任。

## 四、荷兰留学政策

长期以来,荷兰高等教育以其深厚的积淀和优良的品质深受各国学子的欢迎,国际学生也成为荷兰高校中的一个重要生源。其中多数是来自欧洲大陆其他国家的学生,而来自中国的留学生数量也在迅速增长,目前已经跃居至第二位,仅次于荷兰的近邻德国。因此,我们有必要介绍一下荷兰的基本留学政策。

入读荷兰学士学位课程的首要前提是取得相应级别的中学文凭,具体级别由学校自行规定；只有持有学士学位及同等学力的学生才有资格申请硕士学位课程；荷兰的博士研究生通常为带薪雇员，只有持有研究型大学的硕士学位才可以进行申请。

申请荷兰高校首先应联系提供课程的学校，以准确了解预期课程的具体入学要求。除了学位要求，针对某些学习课程，如艺术类，学校通常还会提出额外要求。良好的英语听说读写能力是申请荷兰高校的基本前提。荷兰高校普遍认可雅思和托福成绩，也有少数学校接受其他测试结果。荷兰高校的普遍要求是托福成绩不低于80分，雅思成绩不低于6分。

有时申请者未能达到所选课程的入学要求，但只需完成预备课程，即可达标。所选荷兰高等教育机构将为申请者提供有条件录取通知书。荷兰移民法允许此类申请者在最长一年的时间内学完预科课程，并通过所选高校的考试。在通过考试后，有条件录取通知书将转为真正意义上的录取通知书。

通常来说，申请学校需要具备如下的基本条件：

(一)申请荷兰应用技术型大学本科课程

- ✓ 高中毕业证书
- ✓ 合格的英语考试成绩

雅思6.0或托福iBT80，具体申请条件以学校要求为准。(注：语言成绩达不到学校要求时，需要先进行预科学习。一般来说，雅思成绩5.5需要读半年预科，雅思成绩5分需要读一年预科。完成预科学习后，学生需要在当地参加雅思/托福考试，或参加学校组织的语言测试，以保证语言水平达到学校要求的标准)

(二)申请荷兰研究型大学本科课程

- ✓ 中国正规本科院校至少一年的学习经历
- ✓ 合格的英语考试成绩

雅思6.0或托福iBT80－85，具体申请条件以学校要求为准。(注：少数荷兰研究型大学也接受中国高中毕业生的申请，但是要求各不相同，请以学校要求的具体申请条件为准)

(三)申请荷兰院校硕士课程

1. 如果申请者已经大学毕业,则应该具备以下条件:
- ✓ 中国正规本科院校的学士学位证书和毕业证书
- ✓ 大学本科期间的成绩单
- ✓ 合格的英语考试成绩(一般要求雅思 6.5 或者托福 iBT90)

2. 如果申请者目前大学在读,则应该具备以下条件:
- ✓ 就读中国正规本科院校的在读证明
- ✓ 大学本科期间的成绩单(截至申请日为止)
- ✓ 合格的英语考试成绩(一般要求雅思 6.5 或者托福 iBT90)

大学在读生在获得荷兰院校的有条件录取后,需要补交学士学位证书后才能换取荷兰高校的无条件录取通知书。

(四)持有荷兰应用技术型大学毕业证的学生申请荷兰院校硕士学位

毕业于荷兰应用技术型大学的本科学生,可直接申请应用技术型大学的硕士学位项目;申请研究型大学时,需要先读一年预科,才有资格申请研究型大学的硕士学位项目。

(五)申请荷兰院校一年制专升本课程

- ✓ 中国正规大学颁发的大专文凭(或同等学力)
- ✓ 合格的英语考试成绩(一般要求雅思 6.0 或者托福 iBT80)

留学荷兰时,申请者选择的学校需要知道申请者的文凭是否满足课程入学要求,学校通常将申请者的文凭交由 Nuffic(荷兰国家学术鉴定信息中心)进行免费评估。Nuffic 证书是适用于中国学生的文凭评估,想要在荷兰高等院校就读英文授课课程的中国学生,必须申请 Nuffic 证书才能获得申请荷兰入境签证的资格。

在荷兰完成本科或者硕士学业之后,外国学生有长达一年的时间可以留在荷兰,自由进出人才市场寻找合适的工作。此外,如果曾经在荷兰完成硕士或博士学业,外国学生可以有一年时间以"高级技术移民"(kennismigrant)的身份在荷兰寻找工作。

## 第二节 荷兰著名高校简介

### 一、莱顿大学(Universiteit Leiden)

莱顿大学不仅仅是目前荷兰持续运作中最古老的大学,还是欧洲大陆声望及学术地位最高的大学。莱顿大学坐落在荷兰的莱顿市,建立于1575年,历史悠久,是 Coimbra Group(科英布拉集团,欧洲历史最悠久的38所大学的合作组织,其成员包括英国剑桥大学与牛津大学)、Europaeum(欧洲10所知名大学联合体)以及 League of European Research Universities(欧洲顶尖研究型大学联盟)等大学联盟的一员,享有极高的国际声誉。历年《泰晤士报》高等教育大学排名(Times Higher Education's World University Rankings)给出的人文科学专业(Faculty of Humanities)排名中,莱顿大学均排名欧洲大陆第1位。2013年给出的排名中,莱顿大学的全球综合排名位列第64位,为荷兰排名最高的大学。

莱顿大学共分为九大学院(分别是哲学院、医学院、法学院、宗教学院、考古学院、人文学院、数学与自然科学院、社会学与行为科学院和创作及表演艺术学院①等)、50多个系所、150多个专业、11个核心研究领域,有超过40个国家级或国际级研究机构在该校设立(见表7.7)。

莱顿大学拥有的科研机构有些完全隶属于该校的某个学院,其余则是院际或校际机构。大部分荷兰学者都与其中某些机构相关。

表7.7 莱顿大学下设机构

| | |
|---|---|
| ASC | 非洲研究中心 |
| CNWS | 亚洲、非洲与美洲研究所 |
| CRC | 危机研究中心 |
| CTI | 语言与认同研究中心 |

---

① 创作及表演艺术学院是由莱顿大学、皇家音乐学院(Royal Conservatory)以及皇家艺术学院(Royal Academy for Art)合作创建的。

(续表 7.7)

| | |
|---|---|
| ASC | 非洲研究中心 |
| M. Meijers 研究所 | 法学研究所 |
| Grotius 中心 | 国际法学研究中心 |
| GSS | 莱顿科学研究所 |
| 史学研究所 | 史学研究所 |
| Huizinga 研究所 | 文化史研究所 |
| IBL | 莱顿生物研究所 |
| IIAS | 亚洲研究所 |
| IOPS | 心理计量与社会计量学校际研究所 |
| ISED | 教育与人力发展研究所 |
| LACDR | 莱顿—阿姆斯特丹药物研究中心 |
| LCMBS | 莱顿分子生物学中心 |
| LGSAS | 莱顿考古学研究所 |
| LIACS | 莱顿进阶计算机科学研究所 |
| LIC | 莱顿化学研究所 |
| LION | 莱顿物理研究所 |
| LISOR | 莱顿宗教研究所 |
| LUCL | 莱顿大学语言学中心 |
| LUMI | 莱顿大学数学研究所 |
| Medi&euml;vistiek | 荷兰中世纪研究所 |
| NIG | 荷兰管理研究所 |
| W. Posthumus Instituut | 荷兰经济暨社会史研究所 |
| OIKOS | 国立古典研究所 |
| Onderzoekschool Kunstgeschiedenis | 荷兰艺术史研究所 |
| OSL | 荷兰文学研究所 |
| PALLAS | 西方艺术暨文学史研究所 |
| 莱顿天文台 | 莱顿天文台 |
| 欧洲研究所 | 关于欧洲整合领域的法学研究所 |
| Van Vollenhoven 研究所 | 法律、管理与发展研究所 |

莱顿大学校内有各种社交活动以活跃学生的课余生活。学生会在莱顿大学内有着举足轻重的地位。校内有 6 个学生协会，入会条件不同，它们的功能也十分广泛；不仅为学生提供联谊机会，也为学生创造参与戏剧、音乐、体育、歌舞等文娱活动的机会。莱顿大学留学生协会为留学生提供参与社交活动及文化活动的机会。留学生还可以选择一位本地生作为生活指导，以便遇到困难时，能及时获得帮助。另外，学校还不定期地提供校内兼职工作机会，学生可根据自己的实际情况申请相关职位。

## 二、格罗宁根大学(*Rijksuniversiteit Groningen*)

格罗宁根是仅次于莱顿的荷兰最早的大学城之一。成立于 1614 年的格罗宁根大学，是一所历史悠久而又处于教育前沿的国际化大学，吸引了大量的外国留学生和专家学者，通过新思想和新经验的交流，产生了许多在专业学术领域具有影响的理论。自创建以来，开放型、国际化一直是学校的办学宗旨，与政府机构、工商企业、学术团体建立广泛的合作关系是该校办学的特色，也是提高学校学术水平和知名度的重要手段。学校经常邀请国内外著名的专家、学者到校授课；一些政府机构的高级政务人员、企业界的高级管理人员也被聘请为客座教授。格罗宁根大学是欧洲 COIMBRA 集团的成员，此外，学校还与欧盟以外的几十所著名大学建立了学术交流关系，包括中国的清华大学、复旦大学、中国传媒大学等。

格罗宁根大学已成为一所门类齐全的研究型综合大学。学校共有 10 个院系：法律系、医学系、数学和自然科学系（包括化学、物理、生物、信息技术等专业）、艺术系、经济系、行为学和社会科学系、哲学系、空间科学系、神学和宗教研究系、组织和管理系等。这 10 个院系涉及 50 多个领域的 160 个专业，每个院系都有学士、硕士和博士的授予权。此外，学校还有 34 个研究所。格罗宁根大学所设专业的广泛性在荷兰大学中首屈一指。院系专业有国际商业管理、计量经济学、国际经济与商务、经济学或商务类研究生、经济学、国际商务管理、国际金融管理、运筹学、精算学、人力资源管理、欧洲法、国际经济与商业法、教育学、计算机科学、经济学与商务（产品组织与市场）、能源和环境科学、环境和基础设施规划、欧洲文化、人类行为学、工业工程和管理、国际比较私法、国际经济与商业、国际人道主义行为、国际关系和国际组织、海洋生物学、纳米技术、物理学、人口研究、技术管理、制药科学等。

学校所在的格罗宁根市是荷兰第五大城市,长久以来,一直是荷兰的知识、科学、文化、贸易和工业中心。这里的人年轻而富有朝气,17万居民中有35000名学生,一半人口年龄在35岁以下。市内有三家大医院,其中格罗宁根大学的附属医院是全荷兰最大的一家。城市周围风景秀丽,有森林、草场、湖泊、海洋、岛屿以及湿地。从格罗宁根乘火车去阿姆斯特丹,只需两个半小时。

格罗宁根大学拥有一流的教学科研仪器设备和近百万册馆藏图书。其计算机设备和交互多媒体教学体系在荷兰大学中居领先水平。学校为学生提供便捷的电脑学习设施,学生可以在电脑网络中查询参考资料、教师布置的作业任务、教师反馈、登记注册课程和考试,参与小组讨论。另外,学校还为学生提供良好的运动和娱乐设施,包括多个体育运动中心、银行、酒吧、商店、餐厅等。

### 三、马斯特里赫特大学(Universiteit Maastricht)

马斯特里赫特大学成立于1974年9月16日,其前身为国立林堡大学,是荷兰顶级的国立研究型大学。马斯特里赫特大学以高度的国际化特色著称,在目前拥有的13000余名学生中,国际学生比例占该校总人数的44%,3500余名教职员工中,海外教师的比例也占到了30%。该校多数的硕士课程都用英文授课,超过一半以上的硕士生都不是荷兰本国学生。

马斯特里赫特大学位于荷兰东南部林堡省的首府——马斯特里赫特市,这个人口只有13万多的欧洲古城风景优美,地处荷兰、比利时和德国的三国交界地带,为欧洲的中心,是一座古老并有着深厚文化底蕴的历史名城。马斯特里赫特市距离比利时的布鲁塞尔(欧盟总部所在地)、安特卫普,德国的科隆都非常近,其特殊的地理位置、国外的影响和传统的文化交流给了这座城市一个特殊的国际氛围,并拥有包括Vodafone(沃达丰)、奔驰、惠普、Sappi、ENCI、DHL等国际知名企业,这给留学生休闲旅游、实习等提供了良好的机会。

马斯特里赫特大学共设有7个学院:自然科学学院、社会学和艺术学院、经济科学学院、医学院、生命健康学院、心理学学院和法学院。虽然马斯特里赫特大学还是一所较为年轻的大学,但从其优势专业,如生命科学、经济与工商管理、法律、医学、心理学、人工智能等的世界排名以及学校的发展趋势上看,毫不逊色于世界其他老牌著名大学。该校下属的经济学院(SBE)是欧洲最好的学院之一,取得了 EQUIS、AACSB、AMBA 三项世界顶级认证,世界上仅有不到1%的商学院同时拥有这三项皇冠认证,它也是荷兰国内仅有的三家获得顶级三证认可的商学院之一。其国际商务被国际著名财经刊物 Financial Times 评价为欧洲一流(Top 25),最具性价比中排列第二。马斯特里赫特大学在人工智能方面的研究同样位于欧洲前列,其医学院、艺术音乐和语言学院也同样声名远扬。

马斯特里赫特大学是欧洲率先采用著名的问题导向(PBL)并实行小班教学的大学之一,这种独特的教学方式很好地锻炼了学生理解和解决问题、与团队合作和表达思想的能力,已在国际上受到了广泛重视。马斯特里赫特大学自身的教育特点和国际化导向,使其在荷兰大学中占据独特的地位,并享有卓越声望。

马斯特里赫特大学独具特色的教学方法、高质量的研究工作、极其广阔的开放性视野,使它在国内外教学和研究评估中取得了突出的成绩,吸引了来自全球的目光,近年来世界排名也不断攀升。2004～2005 年,马斯特里赫特大学连续被荷兰教育部评为教学质量最好的大学。2006 年以来,马斯特里赫特大学在荷兰高等教育委员会评估中一直获得最高分数,被列为荷兰顶尖大学之一。世界排名方面,在美国 US News and World Report 的世界大学排名(2008)中,马斯特里赫特大学排第 110 位;英国《泰晤士报》将其列为世界大学 120 强(2009 年),雄居欧洲 50 强大学之列;其海外学生评价位于全欧洲第 5;美国 QS 世界大学排名(QS World University Ranking 2012—2013)中,马斯特里赫特大学列第 107 位。在俄罗斯最新发布的 2010 年教育资源评级(Rating of Educational Resources 2010)中,马斯特里赫特大学一举跨入世界大学百强。马斯特里赫特大学培养的学生以优秀的素质、全面的能力而深受大型跨国企业的欢迎。而毕业于马斯特里赫特大学的中国留学生,近半数能留在荷兰当地找到工作,也有很多回到中国进入飞利浦、联合利华、毕马威、渣打银行等著名企业工作。

## 四、乌特勒支大学（Universiteit Utrecht）

乌特勒支大学坐落于荷兰乌特勒支市，创办于 1636 年 3 月 26 日。它是荷兰最古老的大学之一，也是欧洲最好的研究型大学之一。该校一直以强大的研究实力、高质量的教育水准和良好的学术声誉而享誉欧洲。乌特勒支大学除了法学院、经济学院以及下属的 UCU 坐落在乌特勒支城市之内外，其余学院包括图书馆全部坐落于城市东边的 Uithof 区。

其办学宗旨在于：提供科学与其他各种领域的知识教育；开展科学及各种领域的研究；为社会提供服务。目前，乌特勒支大学共有 12 个学院。在荷兰除了由专科大学开设的技术与农业工程学方面的课程外，乌特勒支大学能开设几乎所有知识领域的课程，是荷兰课程设置最全面的大学。同时下属各学院还开展广泛的研究工作。

## 五、瓦赫宁根大学（Wageningen Universiteit en Research Centrum）

瓦赫宁根大学是一所研究生命科学的著名高等学府，始建于 1876 年。最近几十年，作为瓦赫宁根大学研究中心的一部分，它已发展成为一个国际性的科研机构，下设植物、动物、环境、农业科技、食品和社会科学等学科，致力于推广科研成果，以向全世界提供充足和优质的粮食作物。瓦赫宁根大学为荷兰本土学生和留学生设置了本科课程、研究生课程及短期课程。教学计划遵循学士—硕士—博士的连续模式。在荷兰本土的《高等教育指南》中，瓦赫宁根大学连续 4 年被荷兰学生评选为荷兰最受欢迎的大学。

在食品安全和食品质量方面，瓦赫宁根大学及研究中心启动和参与过的欧盟项目多达 31 项（共 80 项），充分显示了其在这一领域的实力和国际地位；在农业方面，瓦赫宁根大学及研究中心的文献引用量在世界范围内排名第三；在植物和动物科学方面，该校的文献引用量世界排名第五；在农业技术方面，瓦赫宁根大学为世界不同地区设计不同的温室系统，将高效经济生产与最少的能源、水和营养物投入相结合，提高全球各地农业的生产力，同时瓦赫宁根大学独特的生物防控技术，即利用天敌来对付植物病虫害的技术，为保障食品安全和环境保护的研究领域开拓了新的方向；在环境科学方面,世界人口与财富的增加使得对资源尤其是水资源的竞争激烈,瓦赫宁根大学在节水农业的开发和应用领域也作出了卓越的贡献。

### 六、鹿特丹伊拉斯姆斯大学(Erasmus Universiteit Rotterdam)

位于荷兰南部城市鹿特丹,是享誉世界的著名公立大学。该校以荷兰中世纪著名的人文主义思想家伊拉斯姆斯命名。

该校的管理学院(Rotterdam School of Management,RSM)享誉世界,是一所研究实力十分雄厚的商学院。RSM在荷兰一直遥遥领先,处于绝对第一的位置,也一直处于欧洲研究三强之列(法国INSEAD,英国LBS,荷兰RSM),其中在国际顶级期刊发表数量上,荷兰RSM一直力压法国INSEAD和英国LBS,处于欧洲第一的地位。医学部(Erasmus MC)位于该市西部的Hoboken校区,是全荷兰最大和最领先的医学研究中心。法学系也是全荷兰最大的法学系之一。

### 七、代尔夫特理工大学(Technische Universiteit Delft)

代尔夫特理工大学位于荷兰代尔夫特市,是荷兰历史最悠久、规模最大、专业涉及范围最广、最具有综合性的理工大学,其专业几乎涵盖了所有的工程科学领域。其高质量的教学、科研水平在荷兰国内和国际上都具有极高的知名度,得到包括美国工程技术学会(American Board of Engineering and Technology)在内的许多国际技术组织的认可。其航空工程、电子工程、水利工程等学科在世界上具有领先地位和卓越声望。代尔夫特理工大学与英国帝国理工学院、瑞士苏黎世联邦工学院及德国亚琛理工大学构成IDEA联盟。

治学严谨,注重基础理论和应用技术研究,探讨最新的前沿科学理论,已成为该校教学和学术研究的主导思想。2005年11月28日出版的 EE Times 显示,荷兰的代尔夫特理工大学在最佳EE工程类大学排名中,位于全球第七。同时,该校还拥有久负盛名、世界排名前十的建筑学院,其设计学院被《美国商业周刊》(Bloomberg Businessweek)评为世界顶尖的设计学院之一,战略产品设计(Strategic Product Design)专业被评为全球最好的30

个设计专业之一。在创新管理领域,代尔夫特理工大学与欧洲工商管理学院(INSEAD)作为欧洲代表被《产品创新管理学刊》(*Journal of Product Innovation Management*)评为世界前十。

## 八、蒂尔堡大学(*Universiteit van Tilburg*)

荷兰蒂尔堡大学是一所国际化程度非常高的大学,成立于1927年,其前身为一所经济学院,如今已发展成为一所由政府资助的综合性大学。大学下设五个学院:经济与商业管理学院、法学院、社会行为科学学院、哲学系和艺术学院,共提供20种学位课程。其经济学排名欧洲第一位,理论计量经济学排名世界第七位,法学排名荷兰第一。

蒂尔堡是荷兰第六大城市,人口20万,其中2.5万人是学生,它是荷兰重要的教育中心。蒂尔堡位于荷兰南部,与比利时接壤,坐落于鹿特丹港与安特卫普(比利时北部城市)、阿姆斯特丹和布鲁塞尔之间,是一座现代化的中等规模的城市,也是荷兰铁路、公路网重要的交通枢纽。从蒂尔堡到荷兰其他主要城市如阿姆斯特丹和布鲁塞尔只需1.5小时,到法国巴黎、德国科隆坐火车或驾车只需4个小时。同时蒂尔堡也是荷兰的商业活动中心,每年都有很多荷兰国内和国际商务活动在此举行。

教育全球化是蒂尔堡大学的主要政策目标,该校与其他国家的很多大学都有合作协议。蒂尔堡大学的商业课程在2001年4月获得了国际高级商学院协会(美国)的认证,成为欧洲13所获得此项认证的院系之一。蒂尔堡大学有欧洲最现代化的图书馆,还拥有一个语言中心、一个运动中心,学校会定期组织各种教育与社会活动。

经济与商业管理学院是蒂尔堡大学最大的科系,有大约400名教职员工和将近5000名学生,是荷兰乃至欧洲最好的经济学院之一,最新排名欧洲经济金融类第一名,在理论计量经济学领域排名世界第七(领先于哈佛大学与牛津大学)。课程不仅着重于学术的学习,更注重培养学生以国际为导向的职业经验,在完成学习后,学生有国际实习的阶段。同时,学生还有机会参加国际学生交换项目,在其他学校或国家学习一段时间,可以使学生了解不同的文化,提高语言能力。

## 九、海牙大学(Haagse Hogeschool)

海牙大学位于世界法律之都,国际法庭、荷兰女王行宫、政府所在地——海牙。海牙城市临北海,与英国隔相眺望,这里属于温带海洋性气候,四季温和,冬暖夏凉。海牙,在荷兰语中的意思是"伯爵的树篱",最初的时候,海牙是荷兰贵族们的狩猎驻留地。1248年海牙建立了城堡。

海牙大学是由荷兰政府出资并依据荷兰法律成立的一所国立大学,其历史可追溯到17世纪,同时它也是一所国际化的现代型大学,并一直以其高质量教育闻名于世。海牙大学教学设备完善,师资力量一流,约有两万名海牙学子,来自全球135个国家或地区。有众多的毕业生,至今仍活跃在联合国、欧盟总部、欧洲航天局等众多重要国际组织中。

海牙大学的国际化程度非常高,该校高质量的课程和开放的教学交流方式吸引了包括美国、英国、澳洲、加拿大等国家众多的知名高等学府联合办学。所有海牙大学学子在入学第三年均有机会赴美国、加拿大、英国、德国、芬兰、意大利、澳大利亚、西班牙、新西兰、瑞士等国近507所著名高等学府进行交换、交流学习。这也是让海牙毕业生拥有国际视野的一个重要途径。

## 十、乌特勒支应用科学大学(Hogeschool van Utrecht)

乌特勒支应用科学大学坐落于荷兰第四大城市——乌特勒支。大学成立于1995年,是荷兰最大的高等专业大学之一,并享有国家的资助。该校共有两个校区,分别设在乌特勒支市及荷兰另一座城市——阿姆斯菲尔德市。

目前乌特勒支应用科学大学有2400名教职员工和30000名在校学生,其中包括来自一百多个不同国家和地区的留学生。学校的国际化氛围很浓,同时还与世界多所大学建立了合作伙伴关系,给教师及学生提供了许多学术交流及学习的机会。

乌特勒支应用科学大学是一所培养应用型人才的大学。该校下设6个系,包括教师培训、卫生保健、科学技术、商务经济学、社会研究学、传媒与新闻学,开设了多达70种专业课程。

表 7.8 《泰晤士报高等教育副刊》2012～2013 年荷兰著名大学排行榜

| 排名 | 大学(英文名) | 大学(中文名) | 得分 |
| --- | --- | --- | --- |
| 64 | Leiden University | 莱顿大学 | 65.1 |
| 67 | Utrecht University | 乌特勒支应用科学大学 | 64.1 |
| 70 | Wageningen University and Research Center | 瓦格宁根大学 | 63.2 |
| 72 | Erasmus University Rotterdam | 鹿特丹伊拉斯姆斯大学 | 62.9 |
| 77 | Delft University of Technology | 代尔夫特理工大学 | 61.6 |
| 83 | University of Amsterdam | 阿姆斯特丹大学 | 60.1 |
| 89 | University of Groningen | 格罗宁根大学 | 58.8 |
| 114 | Eindhoven University of Technology | 爱因霍芬科技大学 | 55.6 |
| 115 | Maastricht University | 马斯特里赫特大学 | 55.5 |
| 127 | Radboud University Nijmegen | 内梅亨大学 | 54.0 |
| 140 | VU University Amsterdam | 阿姆斯特丹自由大学 | 52.9 |
| 187 | University of Twente | 屯特大学 | 47.9 |

## 第三节 中国传媒大学荷兰语专业学生留学报告集锦

### 一、荷兰印象①

　　我们都知道,荷兰俗称"郁金香王国"和"风车王国",美丽的郁金香和充满"激情"的堂吉诃德打下了荷兰的烙印。但不知你是否知道,英文中有这样一句俗语:"Let's go Dutch!"翻译成中文即为"AA 制",好像是说荷兰人天性"抠门儿",无论做什么都会同对方算得清清楚楚,且十分推崇"AA 制"。于是,有幽默细胞的美国人就把"让我们去做荷兰人"引申成为"AA 制"。

---

① 作者:武鹏飞。

荷兰人曾经是欧洲最正统的民族，并且至今仍是讲究清洁卫生的典范。他们性格坦率，开诚布公。如果你去过荷兰，印象较深的事一定会包括当地人的窗户全都不挂窗帘这一点。"我们全家人干自己的事，为什么会怕被外人看见？"这是位荷兰老人的说法。所以，如果你喜欢看"西洋景"，最好的去处是荷兰。

而对有些荷兰的新生代来讲，他们的行为和年岁大的人完全相反。他们故意不讲卫生甚至拒受洗礼，而事实上，这些行为只是为了表达他们对荷兰当局的一种不满情绪，他们的政治倾向似乎是反美的。如果你在日常工作中不得不与这些带有反叛性格的年轻人一起周旋的话，最好的对策就是聆听他们的观点，然后若无其事地表达自己的观点。他们似乎欣赏诚实的不同意见，一旦看到你对他们的非难并没有过分的反应，他们也就不会就政治问题纠缠于你了。所谓"一个巴掌拍不响"。

荷兰人比较朴素，没有比利时人的贵族气息。

荷兰人是欧洲共同体成员国中最赞成欧洲一体化的，他们讨厌欧洲其他国家人民过分地国家主义观念。荷兰人文化素养高而且很会做生意，对善于"斤斤计较"的人种来说，会做生意是他们天生的本钱。荷兰商人也很注重商业道德，这是因为荷兰是靠对外贸易起家的商业国，对贸易的认识特别深刻。从传统上看，荷兰人善于赚钱而且善于理财，可是他们随便放弃了北海天然气的开采，使税收收入减少这件事至今让荷兰人耿耿于怀。所以，你不要拿这件事来讥笑荷兰人，它完全是荷兰人自己的家事，他们并不渴望接受你友善的意见和批评。荷兰人愿意谈论政治和政府中令人眼花缭乱的党派，不妨在这方面多费些口舌。

欧洲最大的几家公司（如飞利浦、壳牌等）都与荷兰有密切的联系。荷兰人善于建立国际商务关系，他们非常具有竞争性，这从他们的海上救助业就可以看出来。他们和德国人一样努力签订好合同，和你打交道时，他们会利用自己的经济优势获得额外的利益。人们曾批评荷兰的救助船长，指责他们有时会一直等到遇难船的船主答应他的条件时，才动手进行救助。

荷兰人喜欢花一些时间预先对商业协定和会谈做些计划，他们不喜欢你不通知就拜访他们。这一点不像在中国，人们常常会在出访时说："没有什么事，只是刚好路过，顺便来看看而已。"

在商业习惯方面，荷兰人在商谈中会不时地插入闲谈，有时还会端出咖啡边喝边谈。面谈以后,要记住写信给对方提起这次面谈,目的是确认所谈判的内容。其他国家的人一般不会讲荷兰语,而荷兰人会讲很多种外国话。几乎你遇到的每个荷兰人都会讲英语和德语,因此,你不用担心和荷兰人交往会有语言障碍;如果他们自己进行协商,就改用荷兰语,即使你在旁边,他们也不担心泄密。荷兰人有时候不太讲情面,但他们自认为可以很好地与外国人相处。

所以,同荷兰人打交道还不算太难,只要你记住"Let's go Dutch!"这句话,不要随便不带钱包就同他们去吃饭就行了!

## 二、阳光灿烂的日子①

2005年初春,一群朝气的中国传媒大学的学生在荷兰最南部的古老小城——马斯特里赫特,开始了一段丰富多彩、受益匪浅的留学生活。

在语言中心的荷兰语课程中,我们从听、说、读、写入手强化了荷兰语的学习。在日常生活中,在不断地与荷兰人交往的过程中,我们感受着这个国家的文化,在实践中运用所学的语言。通过在荷兰和欧洲其他国家的旅行,我们开阔了眼界,经历了很多有趣的事情,满满的相片簿足以证明我们的足迹。

**图7.1 马斯特里赫特小镇一景**

在马斯特里赫特,我们十个同学一起租住了离市中心不远的一座三层小公寓,一起做饭、用餐、上学。我们就是一个大家庭!

在马城没有住多久,我们就被当地的电视台"曝光"了。采访的当天,女同学们特地穿上了中国传统的服装——旗袍,以展示中国独特的文化美。我们精心合作烹制的饺子也得到了他们的赞誉。从那以后,在街上朝着我们友好地说"你好"的荷兰友人数目大增,我们在荷兰的马城也算出了一

---

① 作者:卢亭旭。

次名。

在荷兰度过的最有意思的节日就要数"女王日"了。每年的4月30日是荷兰的女王日,在那一天全荷兰都充满着橙色的气氛。荷兰皇室姓"oranje"这个词的意思是橙色,所以在前女王生日的这一天,人们穿着荷兰的传统颜色——橙色的服装、帽子等上街游行。这一天,阿姆斯特丹是最热闹的了,来自世界各地的人们聚集在这里,享受着狂欢的气氛。我和我的荷兰朋友也一道在那里度过了愉快的时光。在那一天,荷兰人体现了本民族特有的热情、开放、自由和宽容的精神,像橙色一样的明快和活泼。

图7.2 与荷兰朋友共同品尝中国传统美食——饺子

图7.3 "女王日"狂欢的人们

到了荷兰当然不能错过观赏郁金香和风车的好时节,于是我们来到了荷兰最古老的大学城——莱顿。在莱顿不远处有一个世界著名的郁金香花园。各色各品种的郁金香在那里都可以找到,我们也就把最美的郁金香印在脑海里,记录在照片上。

我们一行参观了莱顿的城市博物馆,了解到在莱顿的历史上,城市的周围环绕分布着许多风车,这些风车在城市排水等领域发挥着重要作用。

现在很多的荷兰风车都没有被继续使用,而作为遗迹保留了下来,成为城市里的一道独特风景。

因为希望结交更多的朋友,我和另外一位同学加入了荷兰马斯特里赫特大学的学生协会——Aegee。

在学生协会中以荷兰人居多,Aegee举办了丰富多彩的学生活动,如地堡探险、划船比赛等,还有学生报纸的编写。

在接下来的暑假中,我还有幸参加了马斯特里赫特大学举办的"夏季大学"活动,活动以消除文化隔阂、增进欧洲各国大学生的友谊为宗旨。作为唯一的一个亚洲学生,我很荣幸地和他们交流了中国学生的情况,在那样一个多民族的集体中,我感受到的是欧洲人的自由、开放和友好。最有意思的是大家共同组织的"欧洲之夜"活动。来自西班牙的同学带来了西班牙的腊肠,意大利的同学烹制了最地道的意大利通心粉,而荷兰的同学则自然少不了准备一份美味的"哈林"生鱼片,当然还有很多其他国家的美食,但是要记下来真是很不容易。我也为此准备了中国的炒饭和面条作为"欧洲之夜"的

图7.4　荷兰风车

图7.5　荷兰郁金香

图7.6　参加"夏季大学"活动的志愿者

图 7.7 烹饪美食

图 7.8 参加活动

点缀。因为大家是以学习英语为目的而聚在一起的,所以,在共同的学习、探险、聚会的过程中,我们的语言实践应用能力有了一定程度的提高。这种国际交流活动让我感到充实和快乐。

假期过后,马斯特里赫特大学语言中心邀请我们参加了一个关于"外来移民及其与欧洲社会融合"的论坛。来自法国、德国、荷兰、比利时的部长级领导就本国的移民问题进行了讨论。会上,马斯特里赫特大学的学生们还进行了提问。对于留学生来说,这种部长级讨论大会是个增长见识的绝佳机会。从各国领导的发言中,我们了解到欧洲各国对于外来移民问题的处理差异。

我很感谢有这样的留学机会,让我们学会适应新的环境,学会与人相处,学会克服困难、学会与人合作。

## 三、我眼中的荷兰[①]

一年的留学生活不但使我的语言能力得到了提高,更使我对荷兰文化与社会有了更深层次的认识。

荷兰是个很开放的国家,人们思想开放,言论自由;同时它又是一个非常宽容的国家,对外来文化、外来移民非常包容。虽然他们的宗教和政治观点各有不同,但共同的特点是尊重他人。荷兰的国际化程度非常高,在这里有世界各地的居民,这使得荷兰成为了世界文化的大熔炉,荷兰人也已经习

---

① 作者:邢雯。

惯于与来自世界各地的人融洽相处,因此在这里能够让人切身感受到多元化的文化气息。

此外,荷兰素以经济开放程度高闻名于世。虽然总面积不大,但它地处莱茵河、马斯河与斯海尔德河这三条欧洲主要河流的三角洲地区,地理位置居策略要冲,因此素有"欧洲门户"的美誉。这种优越的地理位置,加强了荷兰外向型经济的特点,同时也使荷兰人在商业活动中常常起到沟通桥梁的作用。

由于荷兰国土地势较低,荷兰人必须持续不断地与水作斗争。荷兰有四分之一的土地位于海平面以下,有60%的人口居住在这些低洼地区,这就需要对水进行良好的治理。与海争地的百年历史使荷兰拥有更具特色的文化与传统。由于治水需要多方面的通力合作,这使得荷兰人学会了依靠团队来工作,也培养了出色的团队合作精神。

图7.9 荷兰港口

图7.10 海边堤坝

在荷兰的所见所闻,都使我对荷兰社会、文化有了进一步的了解,可以说,留学的经历让我受益匪浅。

## 四、异国的暑假[①]

16天的森林生活,住帐篷,不能洗澡、打电话,但结交了许多好朋友,学会了多种技能(爬树、取火、架电线、挖排水沟、采野果、酿酒、搭帐篷……)有

---

① 作者:马洪珊。

那么多难忘,有那么多感动与快乐,这是一种我从未经历的生活。在这16天里,我重新拿起了笔和纸,记下了每天的心情,抄下几篇与大家分享,借此纪念这段难忘的日子……

## 8月12日

今天就要出发啦!我担心的事终于发生了,早上就开始淅淅沥沥地下雨,无奈还是要背起行囊按计划出发。早上的马城路上人很少,独自背着大包、拖着箱子走在雨中,真是有够凄惨。按照计划了若干次的线路,我首先登上了去火车站的公共汽车,到火车站买票去 Liege,这条线路我走过不下五次,所以轻车熟路,然后到 Harsel 倒车,中间只有四分钟,我很担心自己赶不上。可到了 Harsel 站我就放心了,这是个小得不能再小的站了,一共四条铁轨,且可以从中间横穿。等了一分钟我就坐上了去 Antwerpen 的车,我应该在 Lier 站下车,可是刚走了十分钟,就到了一个叫 Liers 的站。比利时的站名总是乱七八糟的,有时法语、有时荷语。我正犹豫要不要下车,这时列车员来了,问过后得到的答复是还得坐一个小时,且那站极其偏僻。看得出她眼中的疑问,我连忙说我去那转车,同时心中忐忑不安,第一次独自出行,希望一切顺利。在 Lier 转车后到达目的 Herentals,一个宁静的小镇。按照路线图,我应坐305路公车在 Kerkhof 下车。看到一个老男人坐在车站内,于是我走上前问305路在哪儿坐。他问我去哪儿,我说 Kerkhof,他眯着眼睛说他有车,可以带我去。一看就不是好人的家伙,我赶忙谢谢他的好意并坚定拒绝。看到前方50米处有人排队,我连忙赶过去,果然是车站!心中窃喜。下了车看到 Brink 的牌子线路图上说还要再走800米。这800米是我这辈子走过的最长的800米,1米宽的小路,左边是两米高的树丛,仿佛随时都有人从里面蹦出来似的,右边就是山涧,吓人的安静,没有一个人。我拖着大箱子,使劲地跑啊跑,突然传来狗叫,吓得我一下子停住,随时准备打狗战,观察了一会儿确定是山下的狗,于是继续跑。当我累得喘不上气时,看到一个小木屋,一个18岁左右的男孩,看样子他也被我吓坏了。我抓住他问,我要去 Wemel Camp,怎么走?他说你往前继续走,看见路口左拐。被吓坏了的我使劲喊道:"到底要走多远?!"他怯怯地回答:"5米。"看来我真的被吓坏了,那条左拐的路已经近在眼前了,我终于找到了组织!

这时接到 Steven 的电话,甚为感动,像见了亲人般把委屈全发泄出来。

挂了电话后走到帐篷前,一个40多岁的女人迎出来,还有两个和我差不多大的女孩。一番介绍后,这个女人叫 Ine,是 Wemel Camp 的负责人,同时也是 ADHD 患者,另外两位是来自波兰的 Gosia 和来自西班牙的 Irene,也就是我的同事。把行李放好后,看到两个毛茸茸的小脑袋,是两个漂亮极了的小男孩,一个6岁左右,一个9岁的样子,他们是 Walte 和 Jessa,是 Ine 的两个儿子,聪明、漂亮又羞涩的小男孩。

闲话少叙,开始干活。波兰女孩长得漂亮极了,她是露营高手,在她的指导下,我们三个女孩很快搭起了一个巨大的帐篷(说是很快,也用了一个半小时),这就是我们的家了,绿顶的大帐篷。然后我们又为小朋友们搭起了几个小帐篷。午饭吃了西班牙的传统菜,当然是西班牙女孩做的,一种奇怪的鸡蛋土豆饼,很好吃。下午又来了两个志愿者,意大利女孩 Midim 和德国女孩 Christine,还有一个男人叫 Bert,他会在这儿帮忙一个星期。

下午我们又搭了厨房和活动室(都是帐篷)。晚上做了炒米粉(当然是我做的,白色的,没酱油),他们都说好吃,我很开心。孩子们周一来,明天还要搬冰箱,排做饭时间表。对了,我们志愿者的工作就是每天8点、12点半和6点准备好三餐,在下午4点半和晚上8点半准备点心,另外每天两人6点半起床煮咖啡。

图 7.11　一起参加露营的志愿者

这是我第一次野营,晚上的森林真黑啊!一点光都没有,让我怀疑自己是不是瞎了,很静很静,我下意识地哼了一声,以证明自己没聋。钻进睡袋,睡觉!

## 8月13日

这是我一生难忘的夜晚,因为冷,醒来四五次,我把所有的衣服都穿上了,还是瑟瑟发抖。早上起来,感觉不到脚的存在,洗漱没有热水,山里的水冷得刺骨。早上向 Ine 抱怨,她连忙给我们添了几床毯子,据说这玩意儿在山里很好使。今天又来了一对夫妇 Rud 和 Hilda,男的帮忙厨房、摄像、照相,女的帮忙带孩子活动。他们的孩子是16岁的 Nina 和5岁的 Ila。同时

图 7.12 可爱的 Nina 和 Ila

他们带来消息说昨晚山里只有 8 度。同志们，8 月份啊；零上 8 度，像话吗！传说 Rud 是个美食家，他今天做了咖喱饭烩鸡肉，果然好吃。同时他发给我们这两周的菜单和做法。Bert 在劈柴，因为每天晚上孩子们都要有篝火时间。又来了一个女孩，是最后一个志愿者 Gabrila，捷克人。明天孩子们就来了，第一顿饭就是我做，紧张……

**8 月 14 日**

今天孩子们都来了，看起来并不像我想得那么恐怖，他们都是很漂亮的小孩子，6 到 10 岁，精灵古怪的，可爱得很。我觉得这老外就是矫情，俺们中国有句俗话叫"七岁八岁讨狗嫌"，就是说这时候的孩子淘气得连狗都讨厌，所以说这是正常现象。老外还非得把这定义为 ADHD（Attention Deficit Hyperactivity Disorder），还给这些孩子吃一些镇定类的药物，真是恐怖。老人家总说越淘气的孩子越聪明，看来也是不无道理的。这些孩子坚决拒绝我们的帮忙，一个小时内搭好自己的帐篷。午饭是土豆泥加炸香肠，理论上是我和捷克女孩负责，可是其他女孩也自愿来帮忙，本以为一个小时足够，谁知……首先，削八公斤土豆的皮就费了半个小时，把三公斤的胡萝卜和洋葱切成小丁，切得我眼泪哗哗流。架锅炒洋葱的同时还要煮土豆，好不容易等土豆熟了又要把它捣成泥，加入炒好的胡萝卜、洋葱、黄油，并加入牛奶及各种奇怪的香料，刚想喘口气，突然想起还要炸五公斤的香肠，赶快生火，我和 Irene 人手一锅开炸！好不容易忙完了再看看我，脸上油得直反光，浑身油点子，老远就能闻到一身油味儿，人送绰号"移动的人肉香肠"。接着就摇铃开饭了，孩子们飞奔而来，拿盘子，当我用荷兰语问他们是否洗手时，他们大感惊奇，Ine 的大儿子 Walte 晃着小脑袋得意地告诉别人："Angellique 从中国来会说一些荷兰语呢！"孩子们七嘴八舌地打招呼，有的还说我会说英语呢，真是可爱。当他们吃完一份要求加菜时，我感到一阵欣慰，看着他们满足的小脸，所有的辛苦都值了。饭后最可怕的部分来了，刷碗！二十几个盘子、二十几个杯子、二十几副刀叉、3 个炒锅、2 个煮锅、5 个削皮器、菜板菜刀……用锅做了一些热水,就在简易的洗碗池里开洗了。这个洗碗池是把两根木头架在两棵树上,把两个大塑料盆架在中间构成的,不知谁这么聪明想出这个办法。

下午的活动是抓人游戏,一个极其复杂的游戏,要经过一系列的判断才能决定谁抓谁。这些孩子都聪明得很,比我反应快多了(当然了,还有语言因素在里面嘛!)。然后是点心时间,甜甜的煎饼卷着一堆堆的奶油和巧克力酱……好吃死了!同时有一种不祥的预感,我会在这两周发胖……

晚上篝火时间,玩的是认人游戏,认识了所有的小朋友。Sofie 和 Sten 是亲兄妹,妹妹六岁,漂亮极了,总爱坐在我腿上,哥哥超瘦,总喜欢赶走我旁边的人,然后挨着我坐。Dominic 和 Sidlic 是双胞胎,一个黑发,一个金发,很淘气。不过哥哥很聪明,十岁就会说英语和法语,从电视上学的;Seppa 是一个很帅的男孩,留着长长的金发;Semon 是音乐天才,弹一手好吉他……安顿好孩子们已经 10 点多了,用冷水刷了牙后就再也不想洗脸了,太凉了……钻进被窝盖上毯子,今晚还挺暖和。

### 8 月 15 日

今天 7 点多就被孩子们吵醒了,果然如 Ine 所说:这些孩子起得很早。钻出被窝浑身疼,睡惯席梦思的我,睡地上太硌了。今天是 Irene 和 Midim 早起,洗漱完毕,喝咖啡、吃面包。比利时的巧克力实在太好吃了,一片薄薄的面包,先涂一层黄油,然后一层巧克力酱,再一层果酱,最后洒上巧克力粒,咬一口又香又软又甜,爱死了!今天 Ruud 带我和捷克女孩去购物,整整两车 150 欧的东西,只够吃三天的!我对 Ruud 说这够我吃上一个月了。做饭时听到一阵巨响,还以为某架飞机坠毁了,Ruud 解释说那是军用飞机,这附近有军用机场。军用飞机就是快啊!只闻其声未见其形,难不成是一架隐形飞机?长见识了!

手机没法打出去,想家了,想爸爸妈妈和大民了……

### 8 月 16 日

爬出被窝就止不住地笑,昨晚 Irene 说梦话了,Christine 还接她的茬儿,笑死我了,而且俩人还齐刷刷地说英语,告诉他俩后,二人惊喜得不行,为自己说英语感到无比自豪!Gosia 来自波兰,不会说很多英语,法语倒是流利得很,不过经过我们几天的地狱培训,她的英语大有长进。接到爸爸和大民的电话,好开心!

今天下午我和 Sofie, Lla, Liesbet, Nina 一组开始森林探险活动,我们是黄组,目标是沿着黄色丝带走到森林深处的瞭望塔,同时摘野果。孩子们开始还很安分,乖乖地走,摘果子。后来在瞭望塔处与另外两组汇合,他们见面后欢喜得不行,打打闹闹,有些失控,一个孩子还把鞋子扔下去了。真怕他们在塔上出什么闪失,于是赶快连哄带骗地带下去。回来后累得散了架,晚餐吃三明治,好胃口……

## 8月17日

今天是我和波兰女孩早起煮咖啡,昨天晚上就商量好,因为那个女孩是个睡觉没够的家伙,她让我一定用暴力手段叫醒她。把她拖出帐篷后不禁打了个冷战,6点半好冷!没洗脸没戴隐形眼镜,匆忙煮咖啡、泡茶。7点多孩子们陆续醒了,抱着睡袋进活动室(帐篷)玩。Bert, Liesbet 都醒了,他们挨个过来亲吻我,谢谢我早起煮咖啡,好开心啊!能有这样的礼遇,每天起来也值啊!午饭时孩子们都惊讶地问我:"Angellique,你戴眼镜啊!"我只好用英语和荷兰语夹杂着一遍遍地告诉他们,我平时戴隐形眼镜……看来他们还很关心我哦!

今天天气大好,下午的活动是游泳。兴奋的我们和孩子们坐上车,来到一个巨大的游泳池,室内有三个池子,室外有大片草地和两个游泳池。我负责看管 Sten 和 Jessa 两个男孩子。Sten 总喜欢黏着我,所以我根本不用像别人一样费尽心思地看着他。来欧洲第一次游泳,真舒服啊!新买了漂亮的比基尼,Esprit 的呢,不过回国后估计妈妈不会让我穿进游泳池的,真的很暴露。等车回去时,Sten 蹲在台阶上和我玩,结果一不小心摔下去了,腿和后背擦破了,哇哇哭。我连忙给他擦药,Bert 安慰他说摔倒了很划算哦,有美女涂药,Sten 马上破涕为笑。嘿嘿,虽然被一个十岁的小男孩喜欢没什么可炫耀的,不过还是很开心!

晚餐是两片面包中间夹火腿和奶酪,再用黄油煎一下。不知西班牙人为什么叫它 BiKiNi,西班牙女孩解释道,因为面包、奶酪、火腿是代表三点嘛,原来如此!

今天是孩子们在这儿的最后一个夜晚,围在篝火旁玩最后一次认人游戏,当然每个人都互相认识了。这么多天来和孩子们成了好朋友,他们公认这里的伙食比家里好多了。明天下午他们就走了,真舍不得啊……

图 7.13　参加露营的志愿者和孩子们

**8 月 18 日**

今天孩子们准备走了,我们帮他们打好小包裹和所有沾满泥的小衣服和小靴子。他们像来时一样推着小手推车,车上放着帐篷、睡袋和所有的行李。不同的是他们的眼光,Sofie 跑过来,最后一次爬到我身上,轻轻地亲亲脸,道了声"再见",她的哥哥 Sten 也吻了每个人。Simon 恋恋不舍地拥抱大家,给每个人一个湿湿的吻,长发帅哥 Sepa 从来不让别人碰他的头发(他的长发还有一次缠在了帐篷支架上),今天却乖乖地让我们把头发梳成了小辫子。双胞胎兄弟告别的方式有些特别,带着拳击手套和每个人击拳作别。送走了所有的孩子,心情正如 Liesbet 所说,又悲伤又高兴,Ruud 为了奖励并安慰大家,给我们做了拿手的咖喱饭和炸鸡。唉,心里的伤痛由胃来补偿吧。

**8 月 19 日**

今天和明天休息,来到 Antewerpen 投奔李响姐姐,和李响姐姐及她的侄女还有爱犬宝宝一起逛街啦!宝宝赚了路人很多眼球,姐姐请吃手工现做的巧克力,好好吃,好滑!又吃了华夫和冰激凌,好开心!然后坐地铁回家。姐姐自己买了房子,是一间很漂亮的公寓,复式结构,环境优雅,最羡慕的就是姐姐自己有一整间屋子作为服饰间,将来我也搞一个!看了一部 Van Diesel 的电影,晚饭吃的是炒面还有小咸菜,真好吃啊!还是咱中国菜好吃。

饭后洗了个超级大澡,两个多小时啊!一周在森林里摸爬滚打,脏死了,然后睡在客房的床上。注意哦,是真正的床!不是睡垫啊,舒服死了!一觉睡了十几个小时,真怀疑自己是不是昏厥了,起来收拾一下,搜刮了姐姐好多杂志及中文小说,这可是稀罕物啊!这下不愁无聊了。开心!中午姐姐做了宫保鸡丁和豆腐汤,豆腐哦!本年度第一次吃,舒服!下午三点,和姐姐告别去 Ine 家搭她的顺风车回营地。不看不知道,Ine 原来是个艺术家,她家在安特卫普市中心繁华商业街上面,四层,第一层是她的商店,卖自己做的艺术品,雕刻,非常考究的店。一路聊了好多,原来她的人生经历这么多,我就不在这 gossip 了,但她的经历绝对可以说是一本离奇小说!

回到营地,吃了奶油海鲜杂烩,美味极了!晚上钻进帐篷,大家都回来了,于是聊各自的经历。突然停电了,狂风大作,帐篷剧烈地摇晃起来,门口传来了狼叫。我们六个抱成一团,惨叫不已,缓过神来方知是 Liesbet 和 Nina 的恶作剧,又羞又气的我们决定一定要复仇!

### 8月23日

新一拨的孩子们来了两天了,大多是女生,六个男生,其中一个叫 Zana 的女孩很喜欢黏着我,可爱。

中午吃肉丸,报仇的机会来了,做了两个大肉丸,里面夹了巧克力。嘿嘿,午饭时分给了 Nina 和 Liesbet,看他们的表情由惊奇变痛苦再到恼怒,真是好玩。所有的孩子都很高兴,还抢着吃巧克力肉丸,说下回最好都做成这样的。

### 8月28日

今天是离别的日子,送了礼物给每个人,Liesbet 给我很特别的礼物,很甜蜜,伤心,不写了。

PS:费凡和李鹏也参加了其他组织的志愿者活动,他们一个在比利时,一个在荷兰的弗里斯兰省,都是和当地的难民及难民小朋友一起生活游戏。

## 五、我们的家[1]

去荷兰之前我们通过网络租下了马城 Franquinetstraat 13 号,一栋带小

---

[1] 作者:刘冬。

花园的三层房子，住进了三个男生和七个女生。2005年2月25日晚，我们开始了将近一年的快乐"群居生活"。

图7.14　我们在马城的"家"

图7.15　第一天的晚餐，红酒是租房的中介送我们的接风礼物

除了超高房租之外，我们的家简直完美得无懈可击。一层是厨房、客厅、餐厅，二层四个房间是女生卧室，三层两个房间住男生。家具、厨具、电器一应俱全，我能想到的都有了，连我想不到的也都有。

厨房：大至冰箱、燃气灶、烤箱、洗碗机，小至锅、碗、瓢、盆，怎一个"全"

字了得!

　　花园:从屋子里往外拍的花园,这张一直都是我最喜欢的照片。虽然是冬天拍的,却没有一点荒凉的感觉。

图 7.16　从屋子里往外看的花园

　　客厅:我们的集体活动室,看电视、开家庭会议、玩杀人游戏、开Party……

图 7.17　客厅

图 7.18　壁炉

餐厅：一起吃饭很热闹啊！

图 7.19　餐厅

图 7.20　同学们围在一起就餐

走廊:仿佛能看见大家赶去上课而狂奔下楼的背影,能看见排排坐在楼梯上聊天的场面,还有……

图 7.21　走廊

阳台:从阳台能见雨后的彩虹和夕阳下的教堂,但最大的用途是 BBQ!

图 7.22　阳台外的风景

到这里就基本上把大家的共同生活空间都介绍完了。在荷兰的这一年过得很开心和这栋可爱的房子是分不开的,因为它真的有家的味道,让我们尽管背井离乡却并不觉得孤独……

## 六、告别荷兰[①]

怀着恋恋不舍的心情,我们荷兰语班 20 名同学踏上了归国之路。10 小时的飞行旅程后,我们回到了祖国母亲的怀抱。

回首过去的一年,我们在马斯特里赫特大学语言中心留下了最灿烂的笑容和最美好的回忆。

10 个月的留学生活转瞬即逝,虽然短暂却是终生难忘的时光,我们不仅提高了自己的语言能力,而且还深入走进荷兰文化,与荷兰文化零距离接触。我们欣赏了美丽的低地风光,结识了来自世界各地的朋友,在学习生活各方面都得到了锻炼,并迷上了这异域风光。

刚到马斯特里赫特大学,我就加入了马大学生活动中心,那儿就像我的另一个家,每个周五都有一个"文化之夜"活动,来自世界各地的学生为大家烹饪本国的特色美食,并且对本国文化进行介绍。我们班的 20 名留学生也在留学期间举办了两次"中国文化夜"活动,大家分工合作,从采购到烹饪,从文化素材的收集到认真细致的讲解,第一次发现爱国主义情操是这样深深感染着我们。

总之,这 10 个月的海外学习生活让我受益匪浅,也为今后的学习生活和工作奠定了良好的基础。

---

① 作者:王奕瑶。

# 第八章　匈牙利高等教育

## 第一节　匈牙利高等教育与留学政策

匈牙利的教育水平在整个欧洲都处于较领先的地位,尤其是它的医学、农业学、动植物学、建筑学、文学及理工类等学科更是享誉全球。在15岁以上公民中,有98.9%的人具有基本教育水平。匈牙利授予的学位不仅属于欧盟学位,而且受世界上其他发达国家的认可。尤其值得关注的是,匈牙利曾诞生过14位诺贝尔奖得主,被誉为发明家的摇篮。

### 一、概况

匈牙利教育体系分为三个等级:孩子年满6岁时必须要上小学(分6、8、12年级的学校)。小学毕业后可选择就读语言中学(4年)、职业中学(4年)、职业学校(3年)或专科补校(2年)。18岁通过入学考试的学生可就读大学(5~6年)或学院(3~4年)。

匈牙利国家的教育机构由教育部管辖,匈牙利教育部在高等教育方面为政府提供决策。教育部对各高等教育机构的合法性进行监督并控制它们的预算;对成立新的大学和学院的规划及批准作出规定,并取消不符合教育部资格规定的高校。在匈牙利,外国高等教育机构的建立由教育部部长批准。教育部部长每年向政府提交优先获得国家资助计划的大学生人数,并参与制订《匈牙利发展计划》中的《人力资源发展计划》。在国际领域,匈牙利教育部部长还要不断地与国外教育部部长们进行政府级的接触。匈牙利教育部在联合国教科文组织的监督下,与国外相关机构签署相互承认高等教育学位的文件,协助政府制定理论、技术和创新政策等。

匈牙利在1999年参加了博洛格纳进程(Bologna Process),该进程最重要的目标是建立欧洲高等教育区。作为该进程的一部分,匈牙利于2006年9月1日在所有匈牙利高等教育领域采取博洛格纳模式,即学士和硕士课程。

根据匈牙利高等教育法案,学院的入学标准和大学研究生的入学标准,需要匈牙利的中等教育学校的毕业证书,或是外国相当学历的毕业证书,或是高等教育的学位证书。学生经过8年的初级教育以及4年在综合或职业中级学校的教育后,才能获得中级教育毕业证书;获得大学学位或外国相当学位证书后才能申请博士的学习。各高校除规定必须参加博士入学考试以外,还有一些特别的规定,如要求有专业经验。

欧洲承认匈牙利的高等教育学位,包括匈牙利的学士、硕士和博士学位。

2003年9月匈牙利引入欧洲的学分制度(ECTS),但是一些高等教育机构早在20世纪90年代中期就采用了欧洲的这种学分制度。根据政府颁布的关于引进欧洲学分制度的规定,1个学分相当于30个小时的工作量。

匈牙利学校一般对学习效果的评定分5级:很好(5分)、好(4分)、满意(3分)、及格(2分)和不及格(1分);或只分三级:很好(5分)、满意(3分)和不及格(1分)。

匈牙利高等教育的学年一般分为两个学期,即秋季和春季学期。秋季学期通常从每年的9月初到第二年的1月底;春季学期从2月初到6月底。一般来说,两个学期包括15周的讲座、讨论和实践活动以及6周的考试期。

## 二、高等教育体系

在匈牙利,高等教育机构主要由国家和私人的大学和学院组成,这些大学和学院须通过国家正式认证。这些学校都有它们各自的专业研究领域。高等教育机构包括非大学机构、大学机构和一些提供高级职业培训课程的机构。与中国不同的是,匈牙利学院也是颁发本科学士学位的机构。高等教育法允许匈牙利高等教育机构的毕业生在完成学院的学习后使用"学士"

学位,而完成大学的教育后使用"硕士"名称。匈牙利的博士学位在各方面与国际上所承认的博士学位相一致,获得大学学位或外国相当学位证书后才能申请博士的学习。

在匈牙利,接受更高一级的教育必须持有中学毕业证书。某些高等教育机构制定了严格的入学标准,同时制定了其他标准,如外语证书、专业证书、资格证书等。除大学和学院毕业教育外,还可获得专业学位。大学为5年,有些为6年。大学教育结束后,可以攻读哲学博士学位,哲学博士一般为3年。学院教育为3~4年。

2004年匈牙利在教育体系方面越来越接近欧盟标准,在欧盟体系内构建知识型社会。为此,匈牙利高等教育管理体制确立了如下改革方针:改革现有高等教育体制,使其更接近于欧盟高等教育领域,在各个教育领域内对教师和学生进行与欧盟协调一致的教育。主要政策原则包括:使高等教育机制框架和财政更为透明;采取欧盟的证书认证原则;在每个高等教育课程中采取以 ECTS 为基础的教学计划和量身定制的学分制度;加强对学生积极性的促进;在与欧盟高等教育合作框架内采取质量管理政策;加强与劳动力市场的合作;注重教育、研究和经济之间关系的研究,使教育内容更加现代化;使教育机构、大学和学院更加一体化,取代原有机构各自为政的局面;引入培训结构透明机制和高等教育入学标准体制;在高等教育机构创立一个真正的、标准化的财政体制,在机构内使行政管理现代化,建设 IT 基地;扩大全国学生贷款机制,采取低息贷款和不同形式的还贷方式。

匈牙利评审委员会(Hungarian Accreditation Committee)于1993年成立,主要负责高校教育质量和高校研究机构的研究质量的评估。该委员会每8年评估一次。首先,各高校必须提交自我鉴定报告;然后,该委员会派出一个调查小组到各个机构,之后提交一份报告;在这两个报告的基础上,评审委员会对高校和高校研究机构的教学和研究质量进行评估。匈牙利评审委员会还对高校的课程、高校的资格以及教学人员和教育设施进行审查,即计划评审(programme accreditation)。

国家为了提高在职职工的专业水平,开设各种培训和进修班。匈牙利就业和劳动事务部主要负责成人教育和培训。它和教育部协同努力,共同目的是采取不同的培训方式,使所有人的终生教育变为现实。

2003年6月,国会通过了修正后的《职业培训法案》。同过去一样,由学校提供的职业培训是公共教育的一部分,其政策措施包括:使职业课程现代化,培训教师,对学习有困难的学生采取综合支持措施,提高目前职业培训的效率;根据目前劳动力市场的需要改进教学内容和质量;改进职业培训的基础设施,如改善职业培训的物质条件,采用现代教育技术,建设学生工厂和办公室以便于实际培训;建立国家IT基地;发展职业培训网络,为学习不方便的学生提供便利。

## 三、优势学科

近数十年,匈牙利实行多段式教育体制,来匈牙利求学成为越来越多外国学生的选择。每年因参加外语授课专业的学习而在匈牙利居留的外国学生有近万名。不久前学术合作联合会(ACA)的一项调查表明,在用英语授课的专业学习方面,匈牙利是全欧排名第六受欢迎的目的地。匈牙利高校的学士、硕士、博士文凭在所有欧盟国家都得到承认,反之亦然。其中,建筑师、医学和兽医学等专业的文凭互认自动生效。匈牙利有很多专业用英语授课,而学费和生活费则大大低于其他西欧国家。

### (一)商务和经济学

目前,会计、财政、金融、审计、旅游、商业管理、酒店管理、工商管理等专业已经成为匈牙利各大院校面向国际社会开辟的最受欢迎学科,众多院校与美国、英国、法国、荷兰等国际知名学校建有合作交往,更使学生毕业后能获得上述国家及匈牙利两国颁发的双学历、双文凭证书,并提供前往上述国家继续学习、深造的机会。

这方面最受欢迎的是匈牙利私立高等学校——布达佩斯国际商学院(Internationa Business School－Budapest),因其是英国牛津布鲁克斯大学(Oxford Brooke University UK)分校,吸引了包括欧盟国家在内的众多学生来学习。学生们通过一年的大学学习,可以选择去英国母校学习和交换。排名第二的经济类院校是距离首都布达佩斯100公里的公立索诺科大学,该校是法国ESSCA艾斯卡国际管理机构的战略合作伙伴。外国学生经过在索诺科大学系统学习法语或英语并接受考试培训,可以通过法国国家语言等级考试直接进入法国艾斯卡(ESSCA)国际学院学习。法国艾斯卡国际学院在法国排名前十位，与瑞士工商管理学院和匈牙利中欧大学商学院齐名。

(二) 医学和健康学

在医学科技领域，匈牙利为世界建立了传统的医学、牙医学、兽医学等基础教育学科，除此之外还形成了独立的面向大众服务的营养学、健康学和心理学学科，并已经在区内形成热点。

在国外，传统牙医和妇产科医生收入水平最高，匈牙利也不例外。位于奥地利边境20公里的匈牙利首普龙地区，普通牙医为病人制作一颗普通义齿收费大约200欧元，高于布达佩斯牙医收费标准两到三倍以上。尽管如此，匈牙利牙医收费标准仍远远低于西欧发达国家水平。由于牙病治疗属于自费项目，不在国家医疗保险范围内，加之匈牙利高超的牙医治疗技术和邻近西欧的便利交通条件，使得西欧国家包括美国在内的病人纷纷选择匈牙利治疗牙疾，极大地刺激了当地就业市场。正常情况下，病人需要提前一个月预约才能获得治疗机会。近十年来，首普龙地区大大小小的牙医诊所门庭若市、生意兴隆，不受世界经济和金融危机影响，带动了当地的"牙医旅游事业"。

进入21世纪以来，欧盟越来越重视医疗卫生事业。研究表明，从2008年开始，欧盟在医疗领域将有相当多的医生、护士和健康学专家以及资深医疗顾问退休，这为医科大学学生提供了庞大的就业机会和发展空间。国际形势同样如此，澳大利亚医疗行业劳动力缺口超过3万人，美国2012年前护士缺口超过100万人。

位于匈牙利东部地区德布勒森医学院开设了多项针对外国学生的科目，是学习医科专业的首选学校。

(三) 信息技术

匈牙利信息技术和科研人员创造的科学成就及发明举世公认，则主要归功于其领先世界的教育质量，当今世界上90%的电脑使用英特尔微型处理器，而这正是英特尔前总裁、匈牙利移民"葛洛夫·安得拉希"设计、生产和经营的产品。过去10年，包括美国微软在内的世界知名大公司纷纷在匈牙利设立研发部门，布达佩斯理工大学已与跨国100强的23家大企业，如西门子、诺基亚、奥迪、通用电气、IBM等签有合作框架协议，为世界研发高科技产品。匈牙利国立科切依·弗朗兹师范学院根据 21 世纪社会发展特点，在现有师范教育、图书管理与计算机科学、计算机图书管理员等本科课程基础上，开设了媒体制作人专业和培养政府发言人及企业沟通专家为目的的媒体通讯科学 3 年期学士课程。

无论在匈牙利还是整个欧洲，匈牙利技术类文凭的威望和劳动力市场需求均属最高之列。在这方面，匈牙利科学家普世卡什·迪瓦达尔为世界发明了第一台无线电；歌德马克·彼得为世界发明了第一台录音机；拜伊茨·安道尔为世界发明了第一台录像机。

(四) 自然科学、文科、社会学及法律

匈牙利自然科学久负盛名，化学和物理专家人才济济，其专业能力为科研领域提供了优秀基础教育。农业学、葡萄种植技术、葡萄酒制造、畜牧业、养殖技术等领先国际水平。在农业工程师中，园艺工程师和林业工程师的市场需求广大，食品工程师的收入最高。艺术类院校拥有广泛的国际关系，如布达佩斯美术大学、李斯特音乐大学、电影学院、舞蹈学院等。

文科是匈牙利高等教育入学最多的领域，传统人文科学、现代广告学毕业生的社会威望和地位不断提升。

社会学专业研究的是社会现象并解析其原因，匈牙利在此方面有非常深厚的传统，并能很好地与日常实际和培训结合起来。

法律专业是匈牙利的传统学科，主要培养从事法律咨询和开展律师工作的人员，同样是国际社会顶尖收入者和高尚人群。

## 四、匈牙利留学面面观

表 8.1　匈牙利留学情况一览表

| 年龄 | | 18～30 周岁 |
| --- | --- | --- |
| 学历要求 | 语言预科 | 高中毕业或同等学力 |
| | 大学学士 | 高中毕业或同等学力 |
| | 大学硕士 | 大学本科毕业或大专毕业有三年以上工作经验 |
| 经济担保 | | 家庭银行存款 10 万元人民币，近期三个月内有效 |

(续表 8.1)

| 年龄 | 18～30 周岁 | |
|---|---|---|
| 申请步骤 | 第一步:了解匈牙利留学信息,确定留学院校和专业 | |
| | 第二步:准备入学申请材料并交纳申请费用,向大学申请入学许可 | |
| | 第三步:按学校规定交纳学杂费,准备签证申请材料 | |
| | 第四步:向使馆递交签证申请,进行签证面谈前指导 | |
| | 第五步:签证面谈,等待签证结果 | |
| | 第六步:签证批准,准备各项行程安排(接机、住宿等) | |
| 留学费用 | 大学预科 | 约 1400～3000 欧元/学期 |
| | 大学本科 | 约 2500～5000 欧元/学期 |
| | 研究生 | 约 2500～6000 欧元/学期 |
| | 医疗保险费 | 150～250 欧元 |

相比欧洲发达国家,在匈牙利留学的生活成本比较低,每个月 250 欧元到 400 欧元之间。吃的东西也很便宜,一个月花 250 欧元左右。匈牙利放宽了对留学生的兼职规定,留学生可以一边打工一边学习。

匈牙利留学大约每月需要 10 万福林(500 美元)来支付日常开销。这笔费用涵盖了房屋租金、食物、衣物、个人卫生、当地交通、学习材料、健康保险、电话以及其他费用(不包括学费)。最便宜的住宿是所在大学的宿舍,这也是主要的活动地点。当然,学生也可选择租一套公寓。相关租赁信息可以从大学或者报纸上获取。

匈牙利大多数地方接受主要信用卡(AmericanExpress,Mastercard,Eurocard,Visa 等)。通常情况下,可以询问店员或者观察商店橱窗上有无标记。即便是外国人也可在匈牙利银行开账户,币种为福林或者其他。这种账户称为非居民账户,只需持有护照就可办理。可在邮局或者银行转账货币。福林是可自由兑换的。

随着中匈两国经济贸易的迅猛发展,两国的文化交流也逐年增多,那些会匈语且了解匈牙利国情的人成了抢手的香饽饽,可现实的情况是国内会匈语的人才屈指可数。我们以中国教授匈牙利语最专业的北京外国语大学为例,学习匈牙利语的学生还没有毕业就被国家的各个外事部门、政府机关提前预订。另外,像新华社、中国国际广播电台等外宣单位也都非常缺少匈语人才。市场物以稀为贵,匈语人才的短缺造成了匈语翻译市场价格的不断攀升。

中国是匈牙利在亚洲的第一大贸易伙伴。中匈贸易额约占我国对中东欧地区12国贸易总额的30%。匈牙利地处欧洲中心,容纳了超过3000家中国企业,其中有下列比较知名的中国企业:中国银行匈牙利分行、海信匈牙利公司、中国品牌贸易中心、华为匈牙利公司、海南航空匈牙利办事处等。

对于毕业生来讲,毕业后可去欧盟的24个国家工作,并在拥有合法工作的前提下定居。而中匈贸易往来紧密,海信、华为等多家知名企业纷纷进入匈牙利,获得高薪工作机会重重。回国后,国内精通匈牙利语的人才屈指可数,短缺严重,新华社、中国国际广播电台等外宣单位求贤若渴,匈语人才市场价格不断攀升。总体而言,留学匈牙利,毕业以后在当地和欧盟其他国家就业或定居,或回国发展,可以说就业前景无限光明。

自20世纪90年代中国商品陆续进入欧洲市场,中欧贸易与时俱进、日益成熟。目前,中国商品已成为欧洲市场的重要组成部分。

中国是匈牙利在亚洲最大的贸易伙伴,很多企业都想方设法地抢占中国市场,截至目前,匈牙利外资企业投资份额最大的领域是包括汽车和电子产品在内的制造工作,比如德国奥迪在匈牙利生产的汽车就销往全球,中国比亚迪、联想等企业也将匈牙利作为向欧洲出口产品的基地。据专家人士介绍,匈牙利其他经济领域也有出色的表现,如交通设备、IT、配药生产、生物技术、可再生能源和金融商业服务等著名企业也在中国开厂落户,相应地对精通匈牙利语、专业对口的人才需求不断上涨。匈牙利政府对于留学生留匈牙利工作也给予了政策上的鼓励及支持。

## 第二节 匈牙利著名高校简介

匈牙利的高等教育机构分国立高校和非国立高校。非国立高校包括教会学校和私立高校。目前,匈牙利教育部认可的各类高等教育机构共有68所。这些学校按照学校的性质和类型可分为:国立大学(State Universities)、国立大专(State Colleges)、教会大学(Church Universities)、教会大专(Church Colleges)以及私立大专院校(Private and Foundation Institutions)。

匈牙利的高校通常由大大小小的学院、下属以及独立科研机构组成。不同的学院分布在多个校舍,各自教学、行政相对独立。学院有领导委员会,学校设有大校长和各个学院自己的分管校长以及其他各级别人员。

匈牙利与中国互相承认学位证书和学历的协议于1997年签订。各高校的强势学科大多能用外语开课,主要语种有英语、德语和法语。下面介绍几所匈牙利最受欢迎的国立大学。

## 一、厄特沃什罗兰大学(ELTE)

位于匈牙利首都布达佩斯。学院建立于1635年,是一所涵盖各类学科的综合性高等学府。目前罗兰大学有在校学生30000多人。匈牙利罗兰大学设有科学系、信息系、法律及政治系、人文系、社会科学系、教育系、心理系、特殊教育系及护理培训学院。学校的所有教育课程均经过匈牙利认证部门的鉴定与国际上的认可。罗兰大学所颁发的所有学历证书在世界都被认可,学校的学分被所有欧盟国家的大学认同。罗兰大学设有预科、本科、硕士及博士学位的课程,还为海外学生提供英语与保加利亚语言的培训课程。

## 二、德布勒森大学

位于匈牙利第二大城市德布勒森市,是匈牙利最古老的公立大学,也是匈牙利最大的公立大学之一。德布勒森大学的历史可追溯至1538年,并于1912年被确立为匈牙利最高的综合性学府,2000年1月1日由原有几个独立学院重组而成。它是匈牙利国内为数不多接受政府奖学金资助的学府之一,并被誉为世界卫生组织研究中心、欧洲杰出学术贡献研究中心等。作为中欧顶尖学府,德布勒森大学在欧洲各国和美国均有自己的教学院校及实习企业,并与世界知名大学有着广泛的联盟合作与交流。

学校现有30400多名学生,其中约20700名为全日制学生,留学生约有2390名。截至2009年,德布勒森大学有15个系和3个独立学院,开设了60种学士学位课程、53种硕士课程和24种博士课程。

## 三、布达佩斯技术与经济大学

位于匈牙利首都布达佩斯。学校建立于 1782 年，是中欧历史上非常具有历史意义和代表性的一所公立综合大学。经过近三个世纪的发展，布达佩斯技术与经济大学已发展成为下设 8 个学院，涵盖建筑、化学工程、土木工程、电子和信息工程、机械工程、自然科学、经济和社会科学及运输工程学等专业，并有 1000 多名专业教授和讲师及 20000 多名学生的理工院校。布达佩斯技术与经济大学设有理科学士、硕士及博士学位的课程。学校拥有资深的师资力量及雄厚的科研水平，曾经诞生过三位诺贝尔奖获得者。

## 四、赛格德大学

赛格德大学位于匈牙利的赛格德城，是一所建立于 1872 年的公立大学，现由农业学院、艺术学院、牙科学院、经济与工商管理学院、工程学院、健康科学与社会研究学院、法律学院、医学院、音乐学院、药物学院、科学与信息学院、教师培训学院等二级学院组成。目前开设本科、硕士、博士层次的专业，比如医学、牙科学、药物学、欧洲商业法、计算机程序设计、化学、生物学、法国语言、文学与文化、神学—现代世界宗教研究、英美研究、德国语言、文学与文化、意大利语言、文学与文化、西班牙语言、文学与文化等等。

## 五、佩奇大学

佩奇大学是欧洲第七所最古老的大学（1367 年成立）、匈牙利第一所国立大学，也是匈牙利第二大综合性大学。在过去的 20 年里，它逐步地扩展，于 2000 年 1 月由 Janus Pannonius 大学、Pécs 医学院和 Illyés Gyula 大学（Szekszard）三大院校合并成现在的佩奇大学。大学由九个学院组成，历年来学生总人数约为 30 万。现有全日制学生 2.5 万人，业余制学生 1.4 万人，博士生 1100 人，外语授课学生约 600 人，教师 2000 多人。佩奇大学位居世界大学百强之列，在欧洲排名第七，在中国与北京大学齐名。佩奇大学毕业的学生广泛被欧盟国家承认。

## 六、布达佩斯考文纽斯大学（原布达佩斯经济与公共管理大学）

位于匈牙利首都布达佩斯。学校建立于1920年，前身为匈牙利皇家大学，是伟大的政治经济学之父马克思曾经学习过的地方，1953年被冠名为卡尔·马克思经济大学，后于1991年更名为布达佩斯经济与公共管理大学，是匈牙利著名的公立大学之一。1996年，布达佩斯经济与公共管理大学作为匈牙利最好的商科和经济类院校，入选成为欧洲管理学院协会的会员。该协会的成员学校均为欧洲顶尖的商业学府，协会的合作公司均为世界知名的跨国企业，每年吸纳大量该协会成员学校的毕业生进行培养，以备日后承担重要角色。

## 七、李斯特音乐学院

李斯特音乐学院创建于1872年，是一所有着古老传统的著名公立音乐高校，至今已发展成为拥有完整和专业的音乐教育体系的现代音乐学院。学院专业包括所有的管弦乐器、指挥、声乐、吉他、竖笛、钢琴、手风琴、爵士乐、音乐教育、学校和教堂音乐、音乐学和文化管理等。学校的建筑处处散发出独特的历史文化魅力，深邃而精致，让人流连忘返。著名的建筑如"侯爵之家"——学校的主楼内建了一个节日大厅，LISZT时代的兵营大楼里则安装了一流的音响设备，在巴洛克风格的宫殿里有一个学生剧场，大约有150个位置，以及一个有着各种先进设备的旋转舞台。里面的录音室是其他音乐学院不能堪比的，在这里也可进行电子的音乐录制。

# 第三节　中国传媒大学匈牙利专业学生留学报告集锦

## 一、2003级留学总结选粹

2006年7月13日至8月21日，我校2003级匈牙利语班6名同学带着学校老师们的殷切期望，怀着努力学习专业知识、全面提高自身综合素质、深入了解匈牙利国、传播中华民族优秀文化的愿望和决心,远赴匈牙利首都布达佩斯的罗兰大学(Eötvös Loránd Egyetem)分校巴士马涅·彼得天主教学院(Pázmány Péter Katolikus Egyetem)学习、生活,在那里度过了忙碌、充实而富有诗情画意的38天。在学习期间,学生们各方面的能力,特别是双语(匈牙利语、英语)能力、学习能力、适应能力、沟通能力、组织能力都得到了很大的锻炼。本次赴匈牙利学习的特点有:

1. 虽然学习时间只有38天,但内容很充实,学习计划安排紧凑,兼顾各方面,学以致用,求真务实。

2. 课堂理论教学与社会考察相结合。根据学习计划,课堂学习和考察活动比例在2:1左右。对培养学生的匈牙利语语感很有帮助。

3. 为我们授课的是在罗兰大学任教的优秀教师,具备良好的职业素养,教学风格细腻专注,很具亲和力和感染力。生活、学习由不同的老师分管,且每门课程都由不同的老师授课。

4. 每人配备一名当地的大学生为"一对一"的交流对象并住在他的家里,这种全封闭式的语言养成环境有利于学生迅速巩固和提高语言交流水平,以更好地融入当地环境。

5. 由匈牙利教师带领学生参观了展览馆、博物馆、美术馆等,全面了解匈牙利的历史、文化、发展等各方面情况。

匈牙利语专业是我院新开设的专业,2003级匈牙利语班学生亦是我校首届匈牙利语学生,他们此次赴匈牙利学习促进了我校与匈牙利罗兰大学培训学习、文化、旅游等全方位的合作和发展。

备注:1. 学生乘海南航空北京—匈牙利首都布达佩斯直航飞机。

2. 学费、住宿费、学杂费、旅游费等共计2200美元。

3. 学生住宿、上课地点均为罗兰大学(Eötvös Loránd Egyetem)分校巴士马涅·彼得天主教学院(Pázmány Péter Katolikus Egyetem)宿舍,该宿舍位于多瑙河畔盖雷尔特山上,交通便利,环境清幽,两人一间。

以下是学生们在匈牙利学习、生活的一些照片:

图 8.1 学生的宿舍楼、上课地点

图 8.2 宿舍内部

图 8.3　美丽的校园 1

图 8.4　美丽的校园 2

图 8.5　匈牙利的老师在中餐馆为学生"接风"

图 8.6　在匈牙利美术馆前

图 8.7　在文艺复兴餐馆

图 8.8　古代的"国王"餐

图 8.9　匈牙利古代宫廷服装

图 8.10　品尝匈牙利的传统美食"鱼汤"

图 8.11 与匈牙利朋友在一起

图 8.12 矗立在多瑙河畔的国会大厦

## 二、2007级留学总结选粹

2009年9月至2010年7月,匈牙利语班五名同学获得国家留学基金委资助,在班主任陈煜老师的带领下赴匈牙利留学,就读于匈牙利佩奇大学位于首都布达佩斯的巴拉什学院。2010年1月,2007级匈牙利语班其余11名同学也来到巴拉什学院,与其他五名同学汇合,并于同年7月学成回国。留学期间,同学们积极了解匈牙利,努力提升专业水平,并在匈牙利结识了许多外国友人,大大提高了专业素养及个人素质,增进了对匈牙利语言的学习热情。沈亚君同学在归国后的《留学总结》中写道:

> 巴拉什学院是匈牙利一所著名的国际语言学校。各国的学生每年都会慕名来到这里学习匈牙利语。学校坐落在布达佩斯多瑙河岸边的盖雷尔特山上,环境优雅,景色迷人。有时候我甚至觉得在这里学习有一种置身于世外桃源的感觉,一点也不枯燥。这里的课程安排非常多元化,通过在这里的学习,我感觉自己不仅匈牙利语的听、说、读、写水平有了质的飞跃,而且对匈牙利这个国家也有了更深刻的认识。每天上午我们有半天的语言课,下午学校又安排了各门有关匈牙利文化背景的科目,比如匈牙利历史、地理、文学史、艺术史、政治、社会、戏剧史、舞蹈史等等。虽然课程安排并不算轻松,但也只有这样我们才能够在短时间内更多地了解匈牙利这个国家。重要的是这里的课堂气氛非常好,教学方式活泼新颖。我们的学习内容并不仅仅局限于课本知识,有时遇到一个话题我们会进行角色扮演,有时一起聊聊各自国家不同的情况,有时我们会一起去博物馆参观,有时我们会到户外边散步边学习,有时一起看一部匈牙利电影……因此在这样一种学习知识的过程中,我们所感受到的乐趣也是无穷的。

值得肯定的是,学生们通过在异国学习,无论时间长短,都真切地感受到了异国文化,学习到了纯正、地道的语言,学生的语言水平尤其是听说能力得到显著提升。由于置身现实的语言环境中,学生们能将理论与实践相结合,在语言的应用过程中培养语感,提高语言水平。因此,从整体情况来看,大多数同学认为留学对自己的帮助很大,主要表现在生活能力及语言实际应用。在国外,置身于每天必须听说的语言环境中,看到自己的所学及时转化为所用,这大大增强了学生的学习兴趣和就业时的自信心。"3+1"办学模式下培养出来的学生,在就业方面凸显出优势。在国外留学,同学们对国外国情文化的了解有助于跨文化之间的沟通,这种沟通能力是涉外行业衡量人才的重要指标。

匈牙利语在国内为稀缺语种,目前国内只有一套出版的教材,学生对语言的学习模式较为单一,在听力和口语方面的能力相对薄弱。通过留学,这一薄弱环节得以改善。另外,国内对对象国的研究相对较少,因此学生对匈牙利语的了解也很欠缺,通过或长或短的留学生活,学生在这一方面的知识可以得到弥补。

国外的教学更注重对学生实际听说能力的培养,并鼓励学生大胆应用语言,把课堂所学及时转化为生活所用,这样一方面锻炼了学生的语言应用能力,另一方面也加深了学生对对象国的文化习俗、风土人情的了解;虽然在国内每周也有匈牙利外教给学生授课,但是仅仅几个小时的时间根本无法向学生全面展示对象国人们的语言习惯和思维方式。在匈牙利为期一年或半年的学习生活中,通过和匈牙利朋友们的日常交流与沟通,学生们更加深了对不同于传统东方文化的处事方式的理解,为其今后的发展打下了良好的基础。

留学和游学期间,许多同学还根据自己的兴趣所长,及时与匈牙利老师沟通,写成了数篇匈牙利语论文,同时也为大四毕业论文题目的确定与写作打下了坚实基础,为归国后继续完成学业及顺利完成毕业论文做了很好的前期铺垫。芦睿珺同学在自己的《留学总结》中写道:

> 和国内单纯的匈牙利语专业不同,这里的老师们还为我们讲授了匈牙利政治、社会、地理、历史、民俗、文学史等专业必修课。通过这些课程,我们更加深入地了解到了匈牙利的过去和现在,更全面地理解了匈牙利的国情和社会状态,也同时对我们培养语言翻译时所必需的匈牙利思维方式起到了很大的促进作用。必修课之外,我们可以根据自己的兴趣与需要申报选修课。在一年的时间里,我选修了匈牙利改制后政治、匈牙利古迹、文学理解与修改、

匈牙利文化标志、匈牙利话剧知识和匈牙利民族舞蹈史等六门课程。选修课与必修课不同,更注重于学生的参与,给学生们更多的发言机会,老师会经常组织我们到剧院和博物馆参观;考试方式也更加灵活新颖,调查报告和辩论会等形式都有出现。在平日的学习里占最大比重的一门课便是我们的语言课,小班制、多个老师交替教学的方式为我们学习其他课程打下了良好的基础。俗话说"万事开头难",因为这里所有的课程均为全匈语教学,所以刚开始上课的时候,总觉得跟不上老师的步调,后来经过不断地学习和练习,以及与老师的沟通,期末的时候我们都顺利地通过了考试,拿到了不错的成绩。

处处留心皆学问,匈牙利为我们提供了一个无可挑剔的语言环境,对我们的学习大有裨益。走在街上,不禁会被路边的广告吸引;来到商店,总会在商品名录前驻足;去到餐厅,也会试着和看到外国人就说英语的服务生用匈牙利语交流……我相信,进步是一个循序渐进的过程。当我们每个人都在匈牙利老师的指导下完成以前不敢想象的长达二三十页的匈牙利语论文时,惊喜和感动立刻涌上心头。

此外,独在异乡生活的经历,使学生的自理能力、思考和解决问题的能力以及为人处世的能力都有了很大程度的提高,同学们变得更加成熟。沈亚君同学认为,在匈牙利的独立生活教会了她很多东西。在这里她第一次自己买菜做饭,第一次自己打扫整个房间,第一次自己出国旅行,第一次作为一个外国人在异国他乡生活……她很庆幸自己可以比很多人早一步体验到这些。十个月里她觉得自己长大了很多,懂得了如何料理好生活,许多事情懂得自己一个人作出选择和决定。大家在一起烹饪各国美食,一起交流不同的文化,每天都被这种无国界的友情所感动。芦睿珺同学也有同感,在匈牙利,她体会到了典型的西方生活方式,她这样写道:

匈牙利的生活节奏比中国慢很多,有时感觉这是一种轻松的生活态度,但有时也会觉得如此效率大打折扣。就比如到银行开一个新账户,没有3个小时的时间绝对办不完;一条地铁线修了两年还处于半停滞状态。有人因此说匈牙利人不够勤奋,但待久了就会发现,原来这样的生活方式是有原因的。匈牙利人周末不工作(包括服务行业),是因为他们平时的工作太多,我们的老师每人平均有两份以上的工作;公车上很少见到年轻人给老年人让座,更多的是因为匈牙利的老年人更加独立,不希望被当作老人来照顾,所以当我刚到匈牙利给一位老爷爷让座时,他很委婉地拒绝了。也正因为这样,常常可以看到年过八旬的老爷爷、老奶奶们拉着小推车去超市购物,又或者是像小孩子一样在甜品店里独自享受一大杯冰淇淋。

在匈牙利常常可以看到亲切的中国面孔,大多是中国沿海地区移民过来的商人。令我们惊奇的是匈牙利随处可见的中国餐厅,匈牙利人喜爱中国美食的程度绝不亚于我们对匈牙利牛肉汤和葡萄酒的钟情。

留学期间,学生们融入对象国的家庭生活氛围中,充分体验普通民众的日常生活;学生们积极参与匈牙利孔子学院的交流活动,收获了知识,传播了中国文化;学生们在与外国人民的交流过程中,了解到当地经济、文化、教育等各方面的情况,同时担负起弘扬中华民族优秀传统文化、让世界更加了解现今中国国情的重任。芦睿珺同学在《留学总结》的最后一部分写道:

在匈牙利的一年里,中国使馆特别是教育组的老师们为我们提供了极大的帮助,从机票签证到平日里的座谈,再到过年过节时的联欢,保证了我们将近一年留学生活的顺利和圆满。2009年10月份,习近平副主席一行来访匈牙利,我们作为留学生代表参加了相关欢迎和会见活动,并在之后多次参与中匈"汉语桥"、"中文日"等丰富多彩的交流活动,不但练习了语言,了解了文化,更结交了许多外国朋友,加深了中匈友谊。

归国后,同学们纷纷表示感谢学校和学院一直以来的教育和关怀,为大家争取到的这次留学机会使同学们的语言水平和个人能力得到了充分提高,同时培养了学生们的国际化视野和传播中国文化的责任心,是人生中一笔宝贵的财富。

图书在版编目(CIP)数据

非通用语特色专业招生、培养与就业(欧洲语系篇)/凡保轩主编.
—北京：中国传媒大学出版社，2015.6
ISBN 978-7-5657-1323-1

Ⅰ.①非… Ⅱ.①凡… Ⅲ.①外语教学—教学研究—中国
Ⅳ.①H09

中国版本图书馆 CIP 数据核字（2015）第 068929 号

## 非通用语特色专业招生、培养与就业（欧洲语系篇）

| | |
|---|---|
| 主　　编 | 凡保轩 |
| 责任编辑 | 欧丽娜 |
| 责任印制 | 曹　辉 |
| 封面设计 | 风得信书籍装帧 |
| 出 版 人 | 王巧林 |
| 出版发行 | 中国传媒大学出版社 |
| 社　　址 | 北京市朝阳区定福庄东街1号　邮编：100024 |
| 电　　话 | 86—10—65450528　65450532　传真：65779405 |
| 网　　址 | http://www.cucp.com.cn |
| 经　　销 | 全国新华书店 |
| 印　　刷 | 北京京华虎彩印刷有限公司 |
| 开　　本 | 710mm×1000mm　1/16 |
| 印　　张 | 15.75 |
| 版　　次 | 2015年6月第1版　2015年6月第1次印刷 |
| 书　　号 | ISBN 978-7-5657-1323-1/H·1323　　定　价　55.00元 |

版权所有　　翻印必究　　印装错误　　负责调换